Moritz Thausing

Die Votivkirche in Wien

Denkschrift des Baukomitees veröffentlicht zur Feier der Einweihung am 24. April

1879

Moritz Thausing

Die Votivkirche in Wien
Denkschrift des Baukomitees veröffentlicht zur Feier der Einweihung am 24. April
1879

ISBN/EAN: 9783742839480

Hergestellt in Europa, USA, Kanada, Australien, Japan

Cover: Foto ©ninafisch / pixelio.de

Manufactured and distributed by brebook publishing software
(www.brebook.com)

Moritz Thausing

Die Votivkirche in Wien

Die

Votivkirche in Wien

Denkschrift des Baucomités

veröffentlicht zur Feier der Einweihung

am 24. April 1879.

Wien

Verlag von R. v. Waldheim

1879.

Seiner

kaiſerlichen und königlich-apoſtoliſchen

Majeſtät

Franz Joſeph I.

von Gottes Gnaden Kaiſer von Oeſterreich;

Apoſtoliſchem König von Ungarn, von Böhmen,

von Dalmatien, Croatien, Slavonien, Galizien, Lodomerien und Illyrien; Erzherzog von
Oeſterreich; Großherzog von Krakau; Herzog von Lothringen, Salzburg, Steier, Carnten,
Crain, Cukowina, Ober- und Nieder-Schleſien; Großfürſten von Siebenbürgen; Markgrafen
von Mähren; gefürſtetem Grafen von Habsburg und Tirol etc. etc. etc.

zur

fünfundzwanzigjährigen Jubelfeier der Allerhöchſten Vermählung

in tiefſter Ehrfurcht dargebracht vom dem

Baucomité der Votivkirche am Tage ihrer Einweihung.

Im Namen des Comité's der Protektor:

Erzherzog Carl Ludwig m. p.

Vorwort.

Auf Befehl Seiner kaiserlichen Hoheit des durchlauchtigsten Herrn Erzherzoges Carl Ludwig, Protectors des Votivkirchenbaues, ist diese Denkschrift abgefaßt und veröffentlicht worden. Sie soll Kunde geben von der Entstehung eines seltenen Kunstdenkmales, mit einer genauen Beschreibung desselben und mit einer wahrheitsgetreuen Geschichte seiner Herstellung und Vollendung. In Bezug auf den Text ist nur zu bemerken, daß die Bezeichnungen von Rechts und Links immer vom Beschauer aus genommen, also stets im kunsthistorischen und nicht im liturgischen oder heraldischen Sinne zu verstehen sind; die Beschreibung beginnt regelmäßig von der linken Seite, wenn das Gegentheil nicht ausdrücklich angekündigt wird. Ein Anhang von Urkunden und Belegen soll zur näheren Erklärung und Beglaubigung des Gesagten dienen. In Rücksicht auf die Würde des Gegenstandes und auf den feierlichen Anlaß zur Publication wurde eine kunst- und stilgerechte Ausstattung des Buches angestrebt. Alle architektonischen und die meisten ornamentalen Vorlagen lieferte die Bauhütte. Die Composition des Titelkupfers stammt von Ferdinand Laufberger, Professor an der k. k. Kunstgewerbeschule, der Stich von Louis Jacoby, Professor an der k. k. Akademie der bildenden Künste. Von den drei Radirungen ist die erste von Heinrich Güllemeyer, die beiden anderen von Carl Grachowina, Professor an der k. k. Kunstgewerbeschule. Der Druck der Kupferplatten erfolgte in der Druckerei der „Gesellschaft für vervielfältigende Kunst“ durch C. Hofmann. Der Farbenholzschnitt nach Grenkwalds Marienkrönung ist von Heinrich W. Endöfler angefertigt und gedruckt. Von den zahlreichen Holzschnitten im Texte hat Joseph Schönbrunner, Custos der erzherzoglich Albrecht'schen Kunstsammlung (Albertina) die meisten auf den Stock vorgezeichnet, dazu die fast durchweg aus der Kirche entlehnten Ornamente angepaßt und nach Bedarf componirt und ergänzt. Er wurde dabei unterstützt von Eduard Gaselnich, welcher insbesondere die Zeichnungen des

Vocalinres, der Ganzel, der Eisengitter und Candelaber geliefert hat. Die photographischen Vorbereitungs- und
Hülfsarbeiten leisteten Chemiker Dr. Hermann Beid und Julius Celb. Die Ausführung sämmtlicher Holzschnitte,
zum Theile unmittelbar nach den Aufnahmen, erfolgte in der artistischen Anstalt von R. v. Waldheim unter der
künstlerischen Leitung Friedrich Wilhelm Enders, Gesellschafters dieser Firma. Zwei Verzeichnisse der sämmtlichen
Abbildungen am Schlusse, eines nach deren Reihenfolge, das andere nach der Folge der Gegenstände im Texte
angeordnet, ermöglichen die typographisch unauslässige Zusammenstellung von Bild und Wort. Das Papier lieferte die
k. k. privilegirte Fabrik Schlöglmühl. Der Druck ward durch die k. k. Hof- und Staatsdruckerei besorgt, unter der
Direction des Hofrathes A. Ritter von Geck und des Inspectors R. Canter und unter der Mühewaltung des
Oberfactors A. Göbl, des Factors J. Mildner und des Obermaschinenmeisters A. Sonnleithner. Nur das
einmüthige Zusammenwirken aller Betheiligten ermöglichte die rechtzeitige Vollendung des Buches in verhältnis-
mässig kurzer Frist.

Wien, den 7. April 1879.

Dr. Moriz Thausing

Galeriedirector und Custosvorsteher Seiner Kaiserlichen Hoheit des durchlauchtigsten Herrn
Erzherzogs Albrecht und Professor der Kunstgeschichte an der k. k. Universität Wien.

I. Stiftung der Votivkirche.

er Mensch in seiner sündlichen Beschränkung bedarf eines äußeren Zeichens zur Enthüllung seiner Gefahr, ob dieselben auch schon längst in seiner Brust geschlummert haben, und erst die augenscheinliche Gefahr zeigt ihm einen Geist in seiner ganzen Größe. Wie von Einzelnen, gilt dies auch von ganzen Völkern; und so war es denn eine Unthat, wie sie — zur Ehre der Menschheit sei es gesagt — nur selten geplant wird, und wie sie zu deren Theile noch viel seltener gelingt, eine Unthat, gegen deren Gezeichnung die Sprache sich sträubt, was allen Nationen Oesterreichs die heiligen Bande, welche sie mit ihrem Monarchen verknüpfen, wieder ganz zum Bewußtsein brachte. Denn also züchtigt eine höhere Macht die Bösen, daß sie nicht blos ihre Anschläge vereitelt, sondern deren Wirkung gar ins Gegentheil verkehrt. An diese höhere Macht sich zu wenden, drängt es dann die erschütterten, aus namenloser Angst befreiten Gemüther, Dankgebete

Kronen von den Lippen, heiße Wünsche entrangen sich der Brust und hochgemuthe Entschlüsse keimen in tausend Herzen — in einer begnadeten Menschenseele aber werden sie zur Offenbarung.

Am 18. Februar 1853 um die Mittagsstunde war das Leben Seiner kaiserlichen und königlichen apostolischen Majestät unseres allergnädigsten Kaisers Franz Joseph von einer ruchlosen Hand bedroht worden (siehe Anhang I.); und noch an demselben Tage um 6 Uhr Abends versammelte ein vom Fürsterzbischof Vincenz Eduard Milde celebrirtes feierliches Te Deum die sämmtlichen Mitglieder des allerhöchsten Kaiserhauses, die Minister, den Reichsrath, das diplomatische Corps, die k. k. Generalität, die Chargen der k. k. Gesandten und Garden, den Statthalter von Niederösterreich, die Spitzen sämmtlicher Ober- und Unterbehörden und deren Mitglieder, dann den Bürgermeister mit dem Gemeinderathe und Magistrate der Haupt- und Residenzstadt Wien im altehrwürdigen Dome zu Sanct Stephan. Eine dichtgedrängte Volksmenge, welche unter dem überwältigenden Eindrucke des Geschehenen gleichfalls an der Feierlichkeit theilnahm, brach bei dem Erscheinen, wie bei der Entfernung der Mitglieder des allerhöchsten Kaiserhauses in laute, anhaltende Zurufe aus. Nur eine Woche später aber erließ der Bruder unseres Monarchen, Seine kaiserliche Hoheit der durchlauchtigste Herr Erzherzog Ferdinand Max folgenden Aufruf:

„Ein in Oesterreich neues Verbrechen ist geschehen. Eine Gefahr, vor deren bloßem Gedanken wir schaudern, ging nahe an uns vorüber; nur durch ein besonders gnädiges Walten der Vorsehung ward es abgewendet. Den Frevel möge ewige Nacht bedecken; doch unsere Dankbarkeit und Freude soll sich ein Denkmal gründen, welches bis in die ferne Zukunft von ihr ein würdiges Zeugniß gebe. Ich halte es für das schönste Vorrecht meiner Lebensstellung, daß in ihr eine besondere Aufforderung liegt, bei Bethätigung der Unterthanentreue und der Liebe, der Hingebung, der Bewunderung für Seine Majestät überall der Erste zu sein, und spreche daher der Erste einen Gedanken aus, von welchem ich voraussetzen darf, daß ihn Viele als eine Verwirklichung von schon gehegten Wünschen begrüßen werden.

Im Hause Gottes haben wir die Rettung Seiner Majestät gefeiert, und ein Gotteshaus wird das schönste Denkmal sein, durch welches Oesterreichs Dankbarkeit und Freude sich der Welt ankündigen kann. Ich wende mich daher an Alle, welche mit mir den Wunsch theilen, daß die Gesinnung, welche uns erfüllt, eine großartige Bethätigung finde und dadurch gleichsam die geistige Sühne des Verbrechens vollzogen werde, und lade sie ein, durch ihre Beiträge möglich zu machen, daß zu Wien eine dem Zwecke entsprechende Kirche gebaut werde. Eine nähere Andeutung über den Ort läßt in diesem Augenblicke des ersten Entwurfes sich noch nicht geben. Es ist zu wünschen, daß dieses Gotteshaus im gothischen Stile errichtet werde, welcher ohne Zweifel am besten geeignet ist, dem Aufschwunge und Reichthume des christlichen Gedankens durch die Baukunst einen Ausdruck zu geben. Dazu sind nun allerdings sehr bedeutende Summen erforderlich. Aber das Kaiserthum ist reich an Gesinnungen, welche sich niemals dem Anlasse entziehen, ihre Hingebung für Monarchen und Vaterland, sowie ihren Drang, für alles Würdige zu wirken, durch die That zu bewähren, und deren richtiger Blick es nicht verkennt, daß der Sieg über die Gewalten, welche in den Unthaten des 6.* und 18. Februar ihre Natur und Richtung so grell abgeprägt haben, wie die sittliche Ordnung, so auch den Geist gerettet hat. Auch minder Wohlhabende werden ihre Gesinnung durch eine, wenn auch noch so geringe Gabe bethätigen. Daher kann ich mich der Hoffnung überlassen, daß sich die Mittel finden werden, etwas der Größe des Gegenstandes Entsprechendes hervorzurufen. Wünschen ist es sehr zu wünschen, daß Alle, welche ein Erinnerungszeichen der glücklichen Errettung zu fördern beabsichtigen, ihre Beiträge der Sammlung zuwenden. Mit vereinten Kräften ist der Wahlspruch Seiner Majestät, und ohne Vereinigung der Kräfte kann in keinem Gebiete etwas Bedeutendes geschaffen werden.

Wien, den 27. Februar 1853. Erzh. Ferdinand Max."

* Am 6. Februar 1853 hatte in Mailand neuerlicher Aufstand und Kaiser und Soldaten und ein Ueberfall der Piemontesische Truppen stattgefunden.

Was unzählige Gemüther aus Tiefe bewegte, in dem Genius des Jünglings, der dem Throne am nächsten stand, hatte es Gestalt gewonnen. Sein Aufruf fand freudigen Widerhall in ganz Oesterreich und alsbald liefen aus allen Theilen der Monarchie reiche Beiträge an Geld und Geldeswerth für den neuen Kirchenbau ein. Mehr als 300,000 Personen

2

betheiligten sich an den Sammlungen, deren Ergebnisse von dem niederösterreichischen Statthalterei-Präsidium in Empfang genommen und durch
die k. k. Wiener Zeitung bekannt gemacht wurden. Die Summe dieser
freiwilligen Gaben belief sich auf nahezu eine und eine halbe Million
Gulden. (Siehe das Verzeichniß, Anhang II.) Dazu kamen allerlei Kirchen-
geräthe und Paramente, welche bei dem Kirchenmeisteramte zu St. Stephan
deponirt wurden. Diesem reichlichen Erlös reihten sich in späteren Zeiten
noch mannigfache werthvolle Spenden an, welche den Fond vermehrten,
darunter auch Naturallieferungen, wie namentlich 12 Blöcke von weißgelbem
Alabaster aus Alexandrien von Seiner Hoheit dem Vicekönig von Egypten.

Einen würdigen Abschluß fand die für den Kirchenbaufond eingeleitete
Sammlung durch das Testament des am 10. Mai 1854 verstorbenen
ungarischen Gutsbesitzers Martin Zaránd, welcher die Votivkirche zum Erben
seines 1414 Joch Gründe umfassenden, im Arader Comitate gelegenen Gutes
Septös einsetzte. Das Testament war am 18. Juni 1836 errichtet worden.
Endlich widmete der Gemeinderath der Stadt Wien durch einen Beschluß vom
2. Jänner 1866 einen Betrag von 150,000 Gulden in fünf Jahresraten von
je 30,000 Gulden, und zwar ausdrücklich dem Ausbaue der Thürme der
Votivkirche; eine weise Vorsicht, welche im Hinblicke auf die zumeist unvollendet
gebliebenen Thurmbauten des gothischen Stiles immerhin gerechtfertigt erschien.
Die Stadt aber hatte das nächste Interesse an der Vollendung der Thürme,
da ihr dieselben zu einem weithin sichtbaren Schmucke gereichen sollten.
Und so ist denn die Votivkirche vielleicht das einzige gothische Gotteshaus,
an welchem die Thurmhelme früher fertig dastanden als Chor und Schiff.

Nachdem durch diese glänzenden Ergebnisse der Sammlung die Mittel für
den Bau gesichert schienen, schritt der erlauchte Stifter Erzherzog Ferdinand
Max zur weiteren Ausführung seines Unternehmens. Er umgab sich zu
diesem Zwecke zunächst mit einem Beirathe, der sich unter seinem eigenen
Vorsitze und unter dem Titel: „das leitende Comité für den Bau der
Votivkirche in Wien" constituirte. Zu Mitgliedern dieses Comités waren
bestellt: Seine Eminenz der Fürsterzbischof von Wien, Cardinal Rauscher,
welcher zugleich im Falle der Verhinderung Seiner kaiserlichen Hoheit den
Vorsitz führen sollte, dann die jeweiligen Minister des Innern, des Cultus
und der Finanzen, der Statthalter von Niederösterreich und der Bürger-
meister von Wien. Das Amt des Schriftführers versah der Landesgerichtsrath
Dr. A. Pertholer und nach dessen Tode eine Zeit lang der jetzige Sectionschef
Dr. Gustav A. Heider. Dieses Baucomité beschloß zunächst die Ausschreibung

eines Concurses, dessen Programm am 2. April 1854 in der „Wiener Zeitung" veröffentlicht wurde. Laut dessen wurden alle Architekten des In- und Auslandes zur Einsendung von Plänen für die in Wien zu erbauende Votivkirche eingeladen. Als Baugrund ward damals ein von Seiner Majestät genehmigter Platz gegenüber dem kaiserlichen Schlosse Belvedere in Aussicht genommen, so daß die neue Kirche von diesem am höchsten gelegenen Stadttheile aus die Gegend weithin beherrscht hätte. Freilich wäre sie dort nach allem Verkehre zu weit entrückt gewesen. Die Kirche sollte auf 7- bis 8000 Menschen berechnet, im gothischen Stile aufgeführt und mit zwei Thürmen und zwei Oratorien im Chore versehen sein. Die Wahl des zu krönenden Entwurfes blieb dem erlauchten Stifter Erzherzog Ferdinand Max unter dem Beirathe des erhabenen Kunstmäcens, Höchstseines Oheims, Königs Ludwig I. von Bayern vorbehalten.

In Folge dieser Concursausschreibung liefen Anfangs Mai liefen in dem anfangs auf den 1. November 1854 festgesetzten, aber bis auf den 31. Jänner 1855 erstreckten Termine nicht weniger als fünfundsiebzig Pläne bei dem Baucomité ein. Die namhaftesten Meister von nah und fern hatten sich an dem Concurse betheiligt. Erzherzog Ferdinand Max war selbst nach München gereist, um persönlich die Theilnahme Seiner Majestät des Königs Ludwig an dem Schiedsgerichte zu erbitten. Perthaler überbrachte nun eine Auswahl der eingesendeten Arbeiten dem Könige nach Rom, wo sich derselbe eben aufhielt, und im Einvernehmen mit dieser höchsten Autorität erkannte Seine kaiserliche Hoheit den Preis von Eintausend Ducaten dem Plane m, der mit dem Zeichen eines weißen Kreuzes in blauem Felde versehen war. Außerdem wurden von den hohen Preisrichtern acht weitere Projecte als vorzüglich anerkannt und, wie dies in dem Programme des Concurses vorbehalten war, mit einer Remuneration von je Eintausend Gulden in Silber ausgezeichnet. Als die Verfasser dieser acht Entwürfe ergab die Entsiegelung der beigelegten Briefe die Meister: Vincenz Statz in Cöln, Friedrich Schmidt in Cöln, G. G. Ungewitter in Cassel, Wilhelm Doderer in Wollenbuch bei Zadin, Jacob Schmitt-Friedrich in Bamberg, Ferdinand Kirschner in Wien, Carl Römer in Wien und Alois Lauger in Breslau. Als der Meister des preisgekrönten Entwurfes erschien der junge Architekt Heinrich Ferstel in Wien. (Siehe Anhang IV.)

Heinrich Ferstel ist geboren zu Wien am 7. Juli 1828. Seine Eltern waren gleichfalls geborne Wiener. Der Vater, Beamter der k. k. Nationalbank, starb 1859 als deren Cassendirector. Ferstel erhielt eine sorgfältige Erziehung und frühzeitige künstlerische Anregungen durch Maler und Musiker, welche im elterlichen Hause verkehrten. Er absolvirte in den Jahren 1840—1842 das polytechnische Institut in Wien und 1842—1851 die Architekturschule an der k. k. Akademie der bildenden Künste unter Leitung von Siccardsburg, van der Nüll und Rösner. Sodann trat Ferstel zunächst in das Atelier seines Oheims von mütterlicher Seite, des Architekten Stache, wo er reichliche Gelegenheit zu praktischer Ausbildung fand. Unter den Entwürfen, welche er damals namentlich für den böhmischen Adel auszuführen hatte, sei nur das Schloß des Grafen Albert Nostitz zu Cürnitz (1852—1855) hervorgehoben, dessen Anblick an die englischen Herrensitze dieser Art gemahnt. Nachdem Ferstel noch 1852 gemeinschaftlich mit Stache ein Concurrenzproject für den Bau der Greitenväder Kirche ausgeführt hatte, welches die Aufmerksamkeit zuerst auf den jungen Künstler gelenkt hat, machte er sich 1854 selbständig, um ganz ungestört an dem Entwurfe zur Votivkirche arbeiten zu können, den er dann in vier Monaten vollendete.

Nach Vollendung seines Projectes und ohne den Erfolg seiner Einreichung abzuwarten, reiste Heinrich Ferstel anfangs März 1855 nach Italien. Die Mittel dazu verdankte er einem bereits im Jahre 1854 erlangten kaiserlichen Reisestipendium von 1000 Gulden. Er ging über Triest und Ancona nach Rom, wo er zu Ostern eintraf. Von dort reiste er im Mai nach Neapel, um die große Vesuveruption zu sehen, welche damals zahlreiche Fremde dahin lockte. Inzwischen erschien Seine kaiserliche Hoheit Erzherzog Ferdinand Max in Rom, Seiner Heiligkeit dem Papste Pius IX. einen Besuch abzustatten und zur glücklichen Abwendung der Gefahr, welche der Einsturz eines Saales bei Santa Agnese ihm gedroht hatte, die Glückwünsche seines kaiserlichen Bruders zu überbringen. Zugleich beabsichtigte der Erzherzog Heinrich Ferstel persönlich mit der frohen Nachricht zu überraschen, daß bei der Concurrenz zum Baue der Votivkirche die Wahl auf sein Project gefallen sei. Da er den Künstler aber nicht mehr in Rom traf, sendete er ihm nach Neapel folgendes Telegramm:

„L'arciduca Ferdinando Massimiliano d'Austria da Roma al signor architetto Ferstel. Napoli: Godo di tutto cuore di potervi annunziare, che il vostro disegno è il preferito. È per me una compiacenza speciale, che la testa fra 75 sia caduta sopra di voi."

Mit Zustimmung des Erzherzogs blieb Ferstel noch bis August in Italien, dann kehrte er nach Wien zurück, um die Vorbereitungen zum Baue der Votivkirche zu treffen. Zu diesem Zwecke reiste Ferstel auch im Herbste 1855 nach Köln, um die Einrichtung der dortigen Bauhütte kennen zu lernen und sich den Rath des Meisters Zwirner für die Organisirung der neuen Wiener Bauhütte zu erbitten, zugleich auch um die Bekanntschaft von Friedrich Schmidt und Vincenz Statz zu machen, deren Leistungen bei der Concurrenz zur Votivkirche ihm hohe Achtung eingeflößt hatten.

Zuvor aber noch und unmittelbar nach seiner Rückkunft aus Italien arbeitete Ferstel den Concurrenzentwurf für den Bau des Bank- und Börsengebäudes in der Herrengasse. Auch in diesem Wettstreite mit den namhaftesten Wiener Architekten siegte Ferstel. Er begann die Ausführung dieses großen Werkes sodann gleichzeitig mit dem Baue der Votivkirche im Frühjahre 1856; im Herbste 1860 ward dasselbe vollendet. Mit dem gleichen Erfolge concurrirte der Meister im Jahre 1862 um zwei andere Kirchenbauten, nämlich um die Ausführung eines evangelischen Gotteshauses in Brünn und eines katholischen in Schönau bei Teplitz; das erstere ward 1867, das andere erst 1877 vollendet. Daneben schuf Ferstel noch eine Reihe von kleineren Profanbauten: Villen, Wohnhäuser, Schlösser, sämmtlich im gothischen Stile oder doch im mittelalterlichen Geschmacke. Mischten sich aber bereits in dem Bank- und Börsengebäude auf sehr originelle Weise alterthümliche Constructionen mit den Elementen der italienischen Renaissance, so vollzog sich in Ferstel seit dem Entwurfe für den Palast des Erzherzogs Ludwig Victor auf dem Schwarzenbergplatze (1863) ein entschiedener Umschwung in dieser Richtung. Der feinfühlige Künstler empfand die Wandelung im Geschmacke seiner Zeit mit, und folgte — halb bewußt, halb unbewußt — ihrem Zuge zur Renaissance. Alle seine späteren Schöpfungen gehören diesem, nun wieder ganz modernen Stile an; so die Concurrenzpläne für das Parlamentshaus (1869), für die Hofmuseen (1866), der Bau des österreichischen Museums für Kunst und Industrie (1867) und der des chemischen Institutes der Universität (1868), endlich der Entwurf für das im Bau begriffene Universitätsgebäude (1871) und für die eben vollendete Kunstgewerbeschule (1874). Erhaben aber über jegliche Veränderung seines Geschmackes blieb seine Hingebung an die Votivkirche; an ihr hing sein Herz stets mit der Weihe einer ersten Liebe, mit der zarten Fürsorge für einen Erstgeborenen.

Die brennendste Frage bildete gleich bei den ersten Vorbereitungen zur Begründung der Votivkirche die Wahl des Bauplatzes. Ursprünglich und schon beim Erscheinen des erzherzoglichen Aufrufes hatte man an einen Platz nahe der inneren Stadt auf den Glacisgründen zwischen dem Schotten- und dem ehemaligen Fischerthore gedacht. Dieser Gedanke stand im Zusammenhange mit einer anderen, damals lebhaft besprochenen Angelegenheit, nämlich mit dem Plane einer theilweisen Stadterweiterung.

die ihn bis auf das Terrain zwischen dem Schottenthore und dem Donaucanale bezogen hatte und für welche bereits seit längerer Zeit verschiedene Gemeinnützungen in Aussicht genommen waren. (Siehe Anhang V.) Die Unterthätigkeit dieser Verhältnisse aber und sämmtliche wie beträchtliche Schwierigkeiten hatten es schließlich gerathen erscheinen lassen, auf diese Gegend und somit auch auf die so wünschenswerthe Nähe des Mittelpunktes der Stadt zu verzichten, um nur nicht den Beginn des mit so viel Begeisterung unternommenen Werkes in die Ferne gerückt zu sehen. So fiel denn die Wahl auf den Platz am oberen Gebäude, der nach Einholung der allerhöchsten Genehmigung auch in der Concursausschreibung als der künftige Standort der Votivkirche bezeichnet ward.

Alsbald aber erhob sich eine Reihe schwerwiegender Gedenken gegen den entlegenen Bauplatz an der Belvederelinie, und unter den maßgebenden Stimmen, welche in Betracht kamen, war es insbesondere Seine Majestät König Ludwig von Bayern, der sich dringend gegen die Beibehaltung desselben aussprach. Das Bureau des Baucomités kam denn wieder auf den zuerst genannten Ort an der alten Elendbastei zurück, der sich indessen in jeder Beziehung als ungeeignet zu dem Zwecke erwies.

Unter diesen Umständen that der durchlauchtigste Stifter, Erzherzog Ferdinand Max, den einzig richtigen Schritt, indem er den Künstler selbst mit der Ermittelung der ihm für die Aufführung seines Werkes günstig erscheinenden Punkte betraute. Ferstel schlug demzufolge drei solcher Punkte vor, und der Erzherzog wählte unter diesen den auch von Ferstel am leidenschaftlichsten befürworteten Platz auf dem Alterglacis, denselben, auf welchem die Votivkirche heute steht. Heute kann es denn auch von aller Welt ausgesprochen werden, daß Ganherr und Gemeinschaft mit der Wahl dieses Platzes gleiche Ehre eingelegt haben. Es war einer der höchstgelegenen Punkte der ehemaligen Glacisgründe, der in seiner freien Lage, von der Donau aus gesehen, die Kirche auf einer bedeutenden Höhe erscheinen ließ. Die Vortheile dieser Ansicht sind seitdem allerdings durch die Verbauung des damals noch liegenden Gebietes theilweise verschwunden, immer noch ist aber die Stellung des Baumwerkes eine die Gegend ringsum und bis in weite Ferne dominirende geblieben und sie wird es auch fernerhin bleiben.

Die Votivkirche ist nicht orientirt, oder um den genaueren technischen Ausdruck zu gebrauchen, sie ist „verkehrt orientirt", d. h. ihre Längenachse ist so gestellt, daß der Chor gegen Westen, die Façade gegen Osten gewendet ist. Dieser Gegensatz und die Ausnahme von einer seit dem fünften Jahrhunderte unserer Zeitrechnung fast allgemein gewordenen Regel findet zwar Analogien gerade in den vornehmsten und altehrwürdigsten Gebäuden Roms und der ganzen Christenheit. Ueberdies ist auch, wie gewöhnlich, die Richtung von Ost nach West nicht vollständig eingehalten, sondern mit der Chorseite merklich gegen Norden abgelenkt. Diese Unregelmäßigkeit entspricht aber so genau einer gerade entgegengesetzten südlichen Abweichung der Chorseite an dem regelmäßig orientirten St. Stephansdome, daß die beiden größten gothischen Kirchen Wiens, die alte und die neue, genau in der gleichen Längenachse liegen und mit ihren Stirnseiten oder Façaden gerade gegen einander schauen. Für die Stellung der Votivkirche waren indeß andere, vornehmlich praktische und ästhetische Gesichtspunkte maßgebend. Ihr Hauptportale sollte dem Mittelpunkte der Stadt und einem so regen Knotenpunkte des Verkehres wie dem ehemaligen Schottenthore zugewendet sein. Dort münden auch die beiden Hauptverkehrsstraßen, welche den dreieckigen Platz vor der Kirche einfassen, die Universitätsstraße und die Wahringerstraße, so daß die Kirche gerade in der Halbirungsachse des von beiden Straßen gebildeten Winkels liegt. Sie präsentirt sich so beim Herannahen durch die den früheren Paradeplatz, ehemals durch die von der Donau heranführenden Straßen, desgleichen von beiden Seiten der Ringstraße und beim Austritte aus der Herrengasse jedesmal in wechselnder, stets leidlicher Weise. Absehen von ihrem Gegenüber zu St. Stephan verhält sich die Votivkirche zu dem zweitprächtigsten Kirchenbaumerke Wiens, zu Carlskirche auf der Wieden, wie ein Pendant, wie ein Gegengewicht an dem anderen, dem westlichen Ende der Stadt, das einen so imponirenden Höhenbau bisher entbehrte, ja gewissermaßen ästhetisch forderte.

Der Erwerbung dieses, wie der Erfolg bewiesen hat, so vortheilhaft gelegenen Bauplatzes standen indessen zwei Hindernisse entgegen. Erstens war derselbe schon seit längerer Zeit für den Bau der Universität bestimmt, und in diesem

Sinne waren bereits von Siccardsburg und Van der Nüll die Pläne für den Universitätsbau ausgearbeitet worden. Diese Schwierigkeit ward jedoch bald überwunden, indem jene beiden Architekten erklärten, daß es leicht möglich sei, Kirche und Universität auf diesem Platze zu einer gefälligen Baugruppe zu vereinigen, und sich alsbald zu einer zweckmäßigen Vereinbarung herbeiließen. Schwerer fiel ein anderer Umstand ins Gewicht; als nämlich die commissionellen Erhebungen herausstellten, daß die Votivkirche dann vierzehn Klafter innerhalb des mit dem Gauverbote belegten Festungsrayons zu stehen käme. Der Hinweis auf die Nothwendigkeit, daß über kurz oder lang die Glacisgründe doch verbaut werden müßten, fand damals noch nichts weniger als freundliches Gehör. So unternahm es denn Erzherzog Ferdinand Max, die Zustimmung Seiner Majestät zu dem Vorhaben der Kirche in den Befestigungsrayon zu erwirken. Nachdem eine kaiserliche Entschließung vom 25. October 1855 bereits die Wahl des Bauplatzes für die Votivkirche gutgeheißen hatte, verfügte ein allerhöchstes Cabinetschreiben vom 25. Februar 1856 noch nachträglich die Gestattung des Platzes von dem militärischen Bauverbote. (Siehe Anhang VI und VII.) Schon zwei Jahre später aber wurde die allgemeine Stadterweiterung in Angriff genommen, und es ist wohl keine allzukühne Vermuthung, daß die lange ventilirte Platzfrage der Votivkirche von mitbestimmendem Einflusse auf die unverhoffte Erledigung jener wichtigen Angelegenheit gewesen. So trägt ein gutes Werk überall auch seine guten Früchte.

Nachdem auf diese Weise der Ort, auf welchem die Votivkirche sich erheben sollte, endgiltig festgestellt war, wurde sogleich ans Werk geschritten, und am 24. April 1856, als an dem Jahrestage der Vermählung Ihrer Majestäten, erfolgte in hellem Sonnenglanze, mit ungesehener Pracht und unter beispielloser Theilnahme der Bevölkerung die feierliche Grundsteinlegung zu dem Baue. An der Stätte, wo sich künftig das steinerne Portale der Kirche öffnen sollte, erhob sich nun eine von rothem Seidenstoffe umhüllte, mit Blumen und Kränzen geschmückte Pforte, in deren Leibung beiderseits, als Schutzpatrone der Mitglieder der kaiserlichen Familie, die Heiligen: Franz Joseph, Sophie, Elisabeth, Maximilian und Leopold in weißen Standbildern angebracht waren. Das Innere der ganzen Kirchenbaustelle war in sinniger Weise zu einem anmuthigen Garten umgewandelt und zwischen Blumenbeeten und Blüthenbäumen ragten riesige Flaggenstangen, mittels welcher die Hauptpunkte des Grundrisses abgesteckt waren; sieben in der Flucht der Façade und vierundzwanzig andere längs den übrigen Grundmauern der Kirche; zwischen diesen großen Masten neunzig andere wimpelgeschmückte Flaggenstangen, ein ganzer Wald von bunten Bannern, durch Blumenguirlanden mit einander verbunden. Dem Eingange gegenüber am anderen Ende des Baugrundes, wo der Chor sich mit der Mariencapelle schließen sollte und wo die Legung des Grundsteines stattfand, erhob sich inmitten anderer das Kaiserzelt, strahlend von Gold und Purpur und überfliegen von der großen kaiserlichen Flagge. Eine so glänzende Versammlung, wie sie in Wien unter freiem Himmel seit Menschengedenken nicht gesehen worden war, erfüllte den Raum ringsumher.

Nachdem der jugendliche Stifter Erzherzog Ferdinand Max um zehn Uhr freudestrahlend die Majestäten eingeholt hatte, ward die heilige Handlung durch den Fürsterzbischof von Wien, Cardinal Rauscher, mit folgender Ansprache eingeleitet:

„Der Mensch ist das was er ist, durch die Vergangenheit, in welche seine Gegenwart wie mit ihren Wurzeln hinabreicht; könnte er die Erinnerung gänzlich verlieren, so wäre er gleichsam ein neues Wesen. Wie dem Einzelnen, so ergeht es den Völkern; zu ihrem geistigen Sein und Wirken gehört der Blick in die Vergangenheit; darum fühlen sie sich gedrungen, Alles was im Glück oder Unglück mächtig sie bewegt, in irgend einer Weise festzuhalten, damit es für die nachfolgenden Geschlechter ein Erbe der Erinnerung sei. Das Lied erklingt, ein Blatt wird ins Buch der Geschichte

7

eingereiht, bedeutungsvolle Acte werden gegründet, die Pyramide steigt empor, das Amphitheater verbreitet sich in riesenhaften Räumen. Die christlichen Völker, deren Gesichtskreis durch den Anblick zum Herrn erweitert ist, haben an den Denkmälern der großen Angelegenheit ihres Lebens vorzugsweise den Tempel des Allerhöchsten gewählt. Das Gotteshaus des Katholiken ist der Vorhof des Himmels auf Erden. Das Kind der Kirche findet dort Alles vereinigt, was für seine berechtigten Wünsche in Zeit und Ewigkeit einbegriffen ist; denn dort erneuert sich das hochheilige Versöhnungsopfer, um dessenwillen jede gute Gabe uns verliehen und die Kraft gegeben wird, jedes schmerzliche Begebniß in ein Unterpfand himmlischer Güter zu verwandeln; dort weilet in des Trostes Fülle der, welcher allmächtig zur Rechten des Vaters sitzt und ohne dessen Willen kein Haar von unserem Haupte fällt. Die Macht dieses christlichen Gedankens waltete in Seiner kaiserlichen Hoheit dem Herrn Erzherzoge Ferdinand Max, als im Februar 1853 der Heiland, von welchem alles Heil kommt, eine Gefahr abwandte, welche Eurer Majestät, der Zukunft Oesterreichs und der Wiederherstellung Europas galt. Wie der Tiger, welcher zum Tode schon getroffen liegt, sich unversehens aufrafft und mit letzter Kraft auf seinen Ueberwinder sich in wildem Sprunge wirft, so suchte damals die schon bezwungene Wuth der Revolution plötzlich in Thaten des Verderbens empor; das verrätherische Eisen eines Wüthenden bedrohte das Leben Eurer Majestät. Die feierlichen Dankgebete Oesterreichs, welches zugleich mit Eurer Majestät war gerettet worden, erhoben sich noch zum Himmel, da vereinigte auf die Einladung des durchlauchtigsten Erzherzogs das Collectthum sich zur Gründung eines Gotteshauses, dessen mächtiger Bau die Größe der göttlichen Huld und die Innigkeit unserer Dankbarkeit verkünde. Der Weltkreis der Künstler ward aufgerufen, um eine des Gedankens würdige Form zu finden. Die Gnade Eurer Majestät hat einen entsprechenden Empfang angewiesen. Alles ist nun zu dem Werke bereit, welches den Namen, vor dem alle Kniee sich beugen im Himmel und auf Erden und unter der Erde, den Namen Jesu Christi, des Heilandes, des Gnadenbringers, des Retters in jeder Höhe verherrlichen soll; und um den ersten Stein zu legen, ist uns der schönste Tag geworden. Der Frühling ist zurückgekehrt auf die Erde, und zugleich mit den Blumen, welche ihre füße Blüthe zu entfalten beginnen, bringt er den Jahrestag der Vermählung Eurer Majestät zurück. Dieses frohe Fest fällt diesmal in einen Kreis von Ereignissen, welche es mit dem Widerscheine ihres Glanzes erhöhen. Die Vereinbarung, welche Eure Majestät mit dem heiligen Stuhle geschlossen haben, ist ein Werk des Friedens und der Erneuerung im Gereiche der Geisterwelt. Die erhöhte Thätigkeit der Kirche hat keine andere Aufgabe und kein anderes Ziel, als den Aufschwung des Geistes zu seinem höchsten Gute zu beflügeln. In dem Maße aber, als die Ankündigung Gottes lebendiger in das menschliche Herz hineinleuchtet, gewinnt alles Hohe und Gute an Kraft und Schwung. Um bei der Ausführung des Geschlossenen mit jener Einmüthigkeit zu wirken, durch welche allein das Große gedeihen kann, haben die Bischöfe des Collectthums nach dem Wunsche Eurer Majestät, mit welchem der des heiligen Stuhles zusammentraf, sich zu Berathungen vereinigt; alle Völker Oesterreichs stehen in den Vertretern ihrer heiligsten, Zeit und Ewigkeit verknüpfenden Interessen vor Eurer Majestät. Auch tönen noch die Feierklänge eines anderen Friedenswerkes nach. Fern an Europas Rande wurde mit gewaltigen Kräften ein Kampf geführt, welcher über Europas Zukunft gleich einer donnerschwangeren Wolke hing. Dem entscheidenden Worte Eurer Majestät verdankt es Europa, daß die Grundlage für Ausgleichung der streitenden Interessen gefunden und gesichert wurde. Auf dieser Grundlage vollzog sich die Versöhnung, welche den Stimmen des irdischen Donners Stillschweigen auferlegt und den Sonnenblick des irdischen Friedens wieder entschleiert. So hat unser Herr und Heiland gnädig Alles gefügt und vereint, um den ersten Stein des Ihm geweihten Heiligthums mit Freude und Hoffnung zu umringen, und der Beginn eines Baues, welcher bestimmt ist den Sieg über eine große Gefahr zu verewigen, wird zu einer Friedensfeier des bedrohten Heiles. Oesterreich, schon vor einem Jahrtausend eine Burg der Gesittung in Mitte des wogenden Völkermeeres, dann die Schutzwehre der Christenheit wider den Ansturm des Islams und der Port der Kirche in verworrenen Zeiten des Abfalls, hat von dem Herrn eine besondere Sendung erhalten und wird um Ihretwillen eines Schutzes gewürdigt, dessen Walten in jenem Jahre des Kampfes wieder recht klar hervortrat und an Eurer Majestät sich bereits gnadenreich verherrlicht hat. Wie in der Heilandskirche, deren Bild vor unserer Seele steht, die reiche Mannichfaltigkeit des Schmuckes sich in die Einheit eines Domes auflösen soll, der himmelan auf unerschütterlichen Pfeilern

LUDOVICUS HAYNALD ARCHIEPS

strebt, so hat die Mannigfaltigkeit der Völkerstämme, welche das Kaiserthum umschließt, sich bereits zu einem Ganzen gestaltet, welches die Wohlthaten des Zusammenwirkens Aller zur Sicherheit und Wohlfahrt des Einzelnen mit jedem Tage lebhafter fühlt und in dem Concordate eine neue Weihe, ein neues Band der Einigung empfing. Und wie der Gedanke des Entwurfes in die Wirklichkeit eintreten und die starken Mauern des Gotteshauses emporsteigen werden, um die Jahrhunderte an sich vorüberziehen zu lassen, so gelange Alles, was Euere Majestät zum Heile Ihrer Völker beschlossen haben, kraftvoll und segensreich zur Vollendung, um noch in fernen Jahrhunderten für Euere Majestät und Oesterreichs Verjüngung ein Denkmal zu sein. Dies verleihe durch die Fürbitte Unserer lieben Frau, der unbefleckten Himmelskönigin, uns der Vater des Lebens und der Gnade, auf welchen unsere Hoffnung gestellt ist, zu welchem wir nun die Stimme und das Herz erheben wollen."

Hierauf verlas der Secretär des Concomités die Stiftungsurkunde, welche in den Grundstein eingeschlossen werden sollte. Dieselbe war von dem Vicepräsidenten der kaiserlichen Akademie der Wissenschaften, Theodor Karajan, verfaßt und lautet:

„Heute am Tage des Glutzengen und Ritters Sankt Georg, im Jahre des Heiles Eintausend achthundert sechs und fünfzig ward durch die geweihten Hände Joseph Othmars, Cardinals und Fürsterzbischofs von Wien, dieser Stein in den Grund gelegt, auf daß sich über ihm erhebe ein Haus des Herrn, den spätesten Enkeln noch ein Denkmal der Dankbarkeit aller Völker dieses weiten Reiches, dessen Haupt der Allmächtige schirmte in der ernsten Stunde der Gefahr. Ihn im Herzen, führte der erhabene Herrscher Oesterreichs, Franz Joseph der Erste, der früh Geprüfte und gerecht Erfundene, heute am Jahrestage Seiner Vermählung die ersten Hammerschläge auf diesen Grundstein als ein Zeichen, daß Er wohlwollend anerkenne, was fromme Bruderliebe hervorgerufen, was innige Verehrung Seiner Völker ins Werk gerichtet. Und so möge denn dieser Bau kommenden Jahrhunderten ein Zeuge sein, wie Arme und Reiche, Hohe und Niedere dem Gründer dieser Kirche, Erzherzoge Ferdinand Max, freudig folgten, als es galt ...mit vereinten Kräften" dies Werk des Dankes und der Liebe zu beginnen und, so Gott will, glücklich zu vollenden. Urkund der sohin vollzogenen Grundsteinlegung folgen die Unterschriften."

Nachdem die Unterzeichnung der Urkunde durch Ihre Majestät die Kaiserin, durch die anwesenden Mitglieder des allerhöchsten Kaiserhauses, den Cardinal Promulius und den gesammten österreichischen Episcopal, dann durch das leitende Comité für den Votivkirchenbau, den Architekten und den Oberwerkmeister bereits am Tage vorher erfolgt war, wurde dieselbe nun durch Seine Majestät den Kaiser allein vollzogen. Die Darreichungen bei diesem Acte, wie bei dem Einlegen der Urkunde in die Metallröhre und sammt der letzteren in die Höhlung des Grundsteines, sowie bei der Vertheilung des üblichen Hammerschlages geschahen durch den durchlauchtigsten Bauherrn Erzherzog Ferdinand Max.

In die Metallröhre sind außer der Gründungsurkunde noch eingelegt worden: der Grundriß der Kirche, gezeichnet auf Pergament, zwei photographische Abbildungen, die vordere und die Seitenansicht der Kirche darstellend, ebenfalls auf Pergament, ferner ein Goldstück zu vier Ducaten, eines zu einem Ducaten, ein Silberstück zu zwei Gulden, eines zu einem Gulden, ein Silberzwanziger, endlich silberne und kupferne Scheidemünzen, je eine von jeder Sorte. Der Grundstein selbst stammt aus dem heiligen Lande, und zwar aus jener Grotte im Thale Josaphat bei Jerusalem, wo der Herr am Vorabende seiner Gefangennahme in Todesangst ringend die ewigen Worte gesprochen: „Vater, nicht mein, sondern dein Wille geschehe!" an den Quaden des weißen Steines steht darum in göttlicher Schrift geschrieben: „Wo Christi Herz bricht, brich uns mit." Nachdem Seine Majestät entblößten Hauptes diesem Grundsteine mit dem dreimaligen Schlage die Weihe gegeben hatte, vollzogen alle Unterzeichner der Urkunde die gleiche Ceremonie, während der Wiener Männergesangverein in dem Vortrage eines von seinem Chormeister A. Herbeck componirten Psalmes der gehobenen Stimmung der versammelten Tausende Ausdruck verlieh. Die Feier schloß mit der Ablesung eines Te Deum und mit der Segensspendung des Pontificanten.

Dreiundzwanzig Jahre sind seitdem verflossen. Die Votivkirche ist vollendet. An demselben schönen Jahrestage, an welchem ihr Grundstein gelegt worden ist, soll sie heute unter Anrufung des Erlösers als Salvatorkirche geweiht werden, weil seine schützende Hand in gefahrvoller Stunde über dem geheiligten Haupte des Monarchen gewaltet hat. Da werden auch heute die Gefühle lebendig, welche dieses Kunstwerk ins Leben gerufen haben, innige Dankgebete für das Oesterreich und seinem Kaiser damals wie in der Folgezeit gewährten Schutz steigen wieder zum Himmel und vereinigen sich mit der freudigen Genugthuung an dem Gelingen eines schönen Werkes. Da muß in Aller Herzen auch die Erinnerung an Denjenigen wieder aufleben, der jenen Gefühlen einst den ersten Ausdruck, der ihnen diesen Ausdruck und diese Gestalt verliehen hat, der jahrelang das Werk liebevoll leitete, dem es aber nicht beschieden war, wie einst die Grundsteinlegung, so nun auch die Einweihung seiner Votivkirche mit leiblichen Augen zu sehen. So geben wir ihm denn hier noch die letzte Ehre an einem Werke, davon er sich die erste nicht hat nehmen lassen!

Als der Erzherzog Ferdinand Maximilian am 14. April 1864 für immer von Oesterreich Abschied nahm, hinterließ er uns in dem Baue der Votivkirche das köstliche Pfand seiner Liebe zu Kaiser und Vaterland, und zugleich ein Denkmal des monarchischen Principes, für das er gehobenen Herzens in den Kampf zog, ohne noch zu ahnen, daß er zu einem Glutopfer desselben ausersehen sei. In seinen Busen hatte die ewige Macht ein Samenkorn gelegt von jener Blume, die nur schwer gedeiht auf hochummoosten Gipfeln; von der Blume der Dichtkunst. Dafür verlagte sie ihm die rauhe Hand, die auch den spröden Stoff zwingt und gestaltet, den nüchternen Blick, der auch das Gewebe niedriger Selbstsucht in den verworrenen Strebungen der Menschen zu durchdringen vermag. Sein hoher Sinn adelte selbst das Gemeine durch ein unverwüstliches Vertrauen in die besseren Regungen der Menschenbrust, und er bewahrte diese edle Gesinnung und die Zuversicht in die Sieghaftigkeit des Guten auch auf martervollen Pfaden. Vergleichbar jenem Könige der alten Sage, dem Alles unter seinen Händen zu Golde wird, schmückte er in einer poetischen Zeit, was er nur immer berührte, aus den Schätzen seiner Phantasie; und so nahm er für eine Kaiserkrone hin, was doch nur eine Dornenkrone war. Nichts jedoch vermochte seinen Glauben an eine billige Weltordnung, an die Weisheit und Gerechtigkeit der göttlichen Vorsehung zu erschüttern. Ihren Zwecken zu dienen, setzte er sein Glück, seine Ruhe, sein Leben ein, getreu seinem Spruche: „Besser wirklicher Tod als todte Wirklichkeit", und wie er es einst in seinen jungen Jahren gesungen:

„Ich möchte nicht im Thal verderben,
Den letzten Blick benagt von Zwang;
Auf einem Berge möcht' ich sterben"

also ist er am 19. Juni 1867 auf dem Cerro de las campañas bei Queretaro eingegangen in den ewigen Frieden, ein Sänger und ein Held!

Hienieden aber wird sein Gedächtniß nicht aufhören verklärt zu sein durch den Abglanz der unvergänglichen Ideale, denen er in seinem allzukurzen und doch so inhaltsreichen Dasein gehuldigt hat. Gleich seinem großen Ahn, dem kunstberühmten Kaiser Maximilian I., mit dem er mehr als nur den Namen gemein hat, wird er fortleben in den von ihm hervorgerufenen Kunstwerken; und so begrüßen wir denn heute auch die in seinem Sinne vollendete Votivkirche nicht bloß als seine Stiftung, sondern zugleich als das schönste Ehrendenkmal seines Geistes.

Vordere Ansicht der Petinkirche

II. Beschreibung der Votivkirche.

inen würdigen Erben fand das Vermächtniß des geschiedenen Stifters der Votivkirche erst in dessen durchlauchtigstem Bruder, Seiner kaiserlichen Hoheit dem Erzherzoge Carl Ludwig, dem neuen Schutzherrn des Baues. Seinem Eingreifen und seiner warmen Theilnahme ist es vornehmlich zu danken, wenn das verwaiste Unternehmen nicht in Stocken gerieth, sondern rüstig zu Ende geführt wurde. So reiht sich denn der Name des glücklichen Vollenders ebenbürtig an den des verewigten Stifters, und es ist unsere Pflicht, beiden gleicherweise die Ehre zu geben, bevor wir, Anfang und Ende, Gründung und Vollendung miteinander verknüpfend, zunächst an die Beschreibung der fertigen Votivkirche gehen, um die Geschichte ihres Ausbaues dann erst nachfolgen zu lassen. Nur so wird die letztere verständlich sein, ohne daß es irgend einer Wiederholung von bereits Berichtetem bedürfte.

Der Plan der Votivkirche folgt im Allgemeinen dem französischen Systeme, wie es sich in der eigentlichen Heimat des gothischen Stiles an den Cathedralen der Isle de France, der Champagne und Picardie ausgebildet hat, und wie es dann nur in vereinzelten Beispielen, namentlich im Cölner Dome, auch nach Deutschland herübergenommen wurde. Die Votivkirche tritt dadurch in einen bedeutsamen Gegensatz zu dem Dome von St. Stephan in Wien, der, abgesehen von seinen Sonderheiten, als der gewaltigste Vertreter der deutsch-gothischen Hallenkirchen dasteht. Hingegen zeigt die Votivkirche in der folgerichtigen Durchführung ihrer Constructionen und in der Behandlung der Einzelheiten deutschen Charakter. Das Ebenmaß ihrer Verhältnisse aber, die übersichtliche Klarheit der Anordnung, die Weiträumigkeit und malerische Wirkung des Inneren, die regelrechte Durchbildung aller Theile und deren harmonisches Zusammentreten in das, wie aus Einem Gusse vollendete Ganze sind das originelle und eigene Verdienst des modernen Künstlers. Denn obwohl vollständig von den großen Hauptprincipien des XIII. und XIV. Jahrhunderts abhängig, muß die Composition der Votivkirche nichtsdestoweniger als eine neue selbständige That aufgefaßt werden. Es sind nicht die Gedanken des großen französischen Cathedralbaues einfach auf kleinere Verhältnisse übertragen — nichts wirkt ja kindlicher in der Architektur als die Uebersetzung großer Raumgedanken ins Kleine — sondern es ist der ganzen Composition und allen Einzelformen

15

und Verhältnissen schon ursprünglich der entsprechende Maßstab unterlegt worden. Die harmonische und doch gewaltige Wirkung, welche sowohl das Aeußere wie das Innere auf den Beschauer macht, beweist zur Genüge, daß sich der Architekt der räumlichen Bedingungen, auf welche es in der Baukunst vor Allem ankommt, stets gegenwärtig gehalten hat.

Die Votivkirche ist ein dreischiffiger Längsbau mit theilweise eingezogenen Strebepfeilern im Schiff, mit Umgang, Capellenkranz und Emporgalerie im Chor, und mit einem Kreuzschiffe, an das sich beiderseits Capellen oder Exedren schließen, so daß dasselbe ebenfalls dreischiffig erscheint; dann mit Vorhalle und Portale an jeder der beiden Seitenfaçaden, und mit zwei Thürmen, drei Portalen und einer Rose an der Hauptfaçade.

Betrachten wir zunächst das Innere, ausgehend von dem vornehmsten Theile, dem Presbyterium oder dem Chor. Dieser schließt mit sieben Seiten eines Zwölfeckers, doch lösen sich die Seiten des Polygones unten wieder zu fünfseitigen Capellen oder Chörlein, welche mit drei Seiten aus dem Achtecke schließen, und drei weitere zwei Seiten und zugleich Scheidewände von den Strebepfeilern gebildet werden. Umgang und Capellenkranz erheben sich nicht bis in die halbe Höhe des Mittelschiffes, denn über denselben ist noch eine geräumige Galerie, eine Art erweitertes Triforium, angebracht, die sich nur gegen das Innere der Kirche mit elf dreitheiligen, oben zwei Dreipässe und darüber einen Sechspaß führenden Fenstern öffnet und mit je einem altanartigen Ausbaue gegen beide Kreuzschiffarme abschließt; es ist das in der Concurs-ausschreibung verlangte Oratorium. Erst über diesem Zwischenstockwerke sind die Oberfenster des Chores angebracht. Der Umgang ist mit unregelmäßigen Kreuzgewölben gedeckt, das hohe Mittelschiff des Chores mit einem siebenseitigen Schlußgewölbe, dem sich noch zwei rechteckige Kreuzgewölbe bis zur Vierung vorlegen.

Das Langhaus von der Thurmhalle bis zum Querschiff besteht aus fünf Jochen, deren Kreuzgewölbe im Mittel-schiffe querliegende Rechtecke, in den Seitenschiffen nahezu Quadrate bilden. Das Mittelschiff ist nach Wiener Maß 14', 9' hoch und von Achse zu Achse 6', 5 breit. Die Seitenschiffe haben sodann soll genau die halbe Höhe des Mittelschiffes (7', 4) und dessen halbe Breite (3', 1). Dafür sind die Abschlußmauern der Seitenschiffe um die Tiefe der Strebepfeiler hinausgerückt, dadurch auf jeder Seite Capellen von 1', 1 Tiefe gewonnen und somit das ganze dreischiffige Langhaus in wohlthuender Weise erweitert und auf die Breite von 18', 1 gebracht. Die ganze Länge des Mittelschiffes beträgt 48', 2. 6.

Das Querhaus ist über der quadraten Vierung mit einem einfachen Sterngewölbe und in jedem der beiden Kreuzarme mit je drei oblongen Kreuzgewölben von der gleichen Höhe und Dimension wie die im Mittelschiffe des Langhauses eingewölbt. Das Sterngewölbe der Vierung steigt nur um ein Geringes höher empor. An beide Seiten der Kreuzschiffarme treten noch Capellen, zusammen vier, welche die Höhe und Breite der Seitenschiffe im Langhause haben und mit den Seiten eines Achteckes geschlossen sind. Sie bilden Exedren zwischen den Kreuzschiff-Façaden und dem Langhause und erscheinen zugleich als Seitenschiffe des Querhauses, so daß dieses auch wohl dreischiffig genannt werden kann. Die mannigfache Verbindung verschieden abgestaffelter und beleuchteter Hallen ist so übersichtlich, daß beinahe der ganze große Kirchenraum mit einem einzigen Blicke gefaßt werden kann, und sie verleiht dem Innern der Kirche überhaupt bei großer freier Raumentwickelung eine solche Fülle von immer wechselnden Durchblicken, wie sie in gleicher Wirkung nicht leicht an einem anderen Bauwerke dieser Art zu beobachten sein dürfte.

Die Stützen sind Bündelpfeiler, in Gliederung und Gesammtcharakter der Pfeilerbildung aus der zweiten Periode des Cölner Dombaues am nächsten verwandt. Aus dem polygonen Pfeilerfuße steigen vermittelst einer Abschmiegung die gleichfalls polygonförmigen Sockel der Dienste auf und tragen kleine flache Plinthe, aus denen dann erst die Cylinder der einzelnen Halbrunden oder Dienste aufschließen. Diese Dienste, theils stärkere oder alte, theils schwächere oder junge, sind entsprechend den Gurten und Rippen der Wölbungen aus dem tragenden Kerne oder Schafte des Pfeilers entwickelt, und zwar so, daß der Körper des Schaftes nicht mehr hervortritt, vielmehr seine Peripherie in lauter Rundstäbe und Hohlkehlen aufgelöst erscheint. Der Uebergang der alten Dienste in die Hohlkehlen ist durch eingelegte Stäbchen vermittelt, bei den jungen Diensten bleibt er in der Regel unvermittelt. Die einzelnen Dienste bewahren auch in der Capitälbildung ihre Selbständigkeit, indem das aus mannigfachen Motiven gebildete Laubwerk nur ihnen anklebt, die

Grundriß der Votivkirche.

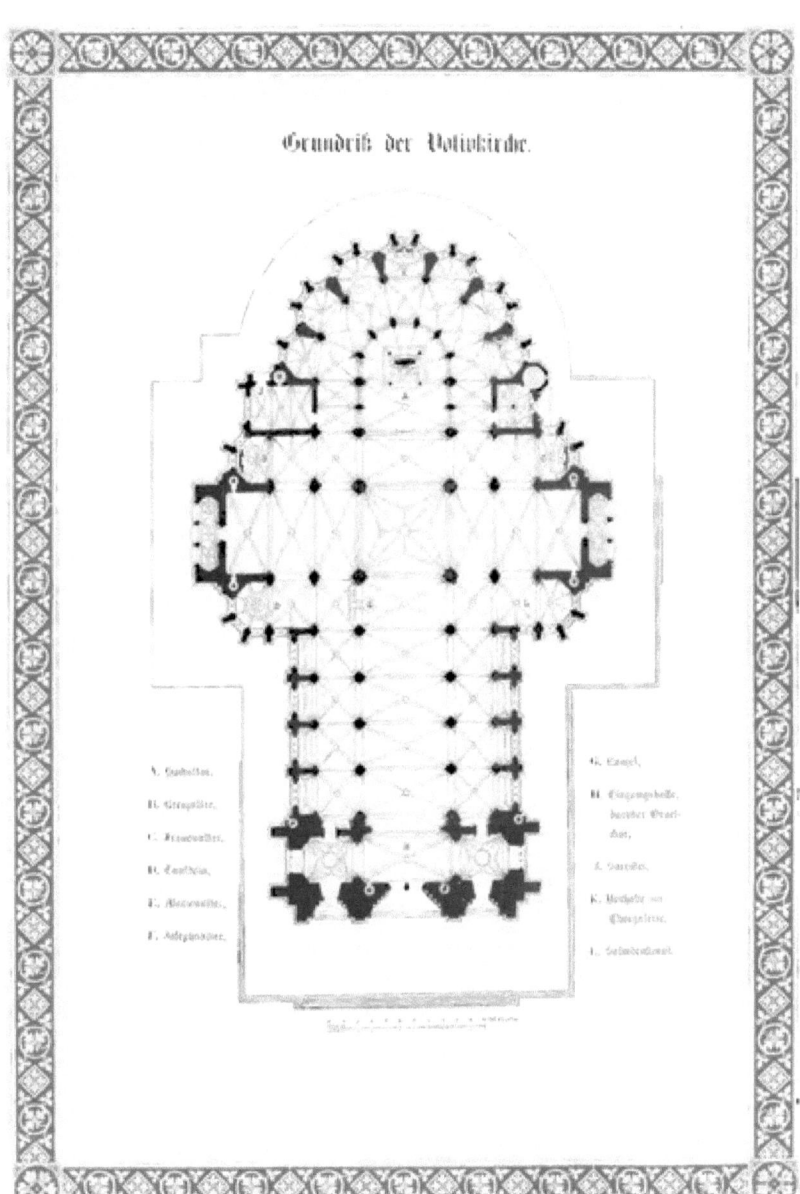

A. Seitenschiff.

B. Seitenplätze.

C. Frauenaltar.

D. Tauftisch.

E. Altarnische.

F. Aufgangstreppe.

G. Kanzel.

H. Eingangshalle, darüber Orgelchor.

J. Sakristei.

K. Hochaltar im Chorgelände.

L. Seitenaltarnische.

unwelchen liegenden Seiten aber frei läßt. Doch ist der Alltagal, das seine Rundstäbchen unterhalb der Gelchcapitälchen, dem ganzen Pfeiler gemeinsam. Die Deckplatten über den Glattercapitälen sind dann polygon.

Das Langhaus hat Pfeiler, deren Grundriß einem in der Achse des Bauwerkes diagonal oder übereck gestellten Quadrate entspricht. Sie sind mit zwölf Diensten, vier alten und acht jungen, gegliedert. Die vier mächtigen Vierungspfeiler haben sechzehn Dienste, vier alte und zwölf junge. Dagegen sind die Chorpfeiler nur von acht Diensten umgeben und ihre Grundrisse bilden ungleichseitige, concentrisch um den Chorschluß angeordnete Rauten. Es sind deren acht, und dazu kommen im Chore noch vier Pfeiler, deren Bildung mit denen des Langhauses fast völlig übereinstimmt; endlich vier ähnliche mit vierzehn Diensten in den Kreuzschiff-Armen. Die Gliederung der Wandpfeiler entspricht überall den ihnen gegenüberstehenden Stützen. Die Gewölberippen, welche über den Capitälen der Dienste aufsteigen, sind nicht rund, sondern birnförmig profilirt mit einem vorgelegten Plättchen, zu beiden Seiten Stäbchen und Hohlkehlen. Gleich elastischen Gliedern tragen sie die kreisrunden, mit plastisch herausgearbeitetem Glätterwerk verzierten Schlußsteine der Gewölbe. Nur der Schlußstein des polygonen Chorgewölbes zeigt statt des Glattwerkes den bemalten Kopf des Salvators.

Fenster beleuchten das Innere der Kirche nicht weniger als achtundsiebzig. Davon entfallen auf die Oberwände von Mittel- und Kreuzschiff sechsundzwanzig, welche die ganze Hochbreite zwischen den Wandpfeilern einnehmen. Der Chorschluß hat oben sieben Fenster von der gleichen Höhe, aber nur von der halben Breite. Dazu kommen zwei sehr ausgedehnte Längsfenster in den Façaden der Kreuzschiffe, und das große Radfenster oder die Rose in der Hauptfaçade. Die Seitenschiffe des Langhauses werden durch zehn Fenster beleuchtet, die Kreuzschiff-Capellen durch dreizehn von derselben Höhe, aber von geringerer Breite. Die Zahl der Fenster in den Chorcapellen endlich beläuft sich auf neunzehn. Was die Gliederung dieser verschiedenen Gruppen von Fenstern durch Stabwerk und Maßwerk anbelangt, so sind die Fenster der Chorcapellen zweitheilig mit einem Vierpaß im Spitzbogen. Die Fenster der Kreuzschiff-Capellen sind ebenfalls zweitheilig, doch führen sie oben je drei ins Dreieck gestellte Dreipässe. Die Fenster der Seitenschiffe im Langhause sind dreitheilig mit zwei Dreiblättern und darüber einem Fünfpasse im Maßwerk. Das Maßwerk der Fenster im oberen Stockwerke ist reicher entwickelt. Die zweitheiligen Chorfenster zeigen je zwei spitzbogige Dreipässe und darüber einen größeren, aus je drei rundbogigen Dreiblättern componirten Dreipaß. Die Hochschiff-Fenster sind durch einen alten und zwei junge Pfosten viergetheilt; jede Fensterhälfte krönt ein Vierpaß und dazwischen bildet ein aus je vier Dreipässen in Kreuzform combinirter Vierpaß den Abschluß des Ganzen. Vollends mannigfach ist das Maßwerk der großen Façadenfenster. In denen der Kreuzschiff-Façaden wird das Stabwerk sowohl in verticaler, wie in horizontaler Richtung entzweigetheilt. In den unteren Abtheilung schließen die sechs einzelnen Streifen mit einfachen Kleebögen ab. In der oberen Abtheilung aber scheidet der mittelste alte Pfosten das ganze Fenster in zwei dreitheilige Hälften, deren jede über zwei Dreipässen einen complicirten dritten trägt, während sich das übrige Maßwerk dazwischen und darüber zu einem reichgegliederten, mit Dreipässen umstellten Vierpaß in Kreuzform entfaltet. Die Rose der Hauptfaçade endlich besteht aus fünf concentrischen, zweimal unterabgetheilten Compartimenten, die mit Fünf- und zehn Vierpässen im Kreise umstellt sind.

Zwei Einbauten schließen sich an die beiden Enden des Capellenkranzes zwischen Chor- und Kreuzschiff-Capellen, und zwar an der Evangelienseite die Sacristei, an der Epistelseite ein über einem granitnen Rundpfeiler eingewölbter Raum, welcher als Vorhalle zu der, in die Chorgalerie emporführenden geräumigen Wendeltreppe dient. Ebendahin führt auch eine engere Treppe aus der Sacristei, und diese sowohl wie jene Vorhalle sind zugleich von außen zugänglich. Ueber der Eingangshalle am Hauptportale zwischen den beiden Thürmen trägt ein mächtiger Gurtbogen den Musikchor, der bis zum Beginn des ersten Langhausträger reicht. Die Gasse der beiden Thürme entspricht der Breite der Seitenschiffe sammt der Tiefe der rechteckigen Capellen, die sich zwischen den Strebepfeilern des Langhauses ausbauen, so daß zwei der inneren Chorumhallen-Arcaden der Breite der Seitenschiffe, die dritte derjenigen der Capellen gleichkommt.

Das Aeußere der Kirche bringt die Raumeintheilung des Inneren ganz folgerichtig zum Ausdrucke, sowie es die strengen Anforderungen des Stiles verlangen. Die constructive Bedeutung der verticalen wie der horizontalen Gliederung

16

ist klar und übersichtlich, namentlich der letztere kommt an der Votivkirche mehr zur Geltung als an irgend einem gothischen Kirchenbaue diesseits der Vogesen. In der Ablehnung der vorherrschend oder unumschränkt verticalen Tendenzen der alten deutschgothischen Bauformen und in der dadurch erzielten ruhigeren Gesammtwirkung manifestirt sich glücklich der moderne Geschmack des Künstlers. Die Profilirungen erscheinen im Ganzen auf das Einfachste zurückgeführt; bei den Maßwerken sind größtentheils kräftige Rundstäbe mit Schrägen, an Fenster- und Thürprofilen große flache Hohlkehlen vorherrschend. Bei der Detaillierung wurde besondere Rücksicht auf die Dimensionen des Gemerkes genommen, im Stilcharakter aber nirgends über die maßgebigen Formen vor der Mitte des XIV. Jahrhunderts hinausgegangen. Wie für Pfeiler und Maßwerk, sind auch für Fialen, Giebel und Gesimse überall nur wenige und sehr einfache Grundformen gewählt. Ein allmählicher

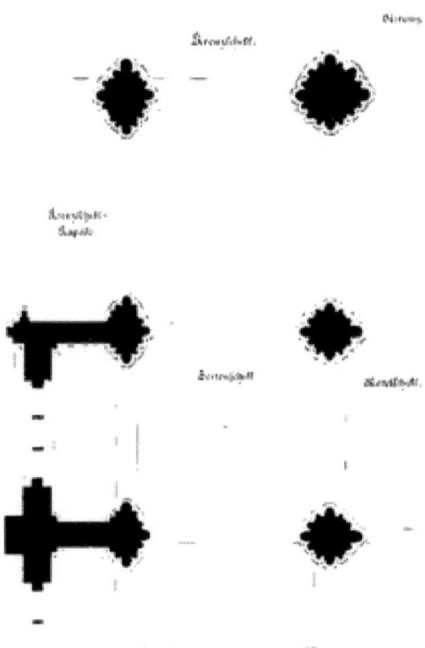

Wechsel derselben ohne constructiven Grund und jedes willkürliche Spiel und Wandern von bloßem Zierrath, wie es die Spätgothik liebte, ist vermieden. Zu gleichem Zwecke tritt auch regelmäßig dieselbe Form ein. Nur im Ornamente, dem letzten freien Ausblühen der Architektur, herrscht eine größere Freiheit und daher auch mehr Wechsel; hier wurde nicht an strenge an den deutschen Mustern festgehalten, sondern auch die freiere lebendigere Formengebung der französischen Schule begünstigt. Für die feine, liebevolle Durchbildung des Details aber, wie solche insbesondere an den Portalen, an Gliederdächern und in zahlreichen Einzelheiten vorkommt, folgte der Architekt insbesondere den zierlichen Vorbildern Erwins von Steinbach am Straßburger Münster.

Das Strebesystem der Votivkirche ist verhältnißmäßig einfach disponirt. Entsprechend den Stützen im Inneren steigen an allen constructiven Knotenpunkten der Umfassungsmauern Strebepfeiler auf, und zwar sind die des hohen Mittelschiffes schlank und zierlich gebildet, während die äußere Reihe der aus den Seitenschiffen aufsteigenden Strebepfeiler massiv ausgeführt ist. Dieselben bilden die Fortsetzung der, zwischen den Chor- und den Langhaus-Capellen eingezogenen Zwischenwände, und erscheinen in ihrem obersten Theile als Doppelpfeiler, deren Zwischenwand durch eine zweitheilige laubwürdige Oeffnung durchbrochen und erleichtert ist. Diese stärkere Bildung der äußeren Strebepfeiler ist constructiv sehr gerechtfertigt, denn das mächtige Ausladen des Mittelschiffes über die Seitenschiffe bis in die doppelte Höhe derselben erforderte die Ueberleitung des Schubes vom Hauptschiffgewölbe auf die äußeren, kräftiger gebildeten Strebepfeiler vermittelst weitgespannter Strebebögen. Diese nothwendige Entlastung der Gewölbeträger durch Hinüberleitung des Druckes auf die äußeren Widerlager ist im Chore durch sehr, im Langhause durch acht schmucklose und darum wenig aufdringliche Strebebögen bewerkstelligt. Im Kreuzschiffe ist die erforderliche Stabilität dann noch durch weitere Verstärkung der Strebepfeiler hergestellt. Die Doppelbildung der äußeren Strebepfeiler und deren Auslaufen in zwei Spitzsäulen, zwischen denen sich die Spreize des Strebebogens nach dem Wasserspeier hin noch fortsetzt, kennzeichnet genau die rudimentäre Fünftheiligkeit der ganzen Gesammtanlage, insofern man mit Recht an

17

eine dritte äußerste nur nicht zur vollen Entwicklung gelangte Reihe von Strebepfeilern und an verkümmerte äußere Strebebögen erinnert wird. Sämmtliche Strebepfeiler der Kirche, auch die kleinen, den Ecken der Chorcapellen vorgelegten, sind mit Spitzsäulen oder Fialen gekrönt.

Hauptgesimse sind an der Votivkirche vier zu verzeichnen: Das Fußgesims und drei Deckgesimse. Das Fußgesims über dem hohen Basement besteht aus einem abgekasteten Plättchen, einer Hohlkehle und einem Rundstab, unterschnitten von einer zweiten Hohlkehle. Die drei anderen Gesimse laden, den Stilforderungen gemäß, mit der Schräge eines Winkels von 45 Graden aus, darom ein Plättchen, eine tiefe Hohlkehle und ein Wulst oder Rundstab. Das nächste ist das Sims, welches am Abschlusse der Capellen um den Chor, um die Sacristei und die Vorhalle des Treppenhauses herumläuft; es trägt eine Galerie, deren Maßwerk aus, in ein Rund gestellten Dreipässen gebildet wird. Dieses Gesims läuft sich zwar am Ende des Chores scheinbar todt, seine Richtung wird aber durch die Fensterbank, der großen Kreuzfaçadenlichter und durch Wasserschläge an sämmtlichen äußeren Strebepfeilern immer wieder markirt, um schließlich an der unteren Begrenzung der Figurengalerie der Hauptfaçade wieder ganz aufzuleben. Ein anderes Gurt- oder richtiger Gallgesims läuft unter dem Dache der Seitenschiffe und der Chorempore um Langhaus und Chorschluß; es führt unter sich einen reichen Glätterfries, und über sich eine Galerie, aus kreuzförmig in's Quadrat gestellten Vierpässen gebildet. An den Seitenfaçaden ist keine Linie bloß in dem Querpfosten oder Zwischensturz des Fensterstabwerkes angedeutet, an der Hauptfaçade aber bildet es in aller Form den kräftigen oberen Abschluß der Figurengalerie und des ganzen untersten Stockwerkes mit dem Portalbaue. Das Dachgesims des Hochschiffes endlich ist gleichmäßig um alle Theile des Baues herumgeführt; es hat unter sich ebenfalls einen Fries von erst aufsteigendem und dann nach unten zurückgeschlagenem Glätterwerk und über sich eine erhöhte Galeriebrüstung, deren Pfosten Kleebögen und darüber in Spitzbögen eingeschlossene Vierpässe tragen.

Der Chorbau, der durch den Capellenkranz im gewissen Sinne fünfschiffig ist, gliedert sich seinem Profile nach auch äußerlich in drei verschiedene Stockwerke. Das unterste entspricht den Chorcapellen, das mittlere der Empore über dem Umgange, die nach außen keine Fenster hat und dafür ganz mit durchbrochenem Stab- und Maßwerk verkleidet ist. Erst mit dem Abschlusse dieses mittleren Stockwerkes erreicht der Chorbau die Höhe der Seitenschiffe des Langhauses. So kommt die, durch den niedrigen Capellenkranz bedingte Doppelgliederung des Chores an dem äußeren Aufbaue desselben sehr deutlich zum Ausdrucke und ist durch die oben beschriebene Anordnung der beiden Gallgesimse auch an den übrigen Theilen des Baues fortgesetzt. Die consequente Durchführung dieser Doppelgliederung kommt der Mannigfaltigkeit wie der Harmonie des Aeußeren gleicherweise zu statten. Von der Chorseite führt noch eine kleine Pforte mit dem Relief des guten Hirten über dem Sturz in die Sacristei. Eine andere, reicher gezierte, führt jenseits in das Stiegenhaus der Chorgalerie; an den Thürpfosten stehen dort vier Heiligenfiguren unter Baldachinen, und über dem Sturz ist ein Fenster eingelegt von derselben Gliederung, wie die sich nach innen öffnenden Fenster der Empore. Die dahin führende Treppe erscheint von außen als ein achteckiges, mit einem durchbrochenen Steinhelme bedecktes Thürmchen. Ein ähnliches, nur noch kleineres Treppengehäuse ist auch an die Sacristei angelehnt.

Was die Fiale für die ausladenden Mauerkörper, das ist der Spitzgiebel oder Wimperg für die Maueröffnungen und Nischen an der Außenseite des gothischen Bauwerkes. Auch dieses Zierglied ist an der Votivkirche überaus reichlich angewendet. Sämmtliche Fenster der Kirche sind mit Wimpergen von geblendetem Maßwerk bekrönt, mit bloßer Ausnahme der Seitenschiff-Fenster des Langhauses, der Sacristeifenster und der großen Rose an der Hauptfaçade. Ueberdies sind die drei Portale dieser Façade mit Spitzgiebeln von durchbrochenem Maßwerk überstiegen, und die Dachgiebel der Kirche tragen den gleichen Schmuck. Sowohl das Langhaus wie die beiden Kreuzschiffarme schließen nämlich mit Giebeln ab, die den drei Façaden der Kirche zu besonderer Zierde gereichen.

Die beiden Seitenfaçaden am Kreuzschiffe sind durch kräftige Strebemassen flankirt. An diese schließen sich polygone Treppenhäuser an, welche in den oberen Partien durchbrochene Schneckenstiegen bilden und zu beiden Seiten des Dachgiebels in kleine fialenartige Thürmchen auslaufen. Zwischen den weitvorspringenden Strebemassen, welche

Profil.

dem Drucke der Kreuzschiffgewölbe entgegen-
wirken, sind die Vorhallen an den Eingängen
in das Querhaus eingebaut. Jede der beiden
Seitenpforten führt im Tympanon oberhalb des
Sturzes ein Relief. Die Vorhalle dazu öffnet sich
nach außen mit drei Spitzbögen, an deren Pfeilern
vier Bilderdächer mit Statuen angebracht sind.
Vier andere solcher Figuren stehen in den
durchbrochenen Fialen, mit denen sich die
Strebemassen oberhalb des Portalbaues zuerst
verjüngen. Der Portalbau schließt mit einer
Plattform, um welche die Galerie des Capellenkranzes weitergeführt ist. Das colossale Kreuzschiff-
fenster ist bis auf die gleiche Höhe herabgeführt.
Die Hauptfaçade wird durch die beiden,
den Seitenschiffen vorgelegten Thürme flankirt
und von dem Dachgiebel des Hochschiffes bekrönt.
Drei große Portale führen durch die Stirnseite
oder Hauptfaçade der Kirche in das Innere
derselben, das größere mittlere in das Haupt-
schiff, die beiden anderen in die Seitenschiffe.
Alle drei sind zu einem einheitlichen Portalbaue
vereinigt, welcher das unterste, am meisten
durchgebildete und am reichsten geschmückte
Stockwerk der Hauptfaçade bildet. Jede der
drei Pforten nimmt den ganzen Raum zwischen
den mächtigen Strebepfeilern der Façade ein.
Analog dem Raumverhältniß im Innern des
Schiffes ist das Hauptportal noch einmal so breit
als die Seitenportale, und demgemäß steigt sein
Spitzbogen auch bedeutend höher empor. An den
tiefen, nach innen sich verjüngenden Leibungen
der Portale sind Leistungen und darin Figuren-
nischen angebracht, und zwar in den Neben-
portalen zu jeder Seite zwei, also zusammen vier,
in dem viel reicher gezierten Mittelportale aber
doppelt so viele in einer Reihe, und darüber
noch eine andere eben solche Reihe, somit beiderseits zweimal vier, und zusammen sechzehn
Bildernischen. Die Archivolten, welche über den
Baldachinen dieser Nischen aufsteigen, sind mit
Blattwerk und phantastischen Thierfratzen reich
geschmückt. Die davon eingeschlossenen Füllungen

der Portalbögen tragen Reliefs; die Bogenfelder der Seitenpforten mit je einer, das der Mittelpforte mit drei, in zwei Etagen angeordneten Darstellungen. Unter dem Tympanon des Hauptportales läuft sodann noch eine Reihe von weiteren fünf Statuen hin, welche die zwei oberen Reihen zu den beiden Seiten der Leibung miteinander verbindet und die Zahl der freistehenden Figuren hier auf einundzwanzig bringt. Dazu kommt noch als zweiundzwanzigste das Standbild des Salvators an dem Schärpfosten. Die Theilung der Portalöffnung durch diesen Zwischenpfeiler wird durch die zu große Breite derselben Rigeurüll erfordert. Der Pfosten fungirt zugleich als Träger des Thürsturzes und die daran angebrachte Statue des Erlösers ist sonsagen das Titelbild der ganzen Kirche. Die Portale werden überdies von leichten Spitzgiebeln mit durchbrochenem Maßwerke überliegen. Der Dreispaß, welchen der hohe Wimperg des Hauptportales im Mittel führt, schließt die in Stein ausgeführte Gruppe der Dreifaltigkeit ein.

Eine Galerie mit Rischen für eine Reihe von Statuen der Landespatrone durchsetzt in der Höhe der Archivolte des Mittelportales die ganze Breite der Façade und betont stark die horizontale Gliederung derselben. Zugleich bildet diese Galerie eine günstige Vermittlung der so sehr verschiedenen Portalhöhen. An den kräftigen Gesimsen, welche dieselbe nach oben und unten abgrenzen, kommt die Doppelgliederung des Chores wieder lebhaft zum Ausdrucke, indem das obere Gesims der Erhebung der Seitenschiffe und der Chorgalerie, das untere der Höhe des Capellenkranzes, wie des Portalbaues und der Fensterbank an den Kreuzschiff-Façaden entspricht. Die vier großen massigen Strebepfeiler des Façadenbaues sind ebenfalls in diese horizontale Gliederung des Portalbaues einbezogen, indem dieselben über ihrer ersten Verjüngung Fialen mit durchbrochenen Leibern tragen, darin die Standbilder der vier Evangelisten angebracht sind.

Während das unterste Stockwerk des Façadenbaues der Erhebung der Seitenschiffe entspricht, gehört das zweite von gleicher Höhe dem Hochschiffe an und schließt auch mit dessen Dachgesimse ab. Die Strebemassen verjüngen sich bereits ein wenig und schließen nach vorne drei Fenster ein, das große, zur Erleuchtung des Mittelschiffes bestimmte, in ein geblendetes Quadrat gestellte Radfenster und zwei Thurmfenster, die in Form und Dimension mit den Hochschiff-Lichtern des Lang- und Querschiffes vollständig übereinstimmen. Eben solche Fenster haben in dieser Höhe die anderen abgekehrten Seiten der Thürme, während diejenigen des untersten Stockwerkes, die Fenster der Thurmhallen, denen der Seitenschiffe des Langhauses gleichen. Von dem Abschlusse des zweiten Stockwerkes an beginnen sich die bisher compacten Wandmassen in drei getrennte, selbstständig entwickelte Bauthelle zu lösen, nämlich in die drei die Façade krönenden Partien, den Giebel und die beiden Thürme. Sie bilden das dritte Stockwerk der Façade.

Der Façadengiebel entspricht dem Profile des dahinter liegenden Daches. Zur Erleichterung seiner Masse ist das steile Dreieck ganz mit durchbrochenem Maßwerk ausgefüllt und als ein complicirter, unten dreifach getheilter Spitzgiebel ausgebildet, eine reiche zierliche Lösung, an welche das Auge des Wieners von den Wimpergen am Langhause des St. Stephans-Domes her gewöhnt ist. Sie wird aber noch durch die Verbindung mit Bilderschmuck gehoben; im obersten Spitzbogen erscheint die Krönung Mariä. In den Zwischenräumen darunter und über den Sparren des Giebels auf schlanken Stäben die Vertreter der neun Engelchöre.

Die Thürme zeigen gerade in der Höhe des Dachgiebels feste Mauermassen als wirksamen Gegensatz zu der leichten, lustig durchbrochenen Gliederung des Giebels; aber auch aus constructiven Gründen. Alsbald findet nämlich der Uebergang der Thürme aus dem Viereck des Grundrisses in das Achteck statt. Die bisher mit den Ecken des Quadrates vorgestellten Strebemassen endigen oberhalb des durchlaufenden, auch um die Strebepfeiler sich verkröpfenden Dachgesimses in Giebeldächern, deren Statuen in gedanklichem Zusammenhange mit dem Figurenschmuck des Giebels stehen. Darüber beginnen die Strebemassen der Ecken sich mannigfacher zu gliedern, indem sie sich frei von dem nun achteckigen Thurmkörper loslösen. Wo diese Loslösung aufhebt, sind die Thurmmauern nochmals mit einem Gesimse abgeschlossen, welches sich durch den oberen Theil des Giebels galeriewartig fortsetzt und so, die letzte lose Verbindung der Thürme bildend, noch einmal die Horizontale anklingen läßt. Von nun an steigt das letzte achteckige Prisma der freistehenden Thürme in zwei Geschoßen empor, gebildet durch in die Ecken des Polygons gestellte schlanke Pfeiler, zwischen denen sich die schmalen, in verticaler wie in horizontaler Richtung zweigetheilten Schallfenster einspannen. Die freigewordenen

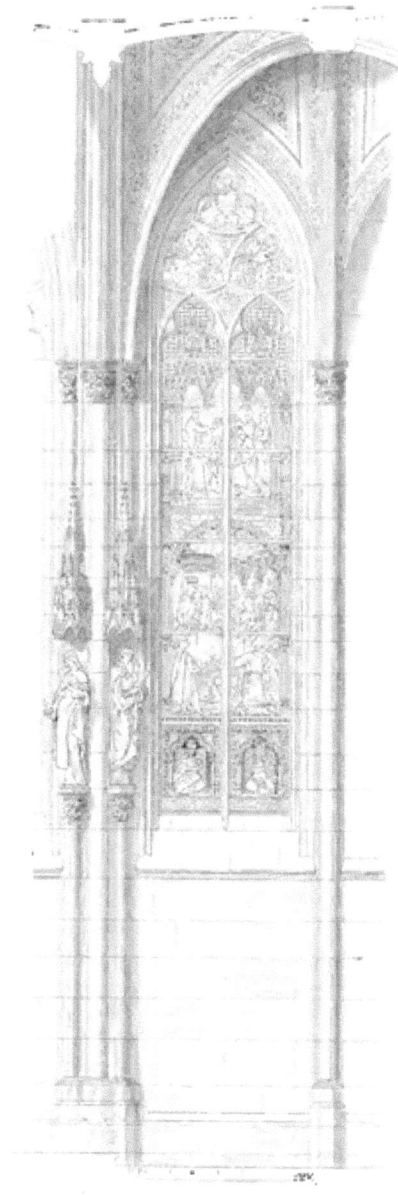

Strebepfeilern, welche sich über den vier Ecken des unteren Quadrates nun selbständig weiter entwickeln, gliedern sich nach oben in wiederholt sich verjüngende, übereck gestellte Strebepfeiler, aus denen schließlich achteckige Fialen aufsteigen, welche nahezu bis an den Abschluß dieses obersten Thurmgeschoßes reichen. Auch die Thurmfenster dieses Stockwerkes sind mit geblendeten Spitzgiebeln gekrönt. Endlich schließt das Thurmgeschoß mit einer, nach von den letzten Fialen überragten Galerie ab.

Die Helme der Thürme beginnen aber in der That nicht erst über dieser Thurmgalerie, sondern ihre schräge Neigung nimmt bereits bei den Anläufen der Fenstergiebel ihren Anfang. So wie die unteren Stockwerke der Thürme jedesmal aus massivem Mauerwerk entwickelt sind, war es durch constructive und ästhetische Rücksichten geboten, die Thurmhelme auf einen möglichst compacten Steinkranz zu setzen, der die hohen schlanken tragenden Pfeiler des Octogones energisch mit einander verbindet. Um die Helme möglichst vollkommen erscheinen zu lassen und ihnen an der Basis die volle Breite des Untergeschoßes geben zu können, empfahl sich das Auskunftsmittel, mit der Entwickelung ihrer Sparren so tief wie möglich zu beginnen. Dies gewährte zugleich die Möglichkeit, der Thurmgalerie eine größere Ausladung über einem weit vorspringenden Gesimse zu geben und die Anläufer der Thurmpfeiler mittelst Spitzsäulchen reicher zu gestalten. Auf solche Weise erhält der hohe steile Thurmhelm eine solide Grundlage, einen leicht verständlichen Uebergang vom senkrechten Pfeilerbaue zu den schräg gestellten Helmpfosten und eine ungemein wirksame Silhouette. Die Helme sind aus acht schrägen, mit Krabben besetzten Steinsparren construirt, welche in gleich weiten Höhenabständen durch Querpfosten zu einem festgefugten Gerüste verbunden sind. Zwischen dieses Gerippe mit seinen trapezförmigen Lücken fügen sich dann die in offenes Maßwerk aufgelösten Platten ein, so daß der ganze Helm als eine durchbrochene Steinpyramide aufragt. Die Sparren oder Pfosten des Helmes verlaufen aber nicht, wie der Augenschein lehren will, in ganz gerader Linie nach dem Scheitel der Pyramide, sondern in einer convexen Schwingung, deren in ihrer Mitte gelegene Scheitelhöhe vier Zoll beträgt. Diese kleine Ausbiegung hat nur den Zweck, einen erfahrungsmäßigen Fehler unserer Sehkraft auszugleichen, ähnlich jener, Entasis genannten Anschwellung des Schaftes an der griechischen Ganie; sie bleibt dem Auge unmerklich und kommt blos der Völligkeit und Regelmäßigkeit des ganzen Helmprofiles zu Statten.

Die Spitze des Helmes läuft über einer nochmaligen Simsverkröpfung in eine zweifache, aus Glattwerk gebildete Creuzblume aus, die am Stempelausgange mit einer bronzenen Knospe gedeckt ist. In diesem Metallknopfe hält eine Schraubenmutter die eiserne Helmstange fest, welche den Zweck hat, die obersten Steinlagen zu belasten und so zu festigen. Diese massive Helmstange hängt durch eine röhrenförmige Aushöhlung der Thurmspitze herab, reicht aber nur bis etwa in die halbe Höhe des Helmes. Dort wird sie an ihrem unteren Ende von vier eisernen Gewinden erfaßt, welche in den untersten Schichten des Helmes verankert und mittelst vier übersetzter Gebelgewichte gespannt und belastet sind. Durch diese sinnige Vorrichtung übt die Helmstange einen gewaltigen Druck auf die obersten Schichten der Thurmspitze, ohne bei dem, in solcher Höhe unvermeidlichen Windanfalle in irgend eine Schwingung oder Erschütterung zu gerathen, die dem Gestande des Thurmbaues verderblich werden müßte. Die ganze Thurmhöhe vom Terrassenpflaster bis zur Knospe der Creuzblume mißt 50°, 2′, 10″. Und so bilden denn die Thürme der Votivkirche mit ihren gewaltigen Massen unten, und mit ihrem luftigen Aushauchen nach oben, gleichsam als zwei riesige Strebepfeiler und Finlen, den Widerhall und die Krone für das ganze wohlgefugte System eines Bauwerkes, das ein Symbol des aus festem Gottvertrauen sich erhebenden Gebetes sein soll.

Steinerne Treppen mit dem Zugange von außen führen in den Thürmen bis in die Höhe des Dachgiebels; von da an steigen eiserne Wendeltreppen durch das Octogon bis zum Thurmplateau, d. i. bis zum Beginne der Helme empor. Weiter hinauf sind die Thürme nur noch vermittelst eiserner, in Kloben einzuhängender Leitern zu besteigen. Außer diesen beiden Thurmstiegen dienen vier aus dem Inneren zugängliche, in freiliegende Schnecken auslaufende Wendeltreppen an den Strebepfeilern der Creuzschiff-Fnçaden zur Besteigung des Hochschiff-Daches. Zwei Treppen führen ferner von innen auf den Musikchor und zur ersten Façadengalerie, und zwei endlich, wie bereits erwähnt, aus den Einbauten am Chore zu der Empore desselben; es sind natürlich sämmtlich Wendeltreppen.

Die Kirche steht auf einer weiten, kräftig erhöhten Terrasse, welche an der vorderen Façade einen Vorsprung von 5 Klaftern, an den übrigen Seiten den von durchschnittlich 4 Klaftern hat. Dieser Terrassenbau ist bestimmt, das Bauwerk von dem äußeren, nach vorne abfallenden Terrain wirksam zu isoliren und demselben durch Anbringung der erforderlichen Stufenreihe ein erhöhtes Ansehen zu verleihen. Derselbe erhebt sich an der Vorderseite um drei, an der nördlichen um zwei, an der südlichen um einen Randstein über das Niveau des Terrains; und zwar sind es mächtige Randstufen von einem Schuh Höhe, denen nur an den Stellen, wo der Zugang zu den Portalen stattfindet, noch Trittstufen vorgelegt sind, so daß sich deren an der Hauptfaçade sechs ergeben. Die Grenzen der ganzen Terrasse umfassen eine bedeckte Fläche von 1545 Quadratklaftern.

Nicht minder beachtenswerth als die artistischen und formalen Qualitäten der Votivkirche sind die constructiven und technischen Leistungen an derselben. Wenn jene offen zu Tage liegen und aus dem vollendeten imposanten Bauwerke so zu sagen von selbst sprechen, sind diese dem Auge verborgen und gehören insoferne der Geschichte an. Anderseits aber sind sie wieder die Bürgschaft für die gesicherte Zukunft des Baues; und sie stehen mit dessen ästhetischen Wirkungen in so innigem Zusammenhange, daß eine Beschreibung desselben ohne eingehende Berücksichtigung seiner materiellen und technischen Grundlagen unvollständig genannt werden müßte. Namentlich der Laie ist leicht geneigt, die Bedeutung der Construction und das Verdienst des Künstlers in dieser Richtung zu unterschätzen; und doch fällt beides gerade bei einem gothischen Kirchenbaue gar schwer in's Gewicht, theils wegen der strengen und schwierigen Anforderungen, welche das System an die Statik stellt, theils weil der moderne Architekt sich in der Lösung technischer Fragen nicht, wie in der Formensprache, bei den alten Mustern Rathes erholen kann. Er ist vielmehr bei dem Abbruche aller Tradition und bei den wirklich veränderten Bedingungen unseres industriellen Lebens genöthigt, neue Mittel zur Erreichung der gegebenen Zwecke zu finden oder es doch mit der neuen Anwendung vorhandener Mittel zu versuchen. Der Bau der Votivkirche ist nun reich an solchen Erfindungen und Versuchen, so daß wohl auch der Sachverständige dem folgenden Berichte über die Technik und Construction des Baues gerne einige Aufmerksamkeit schenken wird.

22

Was zunächst das Materiale anbelangt, aus welchem die Votivkirche aufgeführt ist, kamen folgende Steinarten zur Verwendung: Kreidekalk aus Grißignano in Istrien, Leithakalk (Nullipoten- und Margarethenkalk) von Wöllersdorf, Grinn, Oslop, Mokritz, von Prag und von Mühlendorf; dann Rohrbacher Conglomerat von Grinn und von Zilchau. Sämmtliche Steinarten sind von nahezu gleicher Widerstandsfähigkeit und Dauer, auch von ähnlicher Structur. Die Grinner Steine haben gröberes Gefüge und zeigen stärkere Poren. Wöllersdorfer, Mühlendorfer und Oslaper Steine sind geschlossener von Formation, feiner und dichter von Gefüge. Die Färbung des Grinner Steines ist die dunkelste und hat einen Stich in's Röthliche; Wöllersdorfer und Oslaper haben eine mehr gelbliche Farbe. Mühlendorfer ist dem Tone nach der lichteste und etwas leichter zu bearbeiten als die übrigen Sorten.

Diese Verschiedenheit der einzelnen Steinarten bedingte jedesmal die Verwendung derselben, je nachdem es sich vorwiegend um Widerstands- und Tragsähigkeit oder um reichere Durchbildung in's Einzelne handelte. So ist der Chor, das Langhaus so wie der innere Pfeilerbau aus Grinner Stein, während die Hauptfacade bis zum Dachgesimse des Mittelschiffes aus Wöllersdorfer, die Kreuzschiff-Façaden aus diesem, so wie aus Oslaper Stein hergestellt wurden. Für die Thürme von der Dachhöhe aufwärts, für die Treppenbauten an den Kreuzschiff-Armen und für die Strebebögen wurde Mühlendorfer Stein verwendet. Insbesondere sind sämmtliche Figuren des Inneren und Aeußeren, sowie der größere Theil der Baldachine aus Grißignaner und aus Mokritzer Stein gefertigt, nur ein kleiner Theil der Baldachine im Inneren wurde aus Prager Kalkstein gemeißelt.

Die Fundamentirung der Votivkirche ist dem monumentalen Charakter des ganzen Bauwerkes entsprechend, eine äußerst solide. Die vom Chore gegen die Thürme zu abfallenden Terrainschichten haben ihre verschiedene Tiefe der Substruction bedingt. Am Chorbau ward eine Tiefe von 16 Schuh genügend befunden, die sich nach vorne hin steigerte, und an den Thurmbauten das doppelte Maß von 32 Fuß erforderte. Die oberen Schichten des Terrains sind fester Lehm, darunter mit Lehm gemischter Sand und Schotter. Die kräftige Sockelprofilirung der Kirche bedurfte schon an und für sich breiter Fundamente, welche dann mit Rücksicht auf die theilweise große Tiefe nach unten zu noch wesentlich verbreitert wurden. Dies geschah namentlich bei den Thurmbauten, bei denen die Ausbreitung nach unten so weit ging, daß die unterste Schichte des Fundamentes eigentlich nur ein durchlaufendes massives Ganzes bildet, welches in der Mitte der Thürme lediglich um praktischer Vortheile willen nicht vollständig ausgemauert wurde. Die Fundamente sind durchweg aus Bruchstein von Atzgersdorf mit Stollberger Kalk und Donausand ausgeführt. Die letzte Schichte des Fundamentes wurde dann aus Quadern in einer Höhe von 2′, 3″ der ganzen Ausdehnung des Baues nach hergestellt. Nach vollständig erfolgter Setzung wurde ein sorgfältiges Nivellement dieser Ausgleichsschichte vorgenommen und nach den Fixpunkten durch Abmeißelung eine horizontale Ebene hergestellt, welche den Oberbau aufzunehmen hatte.

Der Oberbau der Kirche ist ein massiver Quaderbau. Die Höhe der Steinschichten ist verschieden und schwankt von 1 bis 2 Fuß. Diese Verschiedenheit wurde vornehmlich mit Rücksicht auf die Ergebnisse des Steinbruches gewählt, um jede eben gebrochene Steinmasse verwenden zu können, also aus ökonomischen Gründen; aber auch deßhalb, um dem Quaderbau ein lebensvolleres, minder einförmiges Ansehen zu verleihen. Jede Schichte läuft aber in der festgesetzten Höhe um den ganzen Bau herum. Bei Beginn jeder Baucampagne wurde ein gleich genaues Nivellement wie an dem Fundamentbau vorgenommen, demzufolge die Durchführung der horizontalen Lager an diesem Baue mit einer Genauigkeit bewerkstelligt wurde, daß Abweichungen mit den üblichen Meßinstrumenten nicht nachzuweisen sein dürften. Die Steine wurden auf einen fetten Mörtel aus Stollberger hydraulischem Kalk und Meidlinger Sand versetzt; die Fugenstärke beträgt 4 Linien. Die Versetzung der Maßwerke, aller kleineren freistehenden Glieder, der Fialen, Galerien, und dergleichen geschah auf festgeschlagenem, äußerst sorgfältig bereitetem Gerüste. Eisenklammern und Schließen fanden nirgends Verwendung; wohl aber wurden schwache freie Pfosten oder Platten mit harten Steindübeln versetzt, die feinsten Kreuzblumen und Fialen aber auf Kupferzapfen. Zur Einwölbung der Kappen in den Kreuzgewölben wurden kleine, eigens für diesen Zweck geformte Ziegel verwendet, sogenannte Heilandsziegel. Auf dieselben wurde dann ein fester Guß aus hydraulischem Kalke gemacht, welcher insbesondere vor der Bedachung der Kirche wichtige und gute Dienste geleistet hat.

Sämmtliche Dachstühle, das Gerüste für das Centralthürmchen, den sogenannten Dachreiter, sowie die Glockenstühle sind aus Eisen hergestellt. Dadurch ist die Hauptgefahr, welche den Bestand der alten Kirchenbauten immer und immer wieder bedrohte, die Feuersgefahr, nahezu ausgeschlossen. Eine engere, unter bewährten Firmen eingeleitete Concurrenz hatte das Ergebniß, daß das Project des Civilingenieurs Eduard Oexler zur Ausführung sämmtlicher Dachstühle und des Centralthürmchens gewählt wurde, und dieser im Vereine mit der Firma Sigl und Comp. in den Jahren 1870 und 1871 die genannten Arbeiten vollendete. In gleicher Weise erhielt A. Gridl die Ausführung der Glockenstühle und der damit zusammenhängenden eisernen Stiegen im Belagen der Thürme. Das System, welches Oexler der Construction der Dachstühle an der Votivkirche zu Grunde legte, ist von der äußersten Einfachheit. Nur die Lattung für die Schiefereindeckung ist wegen der Gegenseitigkeit des Nagelns aus Lärchenholz hergestellt. Alle anderen Bestandtheile sind von Eisen. Die Neuheit, Größe und Präcision der hier gelösten Aufgaben läßt es vielleicht als nicht undienstenswerth erscheinen, das detaillirte Programm der Dachstuhl-Construction an anderer Stelle nachfolgen zu lassen. (Anhang VIII.)

Mit der Construction des Dachstuhles in nächster Verbindung steht jene des Centralthürmchens oder Dachreiters. Das Gerippe desselben ist gleichfalls aus Schmiedeisen, und durch entsprechende Verbindungen und durch Verstrebungen wurde die vollkommene Steifheit und Festigkeit desselben erreicht. Mit diesem Gerippe innig verschraubt sind dann jene Bestandtheile aus Lärchenholz, welche den Zweck haben, dem Thürmchen die äußere architektonische Form zu geben; die Bogen und Gächelprofile, die kleinen profilirten Pfeilerchen und Fialen. Gekleidet ist das ganze Aeußere des Central-thürmchens mit Blei, welches durch Falzung und Löthung die sämmtlichen Architekturformen in dauerhaftester Weise ausprägt und mit welchem die, gleichfalls aus Blei getriebenen Ornamente, die Krabben, Kreuzblumen und Rosetten, in solidester Weise verbunden sind. Einzelne Theile dieser äußeren Bleihüllen sind in einer als dauerhaft erprobten Weise vergoldet.

Für die Bedachungen wurden zweierlei Dachmaterialien angewendet: für die steilen Dächer des Mittelschiffes, des Kreuzschiffes und Chores, sowie für die Dächer der vier Kreuzschiff-Capellen Schiefer, für die flachen Dächer der Seiten-schiffe, des Chorumganges und der Chorcapellen Blei. Von Blei sind auch sämmtliche Rinnen und Auskleidungen der Wasserrohre und Wasserspeier. Diese für den Wasserabfluß bestimmten Theile sind nämlich aus Stein hergestellt, in den Fugen gut mit Oelkitt verstrichen, aber nichtsdestoweniger innen mit starkem Blei verkleidet.

Das System der Wasserableitung an der Votivkirche entspricht ganz demjenigen mittelalterlicher Bauwerke. Die längs des Dachsaumes am Hochschiffe angelegten steinernen, mit Blei ausgekleideten Rinnen münden bei jedem Pfeiler vermittelst eines in diesen eingelegten Bleirohres in einen Wasserspeier. Derselbe gießt das Wasser in das auf dem Rücken, der Spreize des Strebebogens angebrachte offene Gerinne, welches das Wasser wieder vermittelt der an den äußeren

Strebepfeilern angebrachten Wasserspeier weit vom Bauwerke ab auf das Pflaster hinaustreibt. Die über den Gewölben der Seitenschiffe und Capellen angeordneten Wasserrinnen leiten das Wasser von jedem Strebepfeiler in einen breiten Wasserbord, welcher, um nicht auch über den Pfeiler durchbohren zu müssen, vermittelst zweier an den Ecken der Strebepfeiler eingesetzter Wasserspeier die dort angesammelte Regen-

menge gleich ins Freie leitet. Dieses System der Wasserableitung ist nicht blos äusserst zweckmässig, sondern auch gefällig. Das Bauwerk gewährt namentlich unmittelbar nach dem Regen, wenn die Wassermassen aus den Rachen der Gelten und Chimären in weiten Bögen ausströmen, einen höchst eigenthümlichen Anblick. Freilich erforderte diese Art der Wasserleitung auch die allergrösste Genauigkeit der Ausführung, denn irgend eine Undichtigkeit in den durch die Pfeiler gelegten Geleitröhren oder auch in der Aus-kleidung der Wasserspeier würde die Zerstörung derselben zur Folge haben. Bei dem heutzutage allgemein angewendeten Systeme der Abfallrohre, für welches auch schon manches mittelalterliche Bauwerk adaptirt wurde, sind allerdings einige der eben erwähnten Schwierigkeiten vermieden, dafür hat dasselbe wieder andere Uebelstände im Gefolge, unter welchen insbesondere die Gefahr des Einfrierens hervorzuheben ist. Bei Erwägung aller Vortheile und Nachtheile der beiden Systeme kann man sich doch mit Recht für die mittelalterliche Uebung entscheiden, zumal die Wasserspeier schon als decorative Motive von nicht zu unterschätzendem Werthe sind, wogegen die Abfallrohre stets mit den architektonisch wichtigsten Linien des Bauwerkes in Conflict gerathen. Die in Glas ausgeführten Spenglerarbeiten rühren von B. Wenzel her.

Das Hochschiffdach oder die Bedachung des in Kreuzesform sich über die Abseiten emporhebenden Hochschiffbaues besteht aus Schiefer von zweierlei Farbe, da die weiten heilen Flächen des Daches die Anbringung einer Musterung unerlässlich machten, der altersüblichen Anwendung von bunten glasirten Ziegeln aber sich materielle und technische Bedenken entgegen stellten. So gibt der feuchte grünlichgraue Schieferstein aus Ellenbrod in Böhmen dem Dache die Grundfarbe; ein Materiale, welches bezüglich seiner Dauerhaftigkeit durch Jahrhunderte erprobt ist. Den Dessin darauf bildet der schwarze Schiefer aus Caub am Rheine, dessen Qualität gegen den Wechsel der Farbe hinreichende Gewähr leistet; wie denn auch heute nach acht Jahren seit der Verdachung eine Veränderung der beiden Schiefersorten und eine Abschwächung ihres Farbencontrastes nicht zu bemerken ist. Die Schieferbedeckung besorgte Heinrich Schwab.

Der First dieser heilen Satteldächer wurde noch mit einer Erhöhung, einem sogenannten First-kamme, versehen, welcher ein ästhetisch erwünschtes Motiv zur Belebung der starren Firstlinie abgibt, gleichzeitig aber auch den Vortheil gewährt, beim Besteigen der Dächer die Cellern bequem einhängen zu können. Dieser durchbrochene, ungemein luftige Firstkamm ist an der obersten Platte des eisernen Dachstuhles befestigt, ebenfalls aus Schmiedeeisen construirt und mit Listen aus im Feuer vergoldeter Bronze eingeschlossen. Gleichermaßen sind die Fürstbleche darunter, welche durch Metallstangen festgehalten werden, mit Schienen und Rosetten aus vergoldeter Bronze geschmückt. Die Schmiedearbeiten hieran sind vom Schlossermeister Gerndt, die Bronzearbeiten von Hollenbach in Wien ausgeführt.

Das Ende des Dachfirstes am hohen Chore ist endlich mit einem reichgeformten plastischen Kreuze aus Schmiedeeisen und vergoldeter Bronze ausgezeichnet. Ein ähnlich gebildetes Kreuz von etwas zierlicherer Form bildet auch die Krönung des Dachreiters. Beide Kreuze sind in den Werkstätten des Schlossermeisters C. Wilhelm ausgeführt, die Bronzearbeiten daran von D. Hollenbach's Nachfolger.

Die Blitzableiter verbreiten ihr Netz in sehr rationeller Weise über das ganze Bauwerk. An allen Höhenpunkten desselben ragen die Goldspitzen der Kupferdrähte und Seile empor, welche unter einander und mit den Eisenbestandtheilen des Baues in geschickte Verbindung gebracht, von den Thürmen abwärts als mächtige Kupfertaue in die Erde geführt sind, und zwar in einen eigens zu diesem Zwecke bis auf die Tiefe des beständigen Grundwassers ausgemauerten Brunnen, in welchen das Kupfertau in Verbindung mit einer galvanischen Batterie eingesetzt wurde. Das hier angewendete System findet bei den großen Schiffen der englischen Marine Verwendung und rührt von Sir William Snow Harris her. Durchgeführt wurde dasselbe an der Votivkirche vom Civilingenieur Giovanni Caulini. Die Hauptstränge sind 24 Faden starke Kupferseile, die Zweigleitungen sind aus 24 gleich starken Drähten zusammengesetzt.

Sämmtliche Thüren und Thore der Votivkirche sind aus Eichenholz hergestellt mit Verwendung eines mehr oder minder reichen Schmuckes an Schmiedearbeiten für Riegel, Bänder, Schienen, Knöpfe, Schlösser und Drücker. Die Mehrzahl derselben sind als starkes, solides, gut verkämmtes Rahmwerk mit äußerer, an den Falzen profilirter Bohlenverschalung construirt. Auf diese Weise ist die Continuität der Fläche aufrechterhalten, was für die Anbringung reichgezeichneter Bänder günstiger ist, als der Wechsel des Rahmwerkes mit Füllungen. Auf die zahlreichen kleinen Thüren und Luken des Bauwerkes fand diese Art nur in einfachster Weise Anwendung. Die sechs großen Pfortenflügel aber, deren vier von der Hauptfaçade, und je einer von den beiden Kreuzschiff-Façaden nach dem Inneren führen, sowie die Thüre, welche den Eingang zur Oratorienvorhalle bildet, sind nach diesem Systeme in reichster Weise gestaltet. Unsere lange vernachlässigte Schmiedetechnik fand hier ein dankbares Feld, die alten Traditionen in Bezug auf die technische Verbindung von Holz und Eisen wieder zu beleben. Während die ersten, bereits auf der Wiener Weltausstellung 1873 zur Schau gestellten Thüren noch das mühsame Suchen nach der richtigen Behandlung des Eisens erkennen ließen, erweisen die später ausgeführten Arbeiten die anfänglichen Schwierigkeiten als überwunden und reihen sich den besten Schmiedewerken des Mittelalters an. Die vom Inneren der Kirche nach der Sacristei und Oratorienvorhalle führenden Thüren sind aus Friesen und Füllungen verkämmt, theilweise mit geschnitzten Ornamenten geziert, demzufolge das Schmiedewerk dabei nur in bescheidener Weise angewendet erscheint. Nur die äußere Sacristeithür ist ganz mit getriebenem, taubenförmig gemustertem Eisenblech verkleidet. Die Tischlerarbeit an sämmtlichen Thüren rührt vom Hoftischlermeister Antonz Gesele her, welcher auch die nach der Oratorienvorhalle führende Thüre, sowie zwei der äußeren Eingangsthüren der Kirche gespendet hat. Die Beschlagarbeiten sind von den beiden Schlossermeistern Albert Milde und Ludwig Wilhelm ausgeführt; und zwar von Ersterem die an den beiden Kreuzschiff-Façadethoren, an der Thüre zur Oratorienvorhalle, und an den beiden vom Inneren der Kirche nach der Sacristei und nach den Oratorien führenden Thüren, sowie an der äußeren Sacristeithüre. Die Beschläge der vier Thüren an der Hauptfaçade, sowie der zahlreichen kleinen Thüren sind von C. Wilhelm. Jeder der genannten Schlossermeister hat auch eine der großen äußeren Eingangsthüren gestiftet.

Eine Frage von hervorragender Wichtigkeit, ebenso in technischer wie in künstlerischer Hinsicht bildete schließlich das Kirchenpflaster. Die Erscheinung desselben trägt zur Gesammtwirkung des Inneren sehr wesentlich bei; seine Form und Farbe können den Bau heben oder beeinträchtigen, ihn vergrößern oder verengt erscheinen lassen. Soll die Boden-fläche immerhin eine ruhige Haltung bewahren, so muß sie doch auch mit den sonstigen Decorationsmitteln des Kirchen-raumes in einem gewissen Einklange stehen. Demgemäß war bei der Votivkirche die Farblosigkeit oder Einfärbigkeit der Pflasterung doch ausgeschlossen. Denn obwohl die Polychromie an dem Oberbaue nicht gleichmäßig durchgeführt ist, vielmehr nur an einzelnen Theilen desselben, namentlich an den Gewölben nachdrücklich zur Wirkung gelangt, so durfte doch auch in der Bodenfläche das polychrome Princip nicht völlig verläugnet werden. Gewisse markirte, nicht allzu kleine Hauptformen scheinen sogar als Maßstab für die Größe des Raumes ein ästhetisches Erforderniß. Mit den üblichen kleinen Platten, allenfalls in zwei oder drei Farben, hätte jedoch nur ein dürftiger Effect erzielt werden können. Auch sind diese Materialien zu gewöhnlich und zu wenig dauerhaft. Die Dauerhaftigkeit aber ist eine der ersten technischen Bedingungen für einen monumentalen Bau auch bei der Pflasterung; dann kam die nothwendige Vermeidung einer zu glatten Oberfläche, endlich der Kostenpunkt, welcher gerade in der Zeit, als es sich um das Pflaster handelte, ein sehr entscheidendes Wort mitzusprechen hatte. Allerdings wird unter den natürlichen Steinsorten immer Marmor nach Härte und Feinheit des Gefüges, wie durch die Möglichkeit, den einzelnen Stücken jede beliebige Form, Größe und Farbe geben zu können, in erster Reihe zur Pflasterung einer Kirche geeignet sein. Gegen dessen Anwendung, zumal in der Weise, wie solche zur vollständigen Geltendmachung seiner Vorzüge erforderlich wäre, sprach eben die Kostspieligkeit. Auch ist die allzu große Glätte, welche der Marmor durch Abnützung annimmt, für unsere Witterungsverhältnisse keineswegs ganz außer Acht zu lassen. Alle sonst noch möglichen und bei uns bisher üblichen Arten der Pflasterung mit künstlichen Materialien schienen theils zu unsolide, theils nicht vornehm genug.

Allen erwähnten Anforderungen dürfte jedoch das schließlich gewählte bunte Fliesenpflaster vollständig entsprechen. Die Votivkirche bietet in Oesterreich das erste Beispiel einer solchen Pflasterung in größerem Maßstabe. Im Auslande war das Materiale schon lange gebräuchlich, bei uns aber wird es erst seit kurzem fabricirt. Die Fliesen bestehen aus einer thonähnlichen Composition, welche unter sehr großem Drucke in verschiedene Metallformen gepreßt wird und bei hohem Hitzgrade zu einer Steinmasse von unverwüstlicher Härte sintert. Die Wienerberger Ziegelfabriksgesellschaft, welche für die Herstellung dieses Materiales mit großen Kosten eine Fabrik am Wienerberge in Betrieb gesetzt hat, ist nach vielen Versuchen dahin gelangt, aus einheimischen Stoffen diese Platten in einer Qualität auszufertigen, welche derjenigen der berühmten Fabricate von Minton und Mettlach nichts nachgiebt. Die Härte dieses Materiales ist der des Marmors, ja auch der des Granites überlegen; es läßt sich mit Stahl nicht bearbeiten, nur mit Diamant kann es geritzt werden. Mit der Härte verbindet es noch den Vortheil einer gewissen Rauhheit, welche seine Verwendung für Fußböden ganz besonders empfiehlt. Aber auch die schlechtere Wärmeleitung und daher die Bewahrung einer höheren Temperatur, welche es vor dem Marmor voraus hat, verbunden mit dem Vermeiden des Feuchtwerdens bei raschem Witterungs-

nochtel find in dielem Zwecke gewiß willkommene Eigenschaften. Die Möglichkeit, dielen Fliesen jede beliebige Farbe zu geben, bot dem Architekten zugleich ein vorzügliches Decorationsmittel und hat nebst der verhältnißmäßigen Wohlfeilheit auch für deren Wahl zur Pflasterung der Votivkirche den Ausschlag gegeben.

Aus solchen Thonfliesen der Wienerberger Fabrik ist nun das Pflaster im Inneren der Votivkirche zusammengesetzt, auf eine ausgedehntere Weise in den Eingangshallen und Seitenschiffen, reicher und in größere Hauptformen zusammengefaßt im Hauptschiffe und Kreuzschiffe, dann wegen der unregelmäßigen Verschneidungen mit den Polygonseiten des Chorumganges dort in ganz kleinem Sterndessin, und in den Nischen des Langhauses in der Structur von einfachem Flechtwerk; in reichster Formen- und Farbenzusammenstellung dagegen im Presbyterium und in der Vierung, deren Mitte überdies mit prächtigen Mosaikeinlagen ausgezeichnet wurde. Um die einzelnen, den verschiedenen Bautheilen angepaßten Motive dieser Pflasterung auch entsprechend zu trennen, zugleich auch um deren Verschneidung mit den Pfeilern zu vermeiden, find mächtige Bänder aus Marstein zwischen den Pfeilern angeordnet, die ihrer großen Breite halber jedmals Einlagen von Fliesen in ihrer Mitte enthalten, während eine Quertheilung des Pflasters nach Travéen in den Seitenschiffen durch einfache derartige Steinfriese zwischen den Pfeilern und Pilastern bewerkstelligt ist. Diese Friese oder Bänder von grauer Steinfarbe dienen den einzelnen Dessins ebensowohl zur Einrahmung wie zur Abgrenzung, werden der Configuration des Grundrisses und der Construction der ganzen Kirche auch am Fußboden gerecht und bieten eine günstige Vermittlung zwischen der Pflasterung einerseits und den Stützen und Wänden der Kirche anderseits. Von derselben Steinart wie diese Friese im Pflaster find dann auch die Stufen, welche die Capellen des Chores und die Taufcapelle abschließen, wie diejenigen, welche zu den Altären emporführen. Der ganze Flächenraum der Kirche beträgt 1102□', 17, 50 . Sie faßt ungefähr fünftausend Menschen. Eine Tabelle aller Dimensionen des Bauwerkes mit Umrechnung der Wiener Maße in das jetzt gebräuchliche Metermaß ist im Anhange IX nachgetragen.

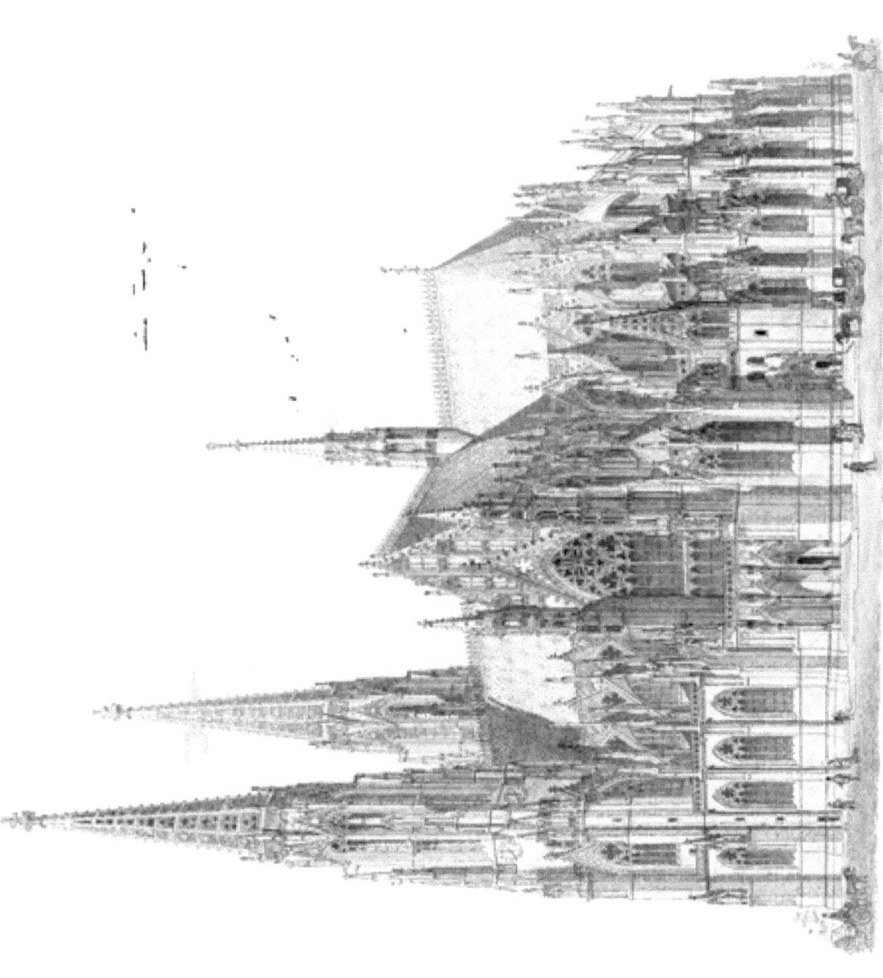

III. Bilderschmuck der Votivkirche.

apſt Gregor der Große ſchreibt: „Gentibus pro lectione pictura est. Saltem in parietibus videndo legunt, quod legere in codicibus non valent." An dieſem Satze ihres großen Geſetzgebers, daß die Malerei eine Lehrerin der Völker ſei, daß die Bilder den Ungelehrten Erſatz bieten für die ihnen verſchloſſenen Bücher, daran hat die katholiſche Kirche im Laufe eines Jahrtauſendes feſtgehalten, unbeirrt durch kunſtfeindliche Eiferer, durch asketiſche Reformer oder politiſche Stürmer. So ward der Welt das Kleinod der Kunſt gerettet. Fortwährend bildete die Malerei ein mächtiges Lehrmittel in der großen Schule, zu welcher die römiſche Kirche die Nationen des Abendlandes verſammelt hat. Und wo es dann der Lehre nicht mehr bedurfte, da blieb ſie doch ein Schmuck, eine Erbauung, eine Troſt- und Freudenſpenderin für den Wiſſenden, wie für den Unwiſſenden.

Das hohe Mittelalter namentlich, das mit ſo viel Aufwand an Begeiſterung und Opfermuth an kirchlichen Aufgaben arbeitete, das XIII. und XIV. Jahrhundert, welches die großen gothiſchen Dome ſchuf, hat auch in dem Bilderſchmucke dieſer Denkmäler nicht blos einen unermeßlichen Reichthum entfaltet, ſondern entſprechend ſeiner ſpeculativen und abſtracten Tendenz in die Fülle der Sculpturen und Malereien, mit denen es ſeine Kirchen zierte, zugleich ein beſtimmtes Syſtem gebracht. Sehr ſchön nennt daher der Meiſter der mittelalterlichen Kunſtgeſchichte die Scharen von ſteinernen Figuren, welche an den Außenſeiten, namentlich an den Portalen und Vorhallen berühmter Cathedralen, wie der von Chartres und Rheims, von Straßburg und Cöln angeordnet ſind, „große, plaſtiſche Gedichte, die ſtets auf mehr oder weniger ſinnreiche Weiſe den ganzen Inbegriff der Heilslehre mit Beziehung auf locale Verhältniſſe und Localheilige umfaſſen."

Die Votivkirche, welche in ihren architektonischen Verhältnissen und Formen so glücklich an die mittelalterliche Tradition anknüpft, bleibt auch in Bezug auf plastische und malerische Verzierung nicht hinter deren Anforderungen zurück. Ja, als die Schöpfung eines denkenden Künstlers, dem es, wie nur so wenigen, vergönnt war, seinem großen Werke von dem ersten Entwurfe bis zur völligen Vollendung vorzustehen, zeigt die Votivkirche sowohl im Stilcharakter, wie im ideellen Inhalte ihres Bilderschmuckes eine seltene Einheitlichkeit und Consequenz. Dies gilt namentlich von den Sculpturen der Außenseite, welche mit der architektonischen Gliederung des Bauwerkes im innigsten Zusammenhange stehen, ja sozusagen einen integrierenden Bestandtheil derselben bilden. Entsprechend der Veranlassung zu dem Baue, seiner Weihe als Salvatorkirche und der vorwiegenden Bedeutung des Erlösungswerkes im christlichen Glaubensbegriffe überhaupt, nimmt das Werk der zweiten göttlichen Person, die Redemption, den weitaus vornehmsten und umfassendsten Raum in der plastischen Ausschmückung des Aeußeren ein, nämlich den Portalbau der Hauptfaçade; während das Werk der ersten und dritten Person in der Gottheit, die Schöpfung (creation) und die Heiligung (sanctification), auf die verhältnißmäßig einfachen Eingangshallen des Kreuzschiffes beschränkt bleibt.

An dem Mittelportale der Hauptfaçade, und zwar an dessen mittelstem Pfosten, der die Eingangsöffnung spaltet, begegnet uns als Ebenbild der ganzen Kirche der segnende Heiland von Joseph Gasser, in der Linken die Weltkugel haltend und mit der Rechten segnend, eine ideale Gestalt, aufgefaßt nach dem an den Apostel Thomas gerichteten Worten Jesu beim Evangelisten Johannes im 14. Capitel 6. Vers: „Ego sum via, veritas et vita: Ich bin der Weg, die Wahrheit und das Leben; Niemand kommt zum Vater, denn durch mich." In gleicher Höhe wie das Christusbild stehen beiderseits in der Portallaibung die typischen Vorbilder Christi aus dem alten Testamente, und zwar links die Opfertypen: Abel, Noah, Melchisedek und Isaak; diesen gegenüber rechts die altherkömmlich als dessen Vorläufer aufgefaßten Gestalten von Johannes dem Täufer, Samson, Aaron und Moses, sämmtlich von A. Geut. Ueber diesen Figuren und oberhalb des Thürsturzes erscheint eine Reihe von dreizehn Nischen, von denen die mittelste über dem Salvator einen Engel mit dem Buche des Lebens in der Hand, die anderen die Standbilder der zwölf Apostel enthalten. Sie sind von Oberegger unter Beihülfe Gassers ausgeführt. Das Tympanon des Hauptportales füllen drei hohe Reliefs von A. Gasser, darstellend die drei Hauptmomente im Leben Jesu: Anfang, Höhepunkt und Ende. Sie sind so angeordnet, daß links unten Christi Geburt, rechts daneben die Bergpredigt und über beiden in der Spitze des Bogens der Kreuzestod erscheint.

Für die Tympane der beiden Nebenportale zu beiden Seiten ergibt sich dann ganz folgerichtig ein dem Leben Jesu vorangehender und ein demselben nachfolgender Moment; an dem zur Linken des Beschauers die Verkündigung Mariae, an dem zur Rechten die Auferstehung Christi; beide Reliefs ebenfalls von Gasser. An der Leibung des linken Seitenportales unterhalb der Verkündigung sind dann die Statuen der vier Propheten angebracht, welche die Geburt Christi vorherverkündet haben, nämlich Jeremias, Jesaias, David und Michäas, ausgeführt von A. Schmidgruber. Unterhalb der Auferstehung an der Seitenpforte zur Rechten stehen ebenso vier Heilige, als Fürbitter am Tage der allgemeinen Auferstehung gedacht, und zwar sind, entsprechend der Bedeutung der Kirche als Stiftung der kaiserlichen Familie, die Schutzpatrone der Majestäten, der Mutter des Kaisers und seines Bruders, des Stifters, gewählt: SS. Franciscus von Assisi, Elisabeth, Sophia und Maximilian. Die Statuen sind das Werk von Peter Gaßlunger.

Auch die höher gelegenen Theile des Portalbaues sind reich mit Sculpturen geschmückt. Zunächst begegnet der Blick in der Spitze des hohen Wimperges, welcher das Hauptportal krönt, der heiligen Dreifaltigkeit von A. Gasser. Die Gruppe ist in der altdeutschen Weise aufgefaßt: Gott Vater mit der Krone auf dem Haupte hält den Leichnam des Gekreuzigten vor seinen Knieen empor und blickt in lieber Rührung auf denselben herab. Zwei Engel halten zur Seite die Mantelenden zurück, und eine verkürzte Engelgestalt trägt die Console unter der Gruppe, über welcher der heilige Geist in Taubengestalt vor einer goldenen Strahlenglorie schwebt. Zu beiden Seiten dieses mittleren Spitzgiebels läuft eine ganze Figurengalerie quer über die Façade hin. Sie enthält die Standbilder der vier Evangelisten und der österreichischen Landespatrone und zwar stehen die ersteren, ausgeführt von Franz Melnitzky, unter den Bilderdächern

der vier großen Strebepfeiler, welche die Flucht der Façade flankiren und unterbrechen, die letzteren, von Ph. Haßlinger, in den dazwischen angeordneten Nischen. Es sind hier von der Linken zur Rechten folgende Heilige dargestellt: Coloman für Nieder-Österreich, Virgilius für Südtirol, Aegidius für Kärnten, Joseph für Kärnten, Crain, Steiermark, Küsten und Nordtirol, Markgraf Leopold, Hauptpatron von Nieder-Österreich, Herzog Wenzel für Böhmen, Spiridion für Dalmatien, Erzengel Michael für Galizien, König Stephan für Ungarn, Methudius und Cyrillus für Mähren, Stanislaus, zweiter Patron von Galizien, Georg der andere Landespatron von Crain, Rochus für Croatien, Nicolaus von Bari, der Patron der Schiffer, für Venetien und endlich König Ladislaus für Siebenbürgen. Diese Reihe von Landespatronen setzt sich dann noch an den beiden äußeren, von der Façade abgekehrten Thurmseiten in je zwei unter den Gildendächern der dortigen Eckpfeiler stehenden Figuren fort; an dem linken Thurme nämlich S. Justus für Triest und S. Ruprecht für Salzburg, am rechten die heilige Hedwig für Schlesien und Johann von Nepomuk für Böhmen, ausgeführt von J. Gßerkt.

Das dritte Stockwerk der Façade mit dem großen Mittelgiebel ist der Verherrlichung der Mutter Gottes, der mächtigsten Vermittlerin nach oben, gewidmet. An der Spitze des Dachgiebels, dort wo dessen Maßwerk mit einem vertieften Spitzbogen abschließt, ist die Apotheose der Jungfrau angebracht und zwar in der Form ihrer Krönung durch Christus. Die vor einem Goldgrund gestellte Gruppe stammt von J. Gasser. Maria ist nach jenen Eigenschaften ausgefaßt, welche ihr in der lauretanischen Litanei zugeschrieben werden; und wie sie dort gepriesen wird als Königin der Engel, als Königin der Jungfrauen, der Märtyrer, der Gerechtigen und der Heiligen überhaupt, so sind hier die Vertreter dieser verschiedenen Gruppen, wie eine Art in Einzelfiguren zerlegte Glorie, unterhalb ihrer Krönung angeordnet. So stehen an dem Giebel selbst neun Engelsgestalten als die Repräsentanten der neun Engelchöre, ebenfalls von J. Gasser, und in den Fialenleibern an den Ecken der Thürme über dem Dachgesimse folgende Heiligengestalten: Barbara und Cäcilia von Gauer, Agnes von Cöny und Catharina von Melnitzky; diese vier heiligen Jungfrauen erscheinen an der Façadenseite. An den von der Façade abgewendeten Thurmseiten sind dann noch je drei Vertreter der männlichen Heiligen aufgestellt, jedesmal ein Krieger, ein Geistlicher und ein Kaiser, und zwar am linken Thurme: S. Georg von Erler, Wolfgang von Haßlinger und Carl der Große von Pilz; am rechten Thurme: S. Florian, zugleich Landespatron von Oberösterreich, von Erler, Kaiser Heinrich II. von Feßler und der Protomartyr Stephan, zugleich Patron des Stammlandes der kaiserlichen Familie, Lothringen, von Dietrich.

Zu den Seitenfaçaden übergehend, finden wir an dem Portale des linken, südlichen Kreuzschiffarmes im Tympan den Sündenfall oder Adam und Eva im Paradiese, dargestellt von Franz Erler. Damit soll die Schöpfung angedeutet sein. An der Vorhalle erscheinen acht Standbilder von Propheten des alten Testamentes, welche von der Sünde abgemahnt und die Sehnsucht nach der kommenden Erlösung im Volke Gottes wachgehalten haben; und zwar an den Arcadenpfeilern der Vorhalle: Elias, Ezechiel, Jonas und Malachias von K. Salaub, in den Fialenleibern

der Kirchenpfeiler oberhalb der Vorhalle: Zacharias, Amos, Daniel und Joel von Johann Aeßler. Die entgegengesetzte nördliche Arcade des Kreuzschiffes soll die Vollendung des Erlösungswerkes durch die dritte göttliche Person zur Anschauung bringen. Dort erscheint als Relief im Tympan der Pforte die Herabkunft des heiligen Geistes von X. Erler; und entsprechend der Aufstellung der Propheten jenseits, in zwei Reihen die Kirchenväter, unten nämlich die der orientalischen oder griechischen Kirche: Johannes Chrysostomus, Athanasius, Gregor von Nazianz und Cyrillus, ausgeführt von Silbernagel, und oben die der abendländischen oder lateinischen Kirche, die Heiligen Gregor der Große, Augustinus, Hieronymus und Ambrosius, ausgeführt von Johann Aeßler und Johann Preleuthner. Endlich befindet sich noch an der Sacristeithüre ein Tympanrelief: Christus als guter Hirte unter den Lämmern sitzend, schon in der ältesten christlichen Kunst ein beliebtes Motiv, von X. Aeßler; und die kleine Pforte zur Vorhalle der für den allerhöchsten Hof bestimmten Chorgalerie ist mit vier Statuetten geschmückt, welche Schutzpatrone von Mitgliedern der kaiserlichen Familie darstellen, links Rudolph und Gisela für die kaiserlichen Kinder, rechts Carl Borromaeus und Margaretha für den Protector des Baues, Erzherzog Carl Ludwig und dessen erste Gemahlin, Prinzessin Margarethe von Sachsen.

Im Inneren beschränkt sich der statuarische Schmuck des Bauwerkes auf die Eingangshallen, die vier Kreuzschiffcapellen und die Pfeiler des Presbyteriums. Vor der Füllung des Spitzbogens, welche dem äußeren Tympan des Hauptportales entspricht, steht ein großer Engel mit einem Spruchbande, ausgeführt von Oberegger; es ist der Engel der Apokalypse im 19. Capitel, 10. Vers und auf der Gaudrolle liest man die Worte: „Das Zeugniß Jesu ist der Geist der Weissagung." In ähnlicher Weise erscheinen in den Seitenschiffen an den Eingängen aus den Thurmhallen, die zur Hälfte eingebündel sind, unter Baldachinen die beiden heiligen Missionäre, welche als Apostel der Deutschen zuerst im Nordwesten und im Südosten das Evangelium gepredigt haben, im linken Seitenschiffe nämlich S. Bonifacius, im rechten S. Severinus, beide von Glücker. Im Mittelschiffe sieht man dann noch an den Pfeilern, welche die Orgelbühne tragen, zwei weibliche Heilige, vom Eingange aus links Veronica und rechts Ludmilla, die Herzogin von Böhmen, beide von Oberegger. Jede der vier Kreuzschiffcapellen enthält an den Wandpfeilern, mit denen der polygone Abschluß der Capelle beginnt, jederseits zwei, also zusammen vier Statuen unter Baldachinen. Es sind Gruppen von Heiligen, die durch eine besonders hervortretende gemeinsame Eigenschaft zusammengehalten sind. So finden wir, vom Langhause herkommend, in der ersten Capelle zur Linken, der Taufcapelle, vier der vornehmsten Märtyrer, zwei männliche und zwei weibliche: Sabbatina, Laurentius, Stephanus und Barbara, ausgeführt von R. Zoland; in der anderen Capelle zur Linken, der Kaisercapelle, die Eltern und Großeltern Christi: Joachim, Anna, Joseph und Maria von P. Roßmanger; in der an das Langhaus stoßenden ersten Capelle zur Rechten, der Salmcapelle, vier berühmte Ordensstifter und Heilige: Benedict und Theresia von Aeßler junior, Brigitta und Franciscus Seraphicus von Purkharlshofer; in der anderen Capelle derselben Seite, der Primcenenwelle, vier Heilige, welche gekrönte Häupter oder doch Fürsten waren: König Ludwig IX. von Frankreich und die römische Kaiserin Helena von Franz Gocher, Elisabeth, die Landgräfin von Thüringen und den Markgrafen Leopold III. von Oesterreich von M. Purkharlshofer. An den Pfeilern des Chores sind endlich nochmals die Standbilder der zwölf Apostel angebracht, insgesammt von X. Erler ausgeführt. Während alle bisher genannten Sculpturen weiß geblieben sind, wurden diese Apostelstatuen leicht polychromirt. Die größere Farbenpracht des Presbyteriums mit seinen bemalten Wänden und dem goldstrahlenden Ciamplaltare hätte völlig farblose Figuren schwerlich ertragen. So sehr auch unser moderner Geschmack der bunten Bemalung von Sculpturen abhold sein mag, mußte doch durch eine vielleicht nur zu maßvolle Abtönung der Steinfarbe der Harmonie des Ganzen Rechnung getragen werden. Noch sind die Reliefs in den Tympanen der beiden kleinen Pforten zu erwähnen, welche aus dem Chore rechts in die Vorhalle zur Empore, links in die Sacristei führen. Das der ersteren zeigt das kaiserliche Wappenschild mit dem Doppeladler zwischen einem Lorbeer- und einem Eichenzweig, das andere das Monogramm Jesu, umrankt von Paßfloren.

Die Wandmalereien im Inneren der Votivkirche sind so angeordnet, daß sie nach oben und gegen den Chor hin an Ausdehnung und Farbenpracht immer mehr zunehmen. Dieselben erstrecken sich demnach über die sämmtlichen

Gewölbe der Kirche, reichen aber nur im Presbyterium bis an die Oberwand über den Scheidbögen herab und bedecken im Capellenkranze auch die untere Wandfläche sammt den schlanken Halbsäulen oder Diensten in den Ecken. So erscheint denn der vornehmste Theil des Gotteshauses, derjenige, nach welchem die Blicke der Gläubigen zunächst gerichtet sind, gleich durch die reichere malerische Ausstattung am meisten ausgezeichnet. Hingegen blieben die Eingangshallen unter dem Musikchor und den Thürmen, bis auf eine ganz maßvolle Decoration der Gewölbe unbemalt. Auch im Langhause und im Querhause ist die Wandmalerei nahezu auf die Gewölbe beschränkt. Die Arcadenwände des Mittelschiffes erhielten einen ganz bescheidenen Schmuck blos dadurch, daß in den Zwickeln oberhalb und zwischen den Scheidbögen in Pässen die Wappen aller in dem großen Titel des Kaisers vorkommenden Reiche, Provinzen und Ortschaften angebracht wurden, also auch die nur mehr historischen Familien- und Anspruchswappen. Am Orgelchor erscheinen in ähnlicher Weise zwei sitzende Engelsgestalten mit Musikinstrumenten. Außerdem sind die Scheidbögen, die Wandpfeiler und das Arcadengesims nur noch von bunten Zierbändern eingefaßt. Die Ausführung dieser, wie der gesammten decorativen Malereien der Kirche überhaupt stammt von den Gebrüdern Kohl. Dies gilt auch von der ganzen Verzierung der Kreuzgewölbe im Mittelschiffe und im Kreuzschiffe. Deren Seitenkappen enthalten blos farbige und Goldmuster auf blauem Grunde, in den Mittelkappen dagegen ist der Stammbaum Christi dargestellt, beginnend mit der Schöpfung des ersten Menschenpaares und in halben oder querliegenden Figuren mittelst Astwerkes sich bis zur Vierung fortpflanzend und in den Wölbungen des Chores und des Kreuzschiffes mittelst eines Weinrankenmotives fortgesetzt, indem sich an die leibliche Verwandtschaft des Herrn dessen Familie im ideellen Sinne anschließt, als da sind die Apostel und andere Glutzeugen. Die Kappen des Chorschlusses sind mit Palmen- und Cedernzweigen auf blauem Grunde decorirt.

Die Ausschmückung des großen Vierungsgewölbes unterbricht die Folge des Stammbaumes. Dort erscheint im Mittel das Lamm Gottes, in den unregelmäßig gebildeten Kappen des Sterngewölbes ringsum schweben auf Goldgrund acht Engel in festlichen Gewändern mit

den Leidenswerkzeugen, den sogenannten Waffen Christi in den Händen, und in den anderen, das Gewölbe abschließenden Cappen erscheinen, in's Rund gestellt, die vier Evangelisten. Composition und Ausführung sind hier das Werk von Ferdinand Laufberger.

An den Arcadenwänden des Chorschlusses zwischen den Fenstern und Scheidbögen ist auf Goldgrund die Geschichte Noah's in sieben Bildern dargestellt, als ein Vorbild der Schicksale des Heilandes und der von ihm gestifteten Kirche. Die Compositionen von Joseph Führich, ausgeführt von August von Wörndle, sind von der Linken zur Rechten folgende: 1. Noah empfängt den Befehl Gottes zum Baue der Arche. 2. Der Bau der Arche. 3. Einzug in die Arche. 4. Die Sündfluth. 5. Die Rückkehr der Taube mit dem Oelzweige. 6. Auszug aus der Arche. 7. Dankopfer Noah's. Daran schließen sich an den beiden Wandflächen der dem Chorschlusse vorgelegten Travée, einander gegenüberstehend, die beiden Hälften einer allegorischen Composition: die vier Elemente im Dienste der Kirche von Carl Kahl. Wir sehen jedesmal inmitten einen Engel segnend auf Wolken sitzen zwischen vier anderen, welche mit den Emblemen der Elemente heranschweben; auf der linken Seite Luft und Erde, angedeutet durch Glocke und Orgel, durch Grabbereit zur Todtenbestattung und durch Aehren und Reben zu Brot und Wein im Altarsacrament, darüber die Bibelstellen: Rapiemur obviam Christo in aëra, I. Thess. 4, 16, Omnis terra adoret te, Ps. 65, 4. Auf der anderen, der rechten Seite erscheinen ebenso Wasser und Feuer, gekennzeichnet durch Weihwasserkessel mit Sprengwedel und durch brennende Wachskerzen, darüber die Stellen: Vos Domini super aquas, Ps. 28, 3. Ignis ante ipsum procedet, Ps. 96, 3. Die Arcadenwände der letzten an das Querhaus anstoßenden Travée sind analog den Wänden von Mittel- und Querschiff mit je zwei Dreipässen geziert, die aber keine Wappen, sondern vier typologische Darstellungen aus dem mittelalterlichen Physiologus enthalten, althergebrachte Symbole auf Jesu Opfertod und Auferstehung; links der Phönix, aus den Flammen aufsteigend, und der Pelican, der mit seinem Herzblute seine Jungen ernährt, rechts der Löwe, der seine scheintodt gebornen Jungen anhaucht und ihnen so am dritten Tage Leben verleiht, und der Adler, der sich in die Fluthen stürzt und so seine Jugend erneuert.

In kleinerem Maßstabe, dafür aber desto reicher und mannigfacher ausgeschmückt sind die dem Auge um so viel näher gerückten Wölbungen des Umganges und des Capellenkranzes. Die verschiedenen Cappen, welche sich zwischen den vergoldeten, von buntgezierten Gründen eingefaßten Rippen ergeben, sind theils mit bloßem Ornament, theils auch mit Figuren gefüllt. Die vier Kreuzgewölbe zunächst, welche an den beiden Enden des Umganges stehen und den Travéen des, dem Chorschlusse vorgelegten rechteckigen Mittelraumes entsprechen, tragen fast lauter Pflanzenornament, eine Art Rosensolio. Nur in der Mitte der acht Seitenkappen sind, von Dreipässen eingerahmt, allegorische Halbfiguren angebracht, welche durch die Embleme in ihren Händen und durch flatternde Spruchbänder als die acht Seligkeiten gekennzeichnet sind. Nach Jesu Bergpredigt im Evangelium des Matthäus 5. Capitel, 4. bis 10. Vers, sind es die Vertreter der geistlich Armen, der Leidtragenden, der Sanftmüthigen, der nach Gerechtigkeit Dürstenden, der Barmherzigen, deren die reinen Herzens sind, der Friedfertigen und Derjenigen, so um der Gerechtigkeit willen verfolgt werden. Die sieben mittleren trapezförmigen Gewölbejoche des Umganges, welche den Capellen vorliegen, sind abwechselnd mit Pflanzenornament und mit Figurengruppen auf goldgesticktem Blau bemalt und zwar so, daß von links nach rechts vorschreitend die der ersten, dritten, fünften und siebenten Capelle vorgelegten Kreuzgewölbe blos ornamental, die dazwischen liegenden aber mit Figuren geschmückt sind. Das Ornament des zuerst und zuletzt genannten Joches besteht aus Weinreben mit je einem Aehrenbüschel inmitten — es bedeutet Brot und Wein; das der beiden mittleren aus Ranken von Passionsblumen mit Bezug auf das Leiden Jesu. Die drei Kreuzgewölbe, welche sodann der zweiten, vierten und sechsten Chorcapelle vorliegen, sind Darstellungen gewidmet, deren jede in vier, an die Cappen des Gewölbes vertheilte Figurengruppen zerfällt; und zwar illustriren dieselben die drei Hauptfeste der Kirche: Weihnachten, Ostern und Pfingsten. Das erstere ist geschildert durch Maria und Joseph in Verehrung des Christuskindes, durch eine Gruppe von herzueilenden Hirten, eine andere von Gloria singenden Engeln und durch die heranziehenden Weisen aus dem Morgenlande. Ostern, vor der mittelsten, der Mariencapelle in der Hauptachse der Kirche gelegen, ist gekennzeichnet durch die Auferstehung, die Versiegelung des

Grabes, die drei heiligen Frauen und durch den Engel und die bestürzten Wachen am leeren Grabe; Pfingsten endlich durch Maria und die zwölf Apostel in vier Gruppen zertheilt, doch ist die Hauptgruppe hier wie dort stets in die größte, der Capelle zugekehrte Gewölbekappe verlegt. Es sind Arbeiten von Franz Jobst.

Die Gewölbe der Chorcapellen sind wieder alternirend mit einem und demselben geometrischen, einem blauröthen Schachbrettmuster und mit zweierlei Pflanzenmotiven verziert, das erste aus Rosen in der zweiten und sechsten Capelle, das andere aus Lilien in der vierten oder Mariencapelle. Nur das äußerste, dem Umgange zugewendete Gewölbedreieck der Capellen schließt jedesmal die Vollfigur eines Engels ein. Diese sieben Engel halten Spruchbänder, auf denen der Reihe nach der lateinische Wortlaut des Ave Maria zu lesen ist. Noch sind die Schläuchen mit geometrischen Dessins und die Wände unterhalb der Fensterbänke mit einem malvoll gefärbten bunkigen Teppichmuster verkleidet, so daß in den Chorcapellen, außer am Sockel und Gesims, nirgend der nackte Stein zu Tage tritt. Bloß die Bemalung dieser unteren Partien der Capellenwände ist al ———, alle andere Wandmalerei der Kirche hingegen ist in gutem Fresco ausgeführt. Uebrigens steht der Schmuck der Wände und Gewölbe im Chorumgang und Capellenkranz auch mit den Glasgemälden der sie erleuchtenden Capellenfenster in einem inneren Zusammenhange. Auch die oberen Theile der Wände in den Chorcapellen sollen, wie bereits beschlossen ist, noch mit Malereien geschmückt werden, deren Programm jedoch noch nicht ganz festlicht.

In den Glasmalereien entfaltet die Votivkirche einen großen Reichthum, denn all die vielen Fenster, welche dem Inneren Licht spenden, sind davon erfüllt. Indem wir nun zur Betrachtung derselben übergehen, beginnen wir gleich dort, wohin uns die Beschreibung der Wandmalerei eben geführt hat, nämlich bei den sieben Chorcapellen. Dieselben schließen je mit drei Seiten, von denen aber in den beiden äußersten Capellen je eine gebleudel ist. Es ergeben sich somit neunzehn Fenster, welche mit einem großen Cyclus, darstellend das Marienleben, von M. Trenkwald ausführt sind. Abgesehen von der ornamentalen Einfassung, wie von den Wappen und Inschriften im Sockel, enthält jedes Fenster zwei Compositionen, eine obere und eine untere; es sind demnach achtunddreißig Bilder, welche in epischer, der Glastechnik angemessener Schlichtheit die Geschichte des Protevangeliums und der Legende, nicht ohne geschickte Individualisation des Charakters, nacherzählen. Wir folgen seiner Schilderung von der Linken zur Rechten, indem wir in der ganzen Reihe der Marien-Fenster immer zuerst die obere, dann die untere Darstellung betrachten. 1. Der hohe Priester verschmäht das Opfer des kinderlosen Joachim, der mit seinem Lamme im Arme beschämt von dannen geht. Dem betrübt in der Einsamkeit bei den Hirten sitzenden erscheint ein Engel und verheißt ihm Nachkommenschaft. 2. Dieselbe Verheißung macht ein anderer Engel der vor ihm knieenden heiligen Mutter Anna. Begegnung von Joachim und Anna unter der goldenen Pforte. 3. Zwei Engel mit Lilienstengel und Spruchband jubeln über die Geburt Mariä. Die Geburt Mariens, welche als Wickelkind in der Wiege von der Mutter den sie besuchenden Frauen gezeigt wird. 4. Die kleine Maria mit ihrer Mutter im Gebete. Die kleine Maria, lesend in Gegenwart ihrer Eltern. 5. Die kleine Maria mit ihren Eltern auf dem Wege nach Jerusalem. Sie wird an den Stufen des

Tempels vom Hohenpriester empfangen. 6. Der heilige Joseph erscheint mit zwei anderen Freiern vor dem Hohenpriester; diese halten dürre Stäbe in den Händen, Josephs Stab aber hat Blätter und Blüthen getrieben. Vermählung der heiligen Maria mit Joseph. 7. Gott Vater sendet Gabriel, den Engel der Verkündigung, aus. Die Verkündigung in stehenden Figuren. 8. Der Gang Mariens und Josephs über das Gebirge. Die Heimsuchung der heiligen Elisabeth. 9. Verkündigung an die Hirten. Christi Geburt. 10. Die drei Weisen aus dem Morgenlande folgen dem Sterne. Anbetung der heiligen drei Könige. 11. Der Engel erscheint Joseph im Traume. Simeon und Anna im Tempel. 12. Ruhe auf der Flucht nach Aegypten. Die Flucht der heiligen Familie nach Aegypten. 13. Joseph bei der Arbeit. Der zwölfjährige Jesus im Tempel lehrend. 14. Jesus hilft Joseph bei der Arbeit. Die Hochzeit von Cana. 15. Der Tod des heiligen Joseph. Geweihung des Leichnams Christi. 16. Jesus erscheint seiner Mutter. Christi Himmelfahrt. 17. Der Apostel Johannes tröstet Marien. Die Herabkunft des heiligen Geistes am Pfingstfeste. 18. Jesus empfängt Marien an der Himmelspforte. Die Apostel an ihrer Leiche. 19. Die Krönung Mariä durch Christus. Die Apostel an dem leeren Grabe Mariens, aus welchem Blumen sprießen. Die in den Sockeln dieser Glasmalereien angebrachten Wappen und Inschriften belehren uns über die Namen der einzelnen Stifter, die theils der Wiener Aristokratie, theils dem Bürgerstande angehören, unter denen aber auch der kleinere Gewerbestand, sogar der Arbeiterstand vertreten ist. Ausgeführt sind die sämmtlichen Fenster des Marien-Cyklus von C. Geyling in Wien.

Die sieben Seiten des Chorschlusses über den Arcaden des Umganges enthalten die Petrusfenster, deren jedes über einem wappengezierten Sockel und unter reicher architektonischer Bekrönung eine Darstellung aus dem Leben des Apostelfürsten zeigt. Die Entwürfe dazu kommen von Joseph Führich, die Cartons darnach von August von Wörndle, die Ausführung von der Neuhauser'schen Glasmalerei-Anstalt in Innsbruck. Sie reihen sich von links nach rechts so an: 1. Berufung Petri. 2. Jesus predigt im Schifflein. 3. Jesus hebt Petrus aus den Wellen. 4. Schlüsselübergabe. 5. Weide meine Lämmer. 6. Der Engel befreit Petrus aus dem Kerker. 7. Kreuzigung Petri. Die drei mittelsten von diesen Petrusfenstern sind gestiftet von der Großcommune Wien; das erste von den Stiftern Schotten in Wien, Clüsenfeld und Herzogenburg in Niederösterreich und Hohenfurt in Böhmen; das zweite von Klosterneuburg, Melk, Heiligenkreuz und Seitenstetten in Niederösterreich; das sechste von den Bischöfen von Vesprim, Agram, Großwardein, Erlau und Siebenbürgen; das siebente von denen von Breslau, Diakovar, Sedan und Lemberg. Die Fensterchen, welche die Vorhalle und das Treppenhaus der Chorgalerie erhellen, sind blos mit Ornament und mit den Länderwappen der Monarchie geschmückt.

Ueberraschend ist die Wirkung der beiden großen Christusfenster in den Façaden des Kreuzschiffes, nach colorirten Cartons von Eduard Steinle ausgeführt durch die Glasmalerei-Anstalt in Innsbruck. Das eine, in dem linken südlichen Querhausarme, ist das Kaiserfenster, gestiftet von der Gemeinde Wien. Es zeigt in der Mitte neben einander die Taufe Christi im Jordan mit der Unterschrift: „Tu es filius meus dilectus, in te complacui. Luc. III. 22,"— und die Verklärung auf dem Berge Tabor mit der Unterschrift: „Spectabres facti illius magnitudinis, 2. Petr. I. 16."— Jesus erscheint ungemein edel und stilvoll in eine Mandorla eingeschlossen. Darunter wie auf einer Staffel oder Predella ein großes Widmungsbild, darstellend links den Erzengel Michael, das Symbol der Sünde, den Drachen tödtend, der das Leben des Monarchen bedrohte und der auch vom heiligen Joseph abgewehrt wird. Dieser, sowie der andere Namenspatron Seiner Majestät, S. Franciscus von Assisi, nehmen die Mitte des Bildes ein und der letztere beugt sich über den jugendlichen Kaiser, der rechtshin gewandt vor der thronenden, von Engeln umgebenen Madonna kniet, ihr für seine Rettung zu danken. In dem Maßwerk zwischen und über diesen Darstellungen erscheint wiederholt das Wappen der Stadt Wien, der Doppeladler mit dem weißen Kreuze im rothen Felde auf dem Herzschilde. In den größeren Runden oben noch die Brustbilder der beiden Evangelisten Matthäus und Marcus. Ganz unten in gelben Lettern auf schwarzem Grunde die Inschriften: „Am dem 12. Februar 1853 bedrohte auf der Augustinerbastei in Wien ein meuchelmörderischer Mord das Leben Seiner Majestät des Kaisers Franz Josef I. Gottes Huld schützte das allen Völkern Oesterreichs so theure Leben. — In dankbarer Erinnerung an diese gnadenvolle Errettung seines Kaisers widmet der Gemeinderath der kaiserlichen Reichs-Haupt- und Residenzstadt Wien als Zeichen der Liebe und Ergebung dieses Fenster im Jahre des Herrn 1877."—

Das gegenüberstehende Christusfenster im rechten Kreuzarme di der Pendant des ersteren und seine Glorien bilden die Fortsetzung der eben beschriebenen. Es ist vom Kaiser Franz Joseph dem Andenken seines dahingeschiedenen Bruders gestiftet und wir nennen es daher das Ferdinand Max-Fenster. Die Mittelbilder sind: Die Einsetzung des Altarsacramentes beim letzten Abendmahle mit der Unterschrift: „Qui manducat hunc panem, vivet in aeternum.“ Joh. VI. 59; und die Erscheinung des auferstandenen Jesus unter den Jüngern, von denen Thomas den Finger in seine Wunde legt, dazu die Worte: „Thomas dixit ei: Dominus meus et Deus meus.“ Joh. XX. 28. Auf dem Widmungsbilde darunter erscheint zur Linken Erzherzog Ferdinand Max, bekleidet im Ornate des goldenen Vliessordens wie er, den Plan der Votivkirche in den Händen haltend, die Nationen der Monarchie zur Erbauung derselben aufruft. Sie sind vertreten durch acht jugendliche Mädchengestalten, die als Herolde in wappengeschmückte Gewänder gekleidet, seinen Worten lauschen. Inzwischen röstet ihm zur Rechten bereits der Erzengel Raphael die verhängnisvolle Seelahrt. Darunter steht geschrieben: „Im Hause Gottes haben wir die Heilung Seiner Majestät gefeiert, und ein Gotteshaus wird das schönste Denkmal sein, durch welches Oesterreichs Dankbarkeit und Freude sich der Welt ankündigen kann. Erzherzog Ferdinand Maximilian. 27. Februar 1854. — Kaiser Franz Joseph I. widmet dieses Fenster als Denkmal inniger Liebe seinem Bruder, dem unvergesslichen, hochherzigen Stifter dieses Gotteshauses Ferdinand Maximilian im Jahre des Herrn 1873.“ In das Masswerk oberhalb der Bilder ist das Wappenschild der kaiserlichen Familie Habsburg-Oesterreich-Lothringen mehrere Male eingeflochten und im Spitzbogen erscheinen wieder zwei Evangelisten: Lucas und Johannes.

Die Zahl der Fenster in den Kreuzschiffcapellen ist je nach deren Enge verschieden. So hat die Kaisercapelle zwischen dem linken Kreuzschiffarme und der Sacristei blos zwei Fenster; und zwar links des Kaiserinfenster, gestiftet von Ihrer Majestät, mit dem Hauptbilde des segnenden Christus auf dem Throne, vor welchem Kaiser und Kaiserin knieen. Darüber als zweites Bild eine Illustration der Stelle im Evangelium Matthäi, 11. Cap. 22. Vers: „Kommt! Alle zu mir, die ihr mühselig und beladen seid, ich will euch erquicken.“ Zwischen und über diesen Darstellungen in Medaillons die Namensheiligen der allerhöchsten Stifter: Franz von Assisi und Joseph, Elisabeth von Thüringen und Amalie als Brustbilder. Ganz unten halten noch zwei Engelknaben die Wappenschilde von Oesterreich und von

Bayern. Das andere Fenster dieser Capelle zur Rechten ist eine Stiftung der kaiserlichen Kinder, es heißt also das Kronprinzenfenster. Im Hauptbilde desselben erscheint Maria mit dem Christuskinde thronend und, zu ihren Füßen knieend der Kronprinz Rudolph mit seinen Schwestern Gisela und Valerie und vor der letzteren, auf einem Wölkchen stehend und dem Christkinde zustrebend, das erstgeborene, aber schon 1857 verstorbene Schwesterchen Sophie. Darüber als zweites Bild die heilige Familie mit dem kleinen Johannes und dessen Eltern Elisabeth und Zacharias. Ringsum in Medaillons als Namenspatrone der kaiserlichen Kinder die Heiligen: Rudolph und Franciscus, Gisela und Ludovica, Valerie und Mathilde, Sophia und Dorothea; und zu unterst zwei Engel mit den Wappenschilden des Hauses Oesterreich.

Die der Kaisercapelle im rechten Arme des Kreuzschiffes gegenüberliegende Primarcapelle enthält drei Fenster und zwar, hier von der Rechten des Eintretenden beginnend, zunächst das Kinderfenster. Dessen Hauptbild knüpft an die Worte Jesu an: „Lasset die Kleinen zu mir kommen,“ und zeigt den Heiland sitzend, auf seinem Schoße das einzige, 1830 verstorbene Schwesterchen Seiner Majestät, Namens Anna, und zur Seite knieend des Kaisers Neffen und Nichte, Franz, Otto, Ferdinand und Margaretha, Kinder des Erzherzogs Carl Ludwig. Dieser erscheint selbst auf dem anderen, dem mittelsten oder Carl Ludwig-Fenster, an der Seite seiner Gemahlin Maria Theresia, welche das jüngste der Kinder, Maria Annunciata, auf dem Arme trägt, hinter ihnen die beiden verstorbenen Gemahlinnen Seiner kaiserlichen Hoheit, Margarethe von Sachsen und Maria Annunciata von Neapel, sämmtlich knieend gegen Christus hingewandt, unter dem Schutze der neben ihnen stehenden Namenspatrone. Ebenso sind endlich auf dem dritten oder Ludwig Victor-Fenster die Eltern des Kaisers, weiland Erzherzog Franz Carl und Erzherzogin Sophie, wie dessen dritter Bruder Ludwig Victor in Anbetung des Erlösers dargestellt. Die Bildnisse aller hier genannten Mitglieder der kaiserlichen Familie reihen sich hintereinander gleich einer Pilgerschaar vor dem zur Rechten sitzenden Heilande an, und während sie so als gemeinsames Votivbild den unteren Raum aller drei Fenster einnehmen, werden in deren oberen Theilen immer je zwei, also zusammen sechs von den Werken der Barmherzigkeit geschildert, nämlich von rechts nach links: Gefangene erlösen und Kranke besuchen, Nackte bekleiden und Fremde beherbergen, Durstige tränken und Hungrige speisen. Gestiftet sind diese drei Fenster von den kaiserlichen Brüdern Carl Ludwig und Ludwig Victor. Composition und Zeichnung stammt hier, wie bei den Fenstern der Kaisercapelle, von Trenkwald, die Ausführung von Geyling.

Die Salvatorcapelle, an der anderen Seite des rechten Querschiffarmes gelegen, hat vier Fenster und zwar wieder, wie gewöhnlich, von der Linken zur Rechten vorgehend: 1. Das Wilhelm-Fenster, eine Stiftung des Hochmeisters des Deutschen Ordens, Erzherzog Wilhelm. In der unteren Hauptdarstellung sieht man die Jungfrau Maria als Ordenspatronin und vor ihr knieend den heiligen Wilhelm mit Georg mit den Taufnamen des Spenders, die heilige Barbara als Patronin der Artillerie, deren General-Inspector der Erzherzog ist, dann die vom Deutschen Orden insbesondere verehrten Heiligen Georg und Elisabeth, jener als Kriegsheld, diese mit Rücksicht auf die Krankenpflege, weßhalb ja auch der Orden der Elisabethinerinnen dem Deutschen Orden affiliiert ist. An dem Sockel darunter sind das erzherzogliche und das Hochmeister-Wappen angebracht. Die andere, obere Darstellung schildert die Erhebung des Hochmeisters des Deutschen Ordens Hermann von Salza in den Reichsfürstenstand durch Kaiser Friedrich II. im Jahre 1226. Noch weiter oben erscheinen im Maßwerk verschiedene Wappen, als abermals das des Deutschen Ordens, dann das des Kaisers Leopold II. und Maria Ludovica von Spanien, der Großeltern des Stifters, und das von Nassau-Oranien von Engeln gehalten, in Rücksicht auf die Mutter des Erzherzogs, weiland Henriette von Nassau-Weilburg. 2. Das Gimsky-Auersperg-Fenster zeigt im Hauptbilde die Heiligen Ferdinand und Franz de Paula als die Patrone der beiden fürstlichen Stifter Ferdinand Gimsky und Franz Auersperg, im Sockel darunter deren Wappen. Die obere Darstellung enthält mit Georg auf die Namen der beiden Fürstinnen die Madonna, vor welcher der heilige Wilhelm kniet. 3. Das Drasche-Fenster, gewidmet von Heinrich Drasche Ritter von Wartinberg, zeigt oben die heilige Anna und den heiligen Joseph zum Gedächtnisse der Eltern des Spenders, darunter die heilige Barbara als Patronin des Bergbaues und St. Heinrich. Im Sockel das Bergmannswappen und das des Donators. 4. Das Klein-Fenster, gestiftet von den Kindern des Freiherrn Adalbert Klein von Wisenberg, enthält als untere Darstellung den heiligen Adalbert für den verstorbenen Stifter und

die Heiligen Friedrich, Wilhelm und Hubert für dessen Söhne; als oberes Bild Maria mit den Heiligen Amalia und Julia für dessen Gemahlin und Töchter. Im Sockel das Wappen und in Medaillonform das Bildniß des verstorbenen Arethern. Sämmtliche vier Fenster dieser Capelle sind componirt von Franz Jobst und ausgeführt von G. Grohmann in Pest.

Die Taufcapelle, gegenüber der Salvacapelle, im linken Querschiffarme gelegen, hat ebenfalls vier Fenster. Das äußerste zur Linken ist 1. das Olmützer Fenster, gestiftet vom Landgrafen Friedrich von Fürstenberg, Fürsterzbischof von Olmütz, dessen Wappen und Titel unten angebracht sind. Die obere Darstellung desselben zeigt uns den heiligen Friedrich, Bischof von Maastricht und Märtyrer, wie er seinen König durch Vorstellungen zur Buße bewegt. Das untere Bild enthält eine Wundergeschichte aus dem Leben des seligen Johann Sarkander, geboren zu Skotschau im Herzogthume Teschen am 20. December 1576 und gestorben am 17. März 1620 in Folge der Folterung, die er wegen Gewahrung des Beichtgeheimnisses zu erdulden hatte; der gefolterte Priester wird durch einen aus dem Felsen hervorbrechenden Wasserstrahl erquickt. 2. Das Raigern-Fenster, gewidmet von dem Benedictinerstifte dieses Namens in Mähren. Das kleinere Bild oben behandelt ein Wunder aus der Legende des heiligen Benedictus und seiner Schwester, der heiligen Scholastika, wie nämlich auf das Gebet der letzteren plötzlich ein Gewitter losbricht und die Trennung der Geschwister verhindert. Die Hauptdarstellung darunter schildert die Veranlassung zur Gründung des Klosters Raigern: der heilige Einsiedler Günther erhält vom Prager Bischofe Severus die letzte Wegzehrung und stirbt in den Armen seines Pathenkindes Herzog Bretislav von Böhmen mit der Bitte um Stiftung dieses Klosters. Diese beiden Fenster sind nach Entwürfen von J. Sequens ausgeführt in der Glasmalerei-Anstalt zu Innsbruck. 3. Das Raaber Fenster, gewidmet von Dr. Johann von Zalka, Bischof von Raab, enthält in seinem unteren Theile die stehenden Figuren der beiden heiligen Jungfrauen und ungarischen Prinzessinnen, der Herzogin Kunigunde oder Kynga von Polen, mit einer Lilie und einem Todtenschädel in den Händen, und Margarethens, der Tochter des Königs Bela IV., als Dominikanerin mit Kreuz und Buch; über der ersteren das polnische, über der letzteren das ungarische Wappenschild. Am oberen Theile des Fensters erscheinen nur halb so groß wie jene die heiligen Jungfrauen Rosalia und Barbara. 4. Das Graner Fenster, gewidmet von Cardinal Erzbischof Johann Simor, Primas von Ungarn, verherrlicht mit Geiz auf den Taufnamen des Spenders vier Heilige dieses Namens. Unten stehen Johannes Evangelista und Baptista, oben in viel kleinerem Maßstabe Johannes Eleemosynarius mit dem Beutel in der Hand und der Kirchenlehrer Johannes Chrysostomus in orientalischer Bischofstracht. Diese beiden zuletzt genannten Fenster sind gezeichnet von Franz Jobst und hergestellt von Geyling.

Die acht Seitenschiff-Fenster des Langhauses repräsentiren in ihren Darstellungen die wichtigsten Kronländer der Monarchie. Es sind vom Eingange durch die Hauptfaçade gerechnet zunächst im linken Seitenschiffe folgende: 1. Das niederösterreichische oder Rauscher-Fenster, gestiftet von Joseph Othmar Ritter von Rauscher, weiland Cardinal Fürsterzbischof von Wien. In das Maßwerk des

Spitzbogens in das Bild des vornehmsten Landespatrons und wiederholt das Landeswappen eingeschlossen. Darunter in der Mitte die Darstellung, wie der Wind der Gemahlin des heiligen Markgrafen Leopold, Agnes, den Schleier entführt. Zur Seite links die heiligen Maximilian und Joseph mit Georg auf dem Ritter der ganzen Kirche und auf dem Spender des Fensters; zur Rechten des Mittelbildes die niederösterreichischen Landesheiligen Coloman und Hippolyt. Darunter wieder links das Wappen des Cardinals, rechts das der Stadt Wien und noch weiter unten die große Hauptdarstellung, wie Markgraf Leopold der Heilige mit seinem Jagdgefolge den Schleier seiner Gemahlin wiederfindet und auf dieser Stelle die Erbauung des Stiftes Klosterneuburg gelobt. Die Composition des Fensters ist von Carl Jobst. 2. Das Salzburger Fenster, zugleich für die Provinzen Oberösterreich, Tirol und Vorarlberg, gestiftet von den Salzburger Erzbischöfen weiland von Tarnoczi und Eder. Das Hauptbild unten zeigt uns die Taufe des Herzogs Theodor von Bayern durch den heiligen Rupertus, Bischof und Landespatron von Salzburg. Oberhalb desselben sehen wir das Martyrium des Schutzheiligen für Oberösterreich, Florian, der von zwei Schergen in die Enns geworfen wird. Zu den Seiten dieser Bilder erscheinen St. Eberhard als Patron von Vorarlberg und St. Virgilius als Patron von Südtirol. Componirt ist das Fenster von Ludwig Mayer. 3. Das Damenfenster, gespendet von zwölf Damen der böhmischen Aristokratie, soll Steiermark, Kärnten, Crain, überhaupt die Provinzen von Innerösterreich, in denen zumeist der heilige Joseph, der Nährvater Jesu, als Patron verehrt wird, nebst Dalmatien und Triest repräsentiren. Demgemäß ist für die größere untere Bildfläche eine Scene gewählt worden, wo der Heilige als Hauptperson erscheint, nämlich Josephs Tod. In dem kleineren oberen Bilde erscheint denn die Geburt Christi; zu beiden Seiten davon vier Bilder von anderen Schutzheiligen der Länder, deren Wappen oben in dem Maßwerke angebracht sind, nämlich die Heiligen: Spiridion, Aegidius, Justus und Classus. Unter den beiden bildlichen Darstellungen reihen sich die gekuppelten Wappen der Spenderinnen. Die Namen der oberen Reihe sind: Gräfin Schönborn-Gräfl, Fürstin Arenberg-Auersperg, Gräfin Trautmannsdorf-Liechtenstein, Gräfin Clam-Gallas-Dietrichstein, Fürstin Trautmannsdorf-Pallavicini, Gräfin Clam-Martinitz-Sahn. Die Namen der unteren Reihe: Fürstin Kinsky-Liechtenstein, Fürstin Dietrichstein-Wratislau, Gräfin Waldstein-Schwarzenberg, Fürstin Auersperg-Felicitas, Fürstin Schwarzenberg-Liechtenstein, Fürstin Colloredo-Mannsfeld-Vebollern. Die Composition der Darstellungen ist von J. Cansberger. 4. Das Albrecht-Fenster, für Galizien und Lodomerien gestiftet vom Feldmarschall Erzherzog Albrecht, bietet in seiner unteren Abtheilung die Geschichte vom Märtyrertode des heiligen Stanislaus, Bischofs von Krakau, der im Jahre 1079 vom König Boleslaw II. dem Grausamen während des Meßopfers ermordet wurde. Weiter oben ist in kleinerem Maßstabe der ältere polnische Landespatron Erzengel Michael dargestellt, wie er mit dem Flammenschwerte Lucifer in den Abgrund stürzt. Links von dieser Gruppe S. Kunigunde, die jungfräuliche Herzogin von Polen, im Nonnenkleide mit der Lilie und mit der Krone, der sie entsagte; rechts der heilige Adalbert, Bischof von Prag, wie die Mitra andeutet, in der Hand die Lanze, auf seinen Martertod im Jahre 1047 hinweisend. In dem Maßwerke ganz oben ist das Wappen von Galizien, für die Stifter sodann das erzherzogliche Wappen und das des Herzogthums Teschen angebracht. Den Carton zu diesem Fenster entwarf Carl Geiger. Ausgeführt sind die sämmtlichen vier Fenster des Seitenschiffes von Geyling.

Die Glasmalereien im rechten Seitenschiffe sind, vom Eintritte durch die Thurmhalle gerechnet: 1. Das Schwarzenberg-Fenster für Böhmen, entworfen von J. Trenkwald in Prag. Sein Hauptbild ist das Martyrium des Herzogs Wenceslaus, wie er, im Begriffe zur Frühmesse zu gehen, auf Geheiß seines jüngeren Bruders Boleslaus und seiner Mutter Drahomira ermordet wird. Unter den Streichen der gedungenen Mörder faßt er den Ring an der Kirchenthüre, der heutige noch bei der Wenzelscapelle im Prager Dome gezeigt wird. Ueber dieser Darstellung erscheinen die Gestalten von drei anderen Landesheiligen, Johann von Nepomuk, Bischof Adalbert und die Herzogin Ludmilla, Großmutter des heiligen Wenzel. Zur Maßwerke oben sind ebenfalls böhmische Landespatrone dargestellt, und zwar in Brustbildern; in der Mitte St. Veit, über demselben die selige Agnes, Schwester König Ottokars II., rechts von ihnen der heilige Procop, links St. Norbert und unter ihnen die beiden Slavenapostel Cyrill und Method. Stifter dieses Fensters ist Fürst Johann Adolph von Schwarzenberg. 2. Das Liechtenstein-Fenster für Mähren und Schlesien, gestiftet vom

regierenden Fürsten Johann von Liechtenstein. Das Hauptbild stellt die Slavenapostel Cyrill und Method dar, wie sie in Mähren das Evangelium predigen. Darüber sind noch drei andere kleinere Darstellungen aus der Legende der beiden Heiligen angeordnet: Die Erbauung der Peter- und Paulskirche zu Brünn durch Methudius, dann die Taufe des Böhmenherzogs Borivoy durch denselben und schließlich Cyrillus, das Evangelium in die altslavische Sprache übersetzend. Der Meister dieser Compositionen ist M. Trenkwald.

3. Das Haynald-Fenster für Ungarn, gewidmet vom Erzbischof von Calocsa, Ludwig Haynald. Im Hauptbilde unten sieht man den König Stephan den Heiligen, wie ihm sein aus Rom zurückkehrender Gesandter vom Papste Silvester II. die Königskrone und die anderen Kroninsignien überbringt. Im Vordergrunde zeigt ein Page dem Geistlichen den Grundriß der Kirche von Calocsa und erinnert so an die Gründung dieses Bisthums durch König Stephan. Auf Wunsch des Spenders wurden für Nebenfiguren die Bildnisse von ihm und seinen Eltern verwendet. Sein eigenes für den kreuztragenden Priester rechts, das des Vaters für den Krieger mit der ungarischen Fahne links und das der Mutter für die daneben stehende Frau. Von den drei kleineren Feldern oben zeigt das erste zur Linken die heiligen Bischöfe Adalbert als den Täufer und Gerhard als den Lehrer und Erzieher St. Stephans; das mittlere den heiligen König Ladislaus, seinen Gastkan und Prinz Emerich, sich selbst dem Dienste Gottes weihend; rechts davon die heilige Gisela, den Krönungsmantel ihres Gatten, des heiligen Stephan, nebst anderen Schätzen der Kirche zu Stuhlweißenburg weihend, und St. Elisabeth, Almosen austheilend. Ganz oben in der Rosette des Maßwerkes die Madonna mit dem Kinde. Am Sockel unten noch drei Schilde, die beiden äußeren mit den Brustbildern der Apostelfürsten Peter und Paul, das mittelste mit dem Wappen des Stifters.

4. Das Sina-Fenster für Croatien und Slavonien, gestiftet vom Freiherrn Simon Georg Sina. Das Hauptbild stellt den aus Stridonium, dem heutigen Strido oder Sdrigna im Sabader Comitat stammenden, heiligen Kirchenvater Hieronymus dar, wie er, umgeben von seinen Schülern, in Gesellschaft die heilige Schrift in's Lateinische übersetzt. Darüber in der Mitte die Himmelfahrt Mariä bloß in drei Figuren, und daneben links der heilige Elias, einer der beiden Landespatrone von Croatien, rechts die heilige Aphigenia als Namenspatronin der Garovin. In der Rosette des Maßwerkes Christus als Weltheiland, umschwebt von Cherubim. Die beiden letzteren Fenster sind entworfen von Michael Rieser und alle vier Fenster der Reihe sind von der Neuhauser'schen Glasmalerei-Anstalt in Innsbruck ausgeführt.

41

Noch sind die Fenster der beiden Churenhallen, welche den Seitenschiffen vorliegen, zu erwähnen. Dieselben schildern die Einführung des Christenthums in den beiden Reichshälften, und zwar das Fenster der linken Churenhalle die Bekehrung von Cisleithanien, das der rechten die Conversion der Völker jenseits der Leitha. Das erstere ist von dem Vater seiner Majestät gestiftet, wir nennen es daher das Erzherzog Franz Carl-Fenster; das andere in der rechten Churenhalle, von allerhöchst dessen Oheim und Vorgänger gestiftet, heiße das Kaiser Ferdinand-Fenster. Die Composition beider wurde Ferdinand Laufberger anvertraut, die Ausführung des erstgenannten C. Geyling, die des anderen der Innsbrucker Glasmalerei-Anstalt. Auf dem Franz Carl-Fenster erscheint als Hauptdarstellung St. Severinus, das Kreuz predigend, darüber in drei kleineren Feldern neben einander links der heilige Virgilius, inmitten St. Ruprecht, wie er in Salzburg auf den Trümmern eines heidnischen Tempels eine christliche Kirche baut, und rechts St. Valentinus. Das Kaiser Ferdinand-Fenster enthält auf seiner größeren unteren Fläche die Taufe des Ungarnherzogs Wayk, nachmaligen Königs Stephan, durch den heiligen Adalbert, in den drei oberen Räumen links den Märtyrer Irenäus, Bischof von Syrmium, dem heutigen Mitrowitz, in der Mitte den heiligen Gerhard, wie er dem Sohne Stephans des Heiligen, St. Emerich Unterricht giebt, und rechts St. Nicolas, der schon im fünften Jahrhunderte in dem damaligen Dacien das Evangelium predigte.

Die Fenster des oberen Stockwerkes erschienen theils wegen ihrer Entfernung, theils wegen Mangels von geeigneten Beobachtungspunkten nicht wohl für bildliche Gewaltung geeignet. Abgesehen von den bereits beschriebenen Petrusfenstern im Chorabschlusse, wurden dieselben daher soll nur mit ornamentalem Schmucke versehen. Dies gilt von allen sechsundzwanzig Mittelschiff-Fenstern im Langhause, im Querschiffe und in dem Rechtecke vor dem Chorschlusse. Ihre durch die Pfosten gebildeten Längstheile sind nur mit reichen, lichter gehaltenen Ornamenten von viererlei Mustern, die abwechselnd wiederkehren, ausgefüllt. Nur innerhalb der großen Vierpässe ihres Maßwerkes erschienen noch Darstellungen, nämlich die Brustbilder der Propheten und der Sibyllen. Die Verzierung der großen monumentalen Rose, des Radfensters in der Hauptfaçade oberhalb des Musikchores endlich blieb auf bloßes Ornament und auf die übrigens recht gelungene Farbenharmonie beschränkt. Die hellere Beleuchtung des hohen Mittelschiffes im Gegensatze zu den mehr gedeckten, unteren Seitenlichtern kommt der Innenwirkung des Baues nicht wenig zu Statten. Entworfen sind jene sechsundzwanzig oberen Langsfenster von Carl Jobst, die Rose von dessen jüngerem Bruder Franz; ausgeführt wurden sie theils von Geyling, theils von der Tyroler Glasmalerei-Anstalt, Gestiftet aber sind dieselben sämmtlich von der Commune Wien.

IV. Einrichtung der Votivkirche.

leich jedem anderen Haule bedarf das Haus Gottes einer, leinen Zwecken entlprechenden Einrichtung. Dieselbe zerfällt nach Bestimmung und Wirklichkeit in zwei Abtheilungen, in eine innere, den liturgischen Handlungen unmittelbar dienende, auch wohl zu deren Verherrlichung und zur Zierde des Kirchenraumes beitragende, und in eine andere, welche den Verkehr der Kirche mit der Welt besorgt und daher zweckmäßig in den hervorragendsten Theilen des Baues, in den Thürmen untergebracht ist. Zu der erlteren Gruppe gehören vor allem die Altäre, dann die Kanzel, der Taufbrunnen und die Weihwasserbecken, Kirchenbänke und Beichtstühle, die Orgel, Luster und Candelaber, etwaige Denkmäler und die Bilder; zur anderen Einrichtung gehören die Glocken und die Thurmuhr.

Wenn lich der Meister der Votivkirche bei leinem Baue von dem beengenden Suchen nach archäologischer Consequenz, wie von dem Halchen nach Originalität gleicherweile entfernt zu halten wußte, lo ist er auch mit derlelben, durch Willen war geregelten, sonst aber unbefangenen künstlerischen Freiheit an die Schaffung der wichtigsten Einrichtungsstücke gegangen. Während die Grundform der Votivkirche vorwiegend dem französischen Systeme folgte, während dann in der Ausführung des Baues insbesondere die Formen der deutschen Gothik zur Geltung kamen, schließt sich die innere Einrichtung der Kirche zumeist an jene glücklich überlieferten, doch weniger strengen Denkmäler an, welche der um abgerund und unter wesentlichen Einschränkungen hinübergenommene nordische Stil in Italien gezeitigt hat. Nur aus solchen Compromissen ergibt sich die Verlöhnung der Gegenlätze, in welche die Wiederbelebung eines verloren gegangenen Zeitstiles mit der modernen Empfindung und den veränderten Anforderungen des Cultus nothwendig geräth.

Sind die Altäre die wichtigsten Bestandtheile der Inneneinrichtung, lo ist unter dielen wieder weitaus der vornehmste, lozulagen der geistige Mittelpunkt der ganzen Kirche der Hochaltar im Chore, der daher in jeder Beziehung ausgezeichnet erscheint. Es ist ein freistehender Ciborienaltar von jener reichen Anordnung, welche schon die altchristliche Basilika schmückte und lich bis in das XIII. und XIV. Jahrhundert erhalten hat. Der spätgothische hochaufragende Flügelaltar mit leinen weiten Glasflächen und Schnitzereien wäre hier nicht am Platze gewelen, da er den luftigen Pfeilerbau des

Chores mit seinen mannigfachen Durchblicken und Einwickelungen verdeckt und um alle Wirkung gebracht hätte. Zugleich erforderte die Würde des Hauptobjectes in einem so monumentalen Baue, daß das kostbarste Materiale und die sorgfältigste Kunsttechnik daran gewendet werde. Demgemäß ist denn auch der Hochaltar der Votivkirche ein Kunstwerk von ungewöhnlicher Pracht. Er strahlt von edlem Gestein und Mosaik, von Gold und Email; und die Combinirung des Retables mit dem großen Baldachin oder Ciborium bietet die reichste Ausgestaltung, deren der christliche Altar fähig ist, ohne ein bloßes Decorationsbild zu werden. Der Altartisch (mensa) ist aus weißem Craer Marmor errichtet. Seine Vorderteile ist durch sechs Säulchen aus gelbgewölktem ägyptischen Alabaster gegliedert, welche die Platte stützen; und die Flächen dazwischen sind mit Glasmosaik von A. Neuhauser in Innsbruck eingelegt, das Ganze eine Art steinernes Antipendium.

Der Altaraufsatz (retabulum) ruht auf einem Gesimsel von demselben ägyptischen Marmor und ist ganz in galvergoldeter Bronze ausgeführt von Gert und Anders, mit farbigen Emailbildern und Vertiefungen ein Grubenemail, email champlevé von A. Chadl. Bis zur Höhe der Tabernakelthüre steigen glatte, nur granulirte Bronzeplatten auf, welche einen massiven Unterbau bilden. Nur die beiden Felder unmittelbar neben dem Tabernakel enthalten typologische Darstellungen in Email, wie alle anderen nach Zeichnungen von F. Sequens, links Abraham seinen Sohn Isaak opfernd und rechts der ägyptische Joseph unter seinen Brüdern seinen Traum erzählend. Die Thüre des Tabernakels zeigt inmitten das Monogramm Jesu und dessen seit Alters beliebte Sinnbilder; unten das Osterlamm und oben an dem Blute den Fisch in weißem Email. In der Höhe des Kleebogens, mit welchem die Tabernakelthür bekrönt ist, läuft ein Fries mit acht emaillirten Medaillons, von denen die beiden äußersten an den Schmalseiten des Retables stehen. In den beiden mittleren ist links Jesus als guter Hirte dargestellt, wie er das verirrte Lamm aus den Dornen befreit, rechts Christus als Schmerzensmann sitzend und mit dem Blute aus seiner Seitenwunde den Kelch füllend. Zu beiden Seiten reihen sich dann die sechs anderen Randbilder mit Märtyrern und Bekennern, sämmtlich sitzend und nach vorne heraustehend dargestellt als die heiligen Vertreter der verschiedenen Stände, nach links hin: König Sigismund von Burgund, die Aebtissin Gertrudis, die Güterin und Franciscanernonne Margarethe von Cortona, gegen rechts hin: der Krieger Sebastian, die Gärtnerin Nothburga und der Einsiedler Paulus. Ueber diesem Friese entwickelt sich ein reicher Nischenbau. Die Mittelnische ist leer und zur Aufnahme des Crucifixes oder der Monstranz mit dem Hochwürdigsten bestimmt. Nur der sie abschließende Kleebogen ist zum Theile eingeblendet und auf dem Randbilde dieser Rückwand erscheint in Email die Halbfigur des segnenden Gott Vaters mit der Unterschrift: Genitori genitoque laus et jubilatio. Diese mittlere Nische mit gekuppelten Säulen überragt die Seitennischen und endigt in einen Baldachinbau mit einem Spitzthürmchen, vor welchem die als Motive noch ein Stück emporgeführten Stützen mit Engelsfiguren gekrönt sind. Von den sechs Seitennischen, je drei beiderseits, haben die zwei der Mitte zunächststehenden auch gekuppelte Säulen, feste Rückwände und Bekrönungen in Form kleiner Dachreiter; sie enthalten gegen einander gekehrte anbetende Engel. Die vier anderen, äußeren Nischen sind durchbrochen, ohne alle Wände, ihre Wölbung und Verdachung wird bloß durch einfache schlanke Randsäulen getragen. In diesen offenen Seitennischen stehen vier Standbilder von Heiligen, ebenfalls aus vergoldeter Bronze, und zwar einerseits die Namenspatrone des Stifters und des Vollenders der Kirche: der Märtyrer Maximilianus, Bischof von Lorch, und der Cardinal Erzbischof von Mailand Carl Borromäus; andererseits die zwei Kirchenlehrer, der gothische Bischof Ulfilas und der Abt Gerwhard von Chotwaur. Diese sämmtlichen Nischen sind mit Kreuzgewölben bedeckt und zeigen an den Fronten Kleebögen, Spitzgiebel und Fialen, hinter denen dann ihre Giebeldächer das gemeinsame, raubenförmige emaillirte Satteldach kreuzen. Alle Ornamente des Retables sind aus freier Hand getrieben. Die Figuren sind von Joseph Tautler modellirt, Crucifix und Altarleuchter sind Arbeiten von Carl Haas.

Der Baldachin (ciborium), ein weites steinernes Schirmdach, welches sich über den ganzen Altar spannt, empfahl sich nicht nur wegen des ehrwürdigen Alters seines kirchlichen Gebrauches und wegen seiner symbolischen Bedeutung, sondern auch aus formalen Gründen, um nämlich dem verhältnißmäßig wenig ausgedehnten Hauptaltare mehr räumliche Wirkung und dadurch eine größere Gedeutlichkeit zu verleihen. Die Anwendung des Ciboriums im

gothischer Stile bietet aber der Construktion nicht geringe Schwierigkeiten. Der Durchsicht halber sollen keine Stützen möglichst dünn, also Säulen sein, während doch der schwere Aufbau mit seinen steilen Giebeln eigentlich kräftige Pfeiler als Widerlager verlangte. Es bleibt kein anderer Ausweg als die Einziehung eiserner Schließen, wie sie denn die Italiener in solchen Fällen auch rückhaltlos angewendet haben. Eine andere, nicht leicht zu lösende Aufgabe ist auch der Abschluß dieses Altargehäuses nach oben. Eine Krönung über der Kreuzung des, eine Art Vierung bildenden Doppeldaches erscheint unerläßlich, um nach der starken Betonung der horizontalen, auch der aufstrebenden Richtung wieder gerecht zu werden, welche durch den Stil des ganzen Bauwerkes unbedingt gefordert wird. Diesen verschiedenen Gedanken und Erfordernissen hat der Architekt in folgender Weise Rechnung getragen: Vier in's Quadrat gestellte monolithe Säulen aus rothem Granit vom Fichtelgebirge mit weißen Basen und Blättercapitälen tragen den Baldachinbau von Grißnaustein, der sich nach allen vier Seiten in ziemlich stumpfen, giebelkrönten Spitzbögen öffnet. An den Ecken oberhalb der Säulen stehen dreiseitige Fialen mit Statuen von A. Streichmak. Es sind vorne zwei Bischöfe und Märtyrer und rückwärts zwei königliche Frauen: Papst Clemens, der Schüler und Nachfolger Petri, und Polycarpus, Bischof von Smyrna; Adelheid, die Prinzessin von Burgund und Gemahlin Kaiser Otto I., und dessen Mutter Mathilde, die Gemahlin des deutschen Königs Heinrich I. Die vier seitlichen Hauptbögen und die seinen Rippen der beiden Diagonalgurten tragen ein Kreuzgewölbe, dessen Kappen aus dünnen Ziegeln zusammengesetzt und von Ferdinand Knüllberger mit den allegorischen Figuren der vier Cardinaltugenden: Prudentia, Justitia, Fortitudo und Temperantia bemalt sind. Am Schlußsteine in der Mitte schwebt der heilige Geist in Gestalt der Taube. Die senkrechten Flächen der vier Spitzgiebel sind mit Mosaiken in Glasfliesen geschmückt. An der vorderen, dem Schiffe zugekehrten Seite Maria mit geöffneten Armen als Orans oder Fürbitterin der Christen in der goldenen Mandorla, der Schlange den Kopf zertretend, und zu ihren Seiten in den unteren Ecken zwei verehrende Engel mit Spruchbändern, darauf die Worte der hier ergänzten Stelle bei Lucas I. 46—47: Magnificat anima mea Dominum. Exultavit spiritus meus in Deo salutari meo. Dies Mosaikbild stammt aus der päpstlichen Fabrik im Vatikan und ist eine Widmung von Pius IX., dessen Namen auch links unten angebracht ist. Ihm entgegengesetzt rechts das päpstliche Wappen. Die drei anderen Mosaiken kommen aus dem Atelier von A. Neuhauser in Innsbruck und stellen dar: das an der Rückseite Christus auf dem Regenbogen thronend mit dem Buche des Lebens zwischen zwei Handschrift schwingenden Engeln, das an der linken oder Evangelienseite den Engel der Gerechtigkeit mit Wage und Schwert schwebend, in den Zwickelfeldern darunter Schriftbänder mit den Inschriften: Venit dies magnus irae ipsorum et quis poterit stare. Apocalypsis VI. 17; und das an der entgegengesetzten rechten Seite den Engel der Apocalypse, das Buch mit den sieben Siegeln haltend, und in den Zwickeln die Inschriften: Qui non inventus est in libro vitae missus est in stagnum ignis. Apocalypsis XX. 9. Die Cartons zu allen vier Mosaiken lieferte M. Trenkwald. Die vier Giebel des Baldachins sind nichts als die seitlichen Abschlüsse seiner zwei sich kreuzenden Satteldächer, welche mit schuppenförmigen Platten gedeckt sind. Auf der Durchkreuzung dieser Dächer sitzt, in der Art eines Dachreiters, ein krönendes Spitzthürmchen. Das Postament desselben ist von diagonal gestellten Säulchen umgeben, die auf den schrägen Durchkreuzungslinien der Dächer aufsitzen und freistehende Engel mit den Leidenswerkzeugen Christi tragen. Auf dem mittleren, ein wenig höheren Postamente steht die lebensgroße Gewandfigur des verklärten Salvators, mit der Rechten segnend, die Linke an's Herz gelegt, zwischen vier dünnen Pfeilerchen, die vier Giebel und einen steilen Thurmhelm tragen, oder anders ausgedrückt: in dem durchbrochenen Leibe einer Fiale, deren Helm mit durch Vierpässe erleichterten Platten eingedeckt und mit Kreuzblume und Kreuz abgeschlossen ist. Diese schlanke Spitzsäule oder Fiale bildet die endliche Krönung des Baldachinbaues und somit des ganzen reichen Altarwerkes. Die Figuren des Salvators und der vier obersten Engel sind ebenfalls von Joseph Gasser modellirt, um aber weniger zu lasten, galvanoplastisch ausgeführt und vergoldet von Carl Haas. Vier lichtgraue Marmorstufen heben den Altarbau über das Niveau des Presbyteriums, und in Verbindung mit diesem Stufenbau erhebt sich an der Rückseite des Altares, noch innerhalb des Baldachinbaues, eine doppelarmige, aus Grißnauer Stein errichtete Treppe; diese führt auf einen Podest, von

welchem aus der Priester das Hochwürdigste bequem und den liturgischen Vorschriften gemäß, ohne
unterwegs abzusetzen, in die mittlere Nische des Reinbaues stellen kann.

Was den Bilderschmuck des Hochaltares anbelangt, so lag der Auswahl und Anordnung
desselben die Absicht zu Grunde, an die das Aeußere und die Wände der Kirche zierenden Bilder-
kreise anzuknüpfen, dieselben mit möglichster Vermeidung von Wiederholungen zu ergänzen und zu
jenem feierlichen Abschlusse zu führen, der dem heiligsten Platze im Kirchengebäude geziemt. Als
solcher sollte der Hochaltar in seinen verschiedenen Eigenschaften gekennzeichnet werden; als der Tisch
des letzten Abendmahles, als die Ruhestätte der Märtyrer, deren Reliquien in ihn niedergelegt
sind und an deren Gräbern einst die ersten Christen ihre Liebesmahle feierten, als der Schirm und die
Zufluchtsstätte der Bedrängten, wie er einst auch das Asyl der Verfolgten war, vornehmlich aber als
die Opferstätte, an welcher sich im Sacramente des Altares täglich auf's Neue das Leiden und der
Kreuzestod des Erlösers vollzieht, endlich als der Thron des dreieinigen Gottes, zu dessen Füßen
der Gläubige huldigt und opfert, dessen Stufen die christlichen Tugenden sind, durch deren Uebung
man sich dem Herrn nähern und an seinem ewigen Triumphe theilnehmen kann. Darum erscheint an
der Spitze des Altarbaues der verklärte Heiland als Sieger durch sein Leiden, dessen Werkzeuge die
vier ihn umgebenden Genien tragen; daher an der Stirnseite des Baldachins die verherrlichte Jungfrau
Maria als Vermittlerin des Gebetes, an den anderen Seiten die Engel des Gerichtes und der künftige
Weltrichter selbst. Im Innern desselben Gott Vater, der heilige Geist und die Cardinaltugenden,
darunter die Standbilder erprobter Blutzeugen und Bekenner, flehende und lobsingende Engel, bis
herab zu den alttestamentlichen Symbolen des neuen Bundes. Und so bietet uns der Hochaltar in
allen Beziehungen noch einmal ein gedrängteres Abbild des ganzen Kirchenbaues und ein Gleichniß
jenes lebendigen Baues der wahren Kirche, des Reiches Gottes, dessen Bausteine die Geister, dessen
Eckstein Christus, dessen Kern der heilige Geist und dessen Pfeiler Glaube, Hoffnung und Liebe sind.
Davon aber jenseits nur die Liebe das Ewige bleibt, weil der Glaube in das Schauen, die Hoffnung
aber in Erfüllung übergegangen ist.

Ungleich einfacher als der Hochaltar sind selbstverständlich die Seitenaltäre angelegt. Es sind
deren zwei im Querschiffe einander gegenüber aufgestellt, nämlich der Speise- oder Kreuzaltar in
der Kaisercapelle des Linken, und der Altar Unserer lieben Frauen in der Prinzencapelle des rechten
Armes. Beide sind aus Stein von Eichhausen construirt, maßvoll vergoldet und polychromirt und blos
in den Füllungen mit ägyptischem Marmor ausgelegt. Sie tragen über dem Altartische nur einen
niedrigen Aufsatz, dessen Mitteltheil mit dem Tabernakel den Sockel oder die Predella für eine höher
aufsteigende Sacke Nische oder Bilderwand bildet. Vor der Füllung dieser Nische stehen steinerne Thyren
und ihren Spitzbogen krönt ein steiler zwischen Fialen aufragender Giebel. Der Bilderschmuck des
Kreuzaltares besteht in einem Cruzifixus zwischen Maria und Johannes, als Sinnbild des vollbrachten
Opfers; der des Frauenaltares in der Krönung der Jungfrau als Himmelskönigin durch Christus,
der schönsten Verkörperung des Triumphes über alle irdischen Drangsale. Engelgestalten in Relief
schweben an beiden Altären zur Seite des Tabernakels und in dem Spitzbogen oberhalb der rund

gearbeiteten Hauptfiguren. Die Sculpturen des Kreuzaltares sind sämmtlich von R. Zafouk. An dem Frauenaltar stammt die Hauptgruppe von Joseph Gasser, die Engelreliefs neben dem Tabernakel von Müllerlechner.

Wir wählten für den Altar der Prinzencapelle absichtlich und einem guten alten Sprachgebrauche gemäß den Namen Frauenaltar, weil die Votivkirche an ausgezeichneter Stelle noch einen zweiten der Mutter Gottes geweihten Altar besitzt, nämlich den kleineren Marienaltar in der mittleren Chorcapelle, wie denn der ganze Capellenkranz vornehmlich der Verherrlichung Mariens gewidmet ist. Es empfiehlt sich daher wohl, gleich in der Benennung die beiden, ähnlichen Zwecken dienenden Altäre deutlich von einander zu unterscheiden. Der Aufbau dieses in der Hauptachse der Kirche hinter dem Hochaltare liegenden Marienaltares ist dem der beiden Seitenaltäre im Querhause ganz ähnlich, nur ist die Ausstattung etwas bunter. Die Mensa erscheint mit einem Antipendium aus Mosaik geschmückt, das in drei Pässen die Aufschrift: „Ave gratia plena" in gothischen Lettern trägt, und in den Altaraufsatz sind zu beiden Seiten des Tabernakels zwei Reliefs aus vergoldeter Bronze eingelegt, darstellend die Verkündigung Mariä und die Heimsuchung. Vor dem Superfrontale über dem Tabernakel endlich sitzt eine thronende Madonna mit dem segnenden Christkinde, überstiegen von Kleebogen und Spitzgiebel. Die Madonnenfigur, so wie jene beiden Reliefs hat J. Gasser modellirt.

Noch ein fünfter Altar befindet sich in der Kirche, nämlich der Josephsaltar in der äußersten Chorcapelle auf der rechten Seite des Umganges. Dieser Altar ist dem heiligen Nährvater gewidmet und besteht aus einer einfachen Mensa von weißem Stein mit einem ornamentirten Emailmedaillon an der Vorderseite. Der Aufsatz in Form der Flügelaltäre ist aus Cedernholz vom Libanon hergestellt. Der Altar wurde von folgenden Frauen Erzherzoginen des österreichischen Kaiserhauses: Maria Theresia, Maria Antonia, Alt-Großherzogin von Toscana, Maria Antoinetta, Maria Immaculata, Elisabeth, Isabella, Maria Christina, Clotilde, Maria und Adelgunde dem Majestäten aus Anlaß der silbernen Hochzeit gewidmet und enthält als Hauptdarstellung in der Mitte des Schreines die Vermählung der Jungfrau Maria mit dem heiligen Joseph, auf der Innenseite der Flügel den heiligen Franz und die heilige Elisabeth, auf der Außenseite der Flügel die Verkündigung Mariens, in dem Baldachinbau die Himmelsmutter und Engel. Der Altarschrein ist geschnitzt von E. Westreicher in Linz, die Figuren und Reliefs von J. Erler; die Malerei ist ausgeführt von Nowak.

Die Votivkirche ist durch kaiserliche Schenkung seit October 1878 auch im Besitze eines aus Holz geschnitzten alten Altarschreines aus dem XV. Jahrhunderte, über dessen Verwendung derzeit noch keine Bestimmung getroffen ist. Der Schrein befand sich ehemals in der Kirche zu Pfalzel bei Trier. Daselbst kaufte ihn Guido von Görres und brachte ihn nach München. Dort erwarb der Wiener Bildhauer Hans Gasser das Sculpturwerk und verkaufte es im Jahre 1858 an Seine Majestät. Die unbeweglichen Seitenstücke dieses Altarschreines enthalten in rund herausgearbeiteten Figuren einerseits die Kreuztragung und andererseits die Kreuzabnahme und die Salbung des Leichnams Christi in eine Darstellung vereinigt. Das unverhältnißmäßig schmale Mittelstück mit der Kreuzigung ist nicht von derselben Hand und nicht von der gleichen Meisterschaft wie jene. Auch der architektonische Aufbau mit dem geraden Abschluß und die Predella mit dem bayerischen Wappen sind später hinzugefügt.

Die Kanzel befindet sich im Mittelschiffe links zwischen den Pfeilern der letzten Travée nächst der Vierung und vor dem Eingange in die Taufcapelle. Sie ist von Stein und folgt im Ganzen der Anordnung, welche die neuerwachende italienische Kunst des XIII. Jahrhundertes dem Predigtstuhle gegeben hat, als unter dem mächtigen Einflusse der Geistesorden das freigesprochene Wort in der Kirche wieder eine größere Bedeutung gewann. Es genügt ein Wort der Erinnerung an die berühmten Kanzelbauten von Nicola und Giovanni Pisano. Die Kanzel der Votivkirche hat die Grundform eines Sechseckes, das von sechs Säulen aus ägyptischem Marmor und einer über demselben aufsteigenden Arcatur getragen wird. Fünf Seiten der Kanzelbrüstung sind mit den Brustbildern des lehrenden Christus und der vier römischen Kirchenväter ausgestattet. Die Reliefs werden von vertieften Medaillons eingerahmt, deren Gründe mit Goldmosaik ausgelegt sind — eine Art von Verzierung, die, mit Farbenlichtern gemischt, auch an den übrigen Theilen der sonst weißen Kanzel maßvoll angewendet wurde. Die sechste Seite der Kanzel öffnet sich dem Zugange von der Treppe.

welche in zwei Armen zwischen Steingeländern aus dem Seitenschiffe in einem Podest emporgeleitet. Von hier führt dann ein anderer Säulenabsatz vollends zur Canzel, und über diesem erhebt sich auf weiteren vier Säulen von ägyptischem Marmor ein luftiger Oberbau, der zunächst den freischwebenden hölzernen Schalldeckel der Canzel mit dem üblichen Bilde des heiligen Geistes in Taubengestalt trägt und sodann in ein Spitz-thürmchen mit dem Standbilde des Predigers in der Wüste, Johannes des Täufers, ausläuft. Die plastischen Figuren an der Canzel lieferte F. Streichowit. Noch sei auf ein kleines Relief aufmerksam gemacht, welches unten innerhalb der, die Canzel tragenden Arcatur einen geblendeten Spitzbogen füllt. Es ist das Bildniß des Architekten der Kirche Heinrich Ferstel, der in launiger Analogie mit Meister Pilgram bei St. Stephan an dieser verborgenen Stelle sein Porträt der Nachwelt zu überliefern gedachte. Die Ausführung desselben ist das Verdienst von Victor Tilgner.

Die Statue Johannes des Täufers oberhalb der Canzel erscheint zugleich als das geeignetste Titelbild für die Taufcapelle, vor deren Eingang die Canzel steht. Sie heißt so, weil sich in ihrem, aus dem Achteck genommenen Abschlusse der gleichfalls achteckige Taufstein befindet. Derselbe ist ganz schmucklos, nur aus glattpolirtem weißgelben ägyptischen Marmor hergestellt, und zwar besteht das Becken aus einem einzigen Stücke dieses kostbaren Gesteines, aus dem größten, welches die Kirche besaß. Es ruht auf einem Fuße in der Mitte und auf acht kurzen Säulchen an den Ecken. Der Deckel des Taufbeckens ist von Metall.

Aus demselben ägyptischen Marmor wie das Taufbecken sind auch die sechs Weihwasserbecken hergestellt. Es sind zwei auf Säulchen freistehende Becken an dem Hauptportale, zwei in die Wand eingelassene Muscheln an den Eingängen des Kreuzschiffes, eine in der Vorhalle, welche zur Chorgalerie führt und eine beim Sacristeieingang.

Um der Wirkung des ganzen Kircheninnern keinen zu großen Eintrag zu thun, wurde die Aufstellung von Kirchenbänken aufs Aeußerste beschränkt. Man begnügte sich mit der Anordnung einiger weniger Reihen vor jedem der drei größeren Altäre. So stehen zwei Gruppen von Bänken aus Eichenholz mit achtzig Sitzen vor der Communionbank des Hauptaltares im Presbyterium, und je eine Gruppe mit vierzig Sitzen vor dem Kreuz- und dem Frauenaltare in der Kaiser-und in der Prinzencapelle.

Vier Beichtstühle aus Eichenholz von V. Gesele gebaut, kommen in die Fenstervertiefungen der Seiten-schiffe. Sie bestehen je aus einer giebelgekrönten Mittelnische und aus je zwei Seitennischen, deren

landschaftliche Verbindung mit einer durchbrochenen Galerie zwischen sich abschließt. Die Giebel der Mitteltheile werden mit kleinen Gemälden auf Goldgrund in Medaillonform geschmückt.

Wie die bildende Kunst spielt auch die Musik in der Kirche eine wichtige Rolle und ihr vornehmstes, nahezu unentbehrliches Instrument ist schon seit dem Mittelalter die Orgel. Galt es nun für einen monumentalen Bau wie die Votivkirche auch ein würdiges Orgelwerk zu beschaffen, so mußte von dem sonst durchgeführten Grundsatze, nur österreichische Meister zur Mitwirkung beim Baue und seiner Einrichtung heranzuziehen, eine Ausnahme gemacht werden, da leider nach sorgfältiger Prüfung keinem inländischen Orgelbauer eine den höchsten Ansprüchen der Gegenwart entsprechende Leistung zugemuthet werden konnte. Das Baucomité wendete sich daher mit der Bestellung am Ende des Jahres 1871 an die weltberühmte Firma E. F. Walcker & Comp. zu Ludwigsburg in Würtemberg, die sich bereits durch die Orgel für das kaiserliche Hofoperntheater in Wien eingeführt hatte. Das von dieser Firma gelieferte Werk ist denn auch nach dem Urtheile der competentesten Richter ein Meisterstück seiner Art. Dasselbe enthält 61 klingende vollständige Stimmen, vertheilt auf drei Manuale zu je 54 Noten und ein Pedale zu 27 Noten, dann 14 Nebenzüge; im Ganzen 4073 Pfeifen. Das Gebläse besteht aus neun Pistonbälgen mit Tret- und Rolltahmeneinrichtung, so daß zur Noth zwei, besser aber drei Männer den zum vollen Spiele nöthigen Wind beschaffen können. Für Musiker vom Fach folgt eine genauere Beschreibung des Orgelwerkes im Anhange X. Das Gehäuse für die Orgel hat der Bildhauer E. Weirreicher in Wien ausgeführt. Sie füllt beinahe den ganzen Musikchor, ja derselbe mußte, um sie aufzunehmen, durch Vorlegung eines zweiten Gurtbogens unter der Brüstung erweitert werden. Ihr Aufbau mit dem dahinter aufleuchtenden großen Radfenster gewährt, von unten aus dem Inneren der Kirche gesehen, einen mächtigen Anblick.

Zur Beleuchtung der Votivkirche dienen zunächst vier große Radleuchter, welche im Mittelschiffe des Langhauses und im Kreuzschiffe hängen. Dieselben sind aus Messing hergestellt von O. Hollenbach. Fünf Meter hoch mit einem Durchmesser von 2·50 Meter und auf je 60 Kerzen berechnet. Sie bestehen aus zwei ornamental durchbrochenen Reifen, einem großen und einem kleineren, welche die Lichthülsen tragen. Diese Reifen, sowie der kronenartige Abschluß der Luster sind durch gewundene Stäbe mit einander verbunden, welche der Leichtigkeit und Durchsichtigkeit des Ganzen keinen Eintrag thun. Zumitten befindet sich dann noch eine senkrechte Stange, an welcher die zur Vertheilung nöthigen Horizontalverbindungen der Reifen sich vereinigen. Außerdem stehen auf dem Boden der Kirche noch dreierlei nach Zahl, Form und Ort der Aufstellung verschiedene Bronzecandelaber. Die zwei reichsten stehen auf grauen Marmorsäulen zu beiden Seiten des Hochaltares. Ihr kreisrunder Fuß ruht auf vier Löwentatzen und geht nach zweimaliger Verkröpfung in den aus vier knospenbesetzten Stäben zusammengesetzten Schaft über. Aus diesem wachsen dann acht geschwungene Rippen heraus, zwischen denen sich heraldisch stilirte Doppeladler anspannen; sie tragen eine Lichterkrone von sechzehn Flammen, darüber steigt noch ein kleinerer Reif von acht Flammen, und als Abschluß ein Einzelleuchter auf. Diese beiden Altarcandelaber sind ein Geschenk des Erzherzogs Carl Ludwig, dessen Wappen am Fuße derselben angebracht ist. Die Ausführung in Bronze ist von Miedzinski und Hanusch. Weniger prunkvoll sind die beiden anderen Formen der das Innere der Kirche beleuchtenden Candelaber aus der Bronzewaaren-Fabrik von O. Hollenbach. Die zwölf freistehenden Gascandelaber zwischen den Pfeilern des Langhauses haben je fünf Flammen; die vier seitlichen Bronzer werden durch einen Reifen aus Vierpäßen zusammengehalten, das Rohr der mittlen Flamme ragt zwischen Knorren und Blumen höher empor und ist durch vier schräge ansteigende krabbenbesetzte Sparren mit den Seitenbrennern verbunden. Sechzehn einfachere Candelaber stehen dann noch an den Wänden der Seitenschiffe und Capellen; sie haben bloß eine Flamme, deren Rohr im rechten Winkel dem raufenförmig gemusterten Schafte entspringt; Rankenwerk füllt den Winkel und vertritt die Fortsetzung des Schaftes, welche in ein blizartiges Creuz ausläuft. Die Gefäße zur Beleuchtung der Nebenräume der Kirche sind noch: Zehn Wandcandelaber mit zwei Flammen in der Galerie-Empore, und zwei andere mit einer Flamme in der Vorhalle zu derselben, endlich vier freistehende Candelaber mit je drei Flammen auf der Orgelbühne, ein Luster mit vier Flammen in der Sacristei und einfache Wandarme in den Wendeltreppen.

Von Monumenten hat die Votivkirche bisher nur erst eines aufzuweisen — und zwar ein angemein ehrwürdiges. Es ist das Salmdenkmal in der rechtsseitigen Capelle des rechten Querschiffarmes, welche daher den Namen Salmcapelle führt. Es ist dasselbe Monument, welches Kaiser Ferdinand I. dankbar dem ersten Vertheidiger Wiens gegen die Türken gesetzt hat, jenem Niklas Grafen von Salm, der als Gesellschafter der Wiener Besatzung während der Belagerung der Stadt durch Suleiman II. im Jahre 1529 die Wunde empfing, an der er im darauf folgenden Jahre verstarb. Der Wiener Alterthumsverein hat dieses Denkmal auf seine Kosten und zur Feier seines fünfundzwanzigjährigen Bestehens in der Votivkirche aufgestellt, und fürwahr, er hätte dies Jubiläum nicht würdiger begehen können: Denn so viel der Ehren diese Stadt noch auf sich häufen mag, keine wird den Ruhmesanspruch überstrahlen, den sie sich damit erworben hat, daß sie in zweien Malen die christliche Gesittung des Abendlandes heldenmüthig vor der Ueberschwemmung durch mohamedanische Barbarei gerettet hat.

Das Monument hat die Gestalt einer Tumba, die auf sechs Füßen ruht. Es ist an den Seitenwänden mit zwölf Reliefs geschmückt, die sich zwischen reich ornamentirten Pilastern einfügen. Je zwei Darstellungen zieren die Schmal-, je vier die Langseiten. Diese in Weißheimer Stein ausgeführten Hochreliefs veranschaulichen mittelst figurenreichen Gruppen die Gefechte und Schlachten, an denen Niklas Salm entweder als Mitkämpfender oder in späteren Jahren als Heerführer theilgenommen hat, darunter auch die Vertheidigung Wiens gegen die Türken. Die zehn Pilaster enthalten je ein Medaillon mit Reliefbrustbildern von berühmten Zeitgenossen Salms, wie Kaiser Maximilian I., Carl V., Ferdinand I., Frundsberg, den Connetable von Bourbon u. a. m. Die Deckplatte zeigt in Relief ausgeführt die Gestalt Salms vor dem Kreuze knieend, an dessen Fuß sein Wappen ruht. Auf einem Spruchbande nächst dem Kreuze stehen die Worte: TIBI SOLI GLORIA. Unter dieser Darstellung aber befindet sich auf einer Tafel die schöne Widmungsinschrift, welche wir hier sowohl in ihrer ursprünglichen Gestalt, als auch ihrem Wortlaute nach folgen lassen.

DIS · MAN · S ·

INCOMPARABILIS HEROS NICOLAVS COMES A · SALM · DIVI FERDINANDI BO:
HVNG : BOEM : REGIS ARCHID : AVSTRLE AB ARCANIS CONSILIIS · CVBICLAR : ET
SVPREMVS PROVINCARVM TERRE AVSTRLE CPITANEVS · QVVM · D · FRIDERICVS
ROM: IMPERATOR · DVX SIGISMVND · D MAXIMILIAN : BO: IMP: PHILIPPVS REX · CA-
ROLVS V · ROM: IMP: ET FERDINAND · BO: CAESAR AVGVSTI FRES RERVM POTIRENTVR
EORVM AVSPICIS REIP · ANNIS XLVI · FORTEM ATQ STRENVAM OPERAM DOMI MILI-
TIEQ NAVAVIT · ANNO PORRO DNI MDXXIX SOLYMANO TVRCARVM TYRANNO
VIENNAM OBSESSAM ATROCITER OPPVGNANTE · DVM DIRVTIS MOENIB · INVICTVM
GENEROSI ANI ROBVR PRO MVRO HOSTIVM MINIS OPPONIT · SAXO PERCVSSVS
LETALE VVLNVS ACCEPIT · DIVVS FERDIN : PATRLE PATER VIRTVTIS · RERVMQ·
GESTARVM GLORIE ERGO · HOC EI MONVM : FIERI CVRAVIT · O III DIE MEN · MAII
ANNO DOMINI IESV SERVATORIS MDXXX
VIRTVTEM POSTERI IMITANTOR.

51

Deo optimo maximo sacrum. Incomparabilis heros Nicolaus comes a Salm dixi Ferdinandi Romanorum Hungariae ac Bohemiae regis archiducis Austriae ab arcanis consiliis cubicularius et supremus provinciarum terrae Austriae capitaneus, quem dominus Fridericus Romanorum imperator, dux Sigismundus, dominus Maximilianus Romanorum imperator, Philippus rex, Carolus V. Romanorum imperator et Ferdinandus Romanorum caesar augusti fratres rerum potiuntur, eorum auspiciis reipublicae annis XLVI forti alacre strenuoque operam domi militiaeque navavit. Anno porro domini MDXXIX Solymano Turcarum tyranno Viennam obsessam atrociter oppugnante, dum diutis pervallius invictum generosi animi robur pro aris focisque unus opposuit, saxo perculsus letale vulnus accepit. Divus Ferdinandus patriae pater virtutis perinsigne gestarum gloria erga hoc et monumentum fieri curavit. Obiit IIII. die mensis Maii anno domini Jesu servatoris MDXXX. Virtutem posteri imitabor!

Dieses vom künstlerischen wie vom historischen Gesichtspunkte gleich beachtenswerthe Grabdenkmal stand seit 1542 in der Kirche des Chorherrenstiftes bei St. Dorothea in Wien bis zur Auflösung dieses Conventes im Jahre 1786. In Folge der Räumung der Kirche kam dasselbe um den Materialwerth an einen Steinmetz und wurde diesem von dem Großvater des jetzigen Fürsten Hugo zu Salm-Reifferscheid abgekauft. Seither, also nahezu neunzig Jahre, blieben seine Bestandtheile im Schlosse Raitz in Mähren deponirt, nur die Deckplatte war in der Schlosskapelle dort zunächst dem Altare eingemauert. Mit Genehmigung des Fürsten und Altgrafen Hugo von Salm-Reifferscheid und unter Vorbehalt von dessen Eigenthumsrecht hat nun der Alterthumsverein dieses Monument im Jahre 1874 nach Wien übertragen und im Monate Februar 1879 unter Vornahme der nothwendigen Restaurirungen durch Conrath Wasserburger an der obbezeichneten Stelle in der Votivkirche aufgestellt. Hoffen wir, daß dies nur der würdige Anfang für die Errichtung einer Reihe anderer Denkmäler berühmter Oesterreicher in der Votivkirche sein werde.

Die räumlichen Abschränkungen innerhalb der Kirche und an den Vorhallen des Kreuzschiffes sind durch verschiedene schmiedeeiserne Gitter hergestellt: 1. Das Gitter vor dem Hauptaltare im Chor, welches dort die Communionbank darstellt, besteht aus Vierpässen, ausgefüllt mit einem griechischen Kreuze, dessen Arme in Lilien auslaufen. Diese Vierpässe erscheinen an der mittleren Gitterthür von einem Achtpässe mit Gotterfüllung umrahmt und wiederholen sich dann noch rechts und links neunmal in den aus ägyptischem Alabaster hergestellten quadraten Einfassungen, mit welchen sie das reiche Communiongeländer bilden. 2. Höhere Gitter auf Sockel von ägyptischem Marmor zwischen die Pfeiler des Chores gestellt, schließen diesen vom Umgange ab. Sie bestehen aus ähnlichen Vierpässen, welche zwischen gewundenen Säulchen, viermal übereinander gestellt, von Kleebögen gekrönte Streifen bilden. Darüber hin läuft ein Fries aus in's Rund getheilten Dreipässen, mit Zinnen abgeschlossen. Der Zwischenraum, der sich noch jedesmal seitwärts oberhalb des Pfeilersockels ergibt, ist mildeß eines anliegenden, mit Gittern gezierten Ständers ausgefüllt. Die Thüre in einem dieser Gitter zeigt ein einfacheres Muster von Lilien in kuppenförmig angeordneten kleinen Spitzbögen. Noch einfacher ist das Gitterchen, welches das Geländer an der kleinen Treppe hinter dem Hochaltare bildet. 3. Das Abschlußgitter der Mariencapelle am Chorhaupte hat ebenfalls in's Quadrat gestellte Vierpässe, deren Mitte ein von einem Kreise und von Lilien umgebenes M einschließt. Die Mittelfelder sind durch in Blech getriebene Rankenfriese begrenzt. 4. Der Altaraltar in der Taufcapelle ist als Speisealtar mit einem Communiongitter von reichverzierten Kreuzen in quadraten Feldern abgeschlossen. 5. Der andere Seitenaltar des Querhauses, der Frauenaltar in der Primazcapelle, hat ein Gitter, das durch gewundene Säulchen in längliche, mit Lilien und Gitterkronen gefüllte Felder getheilt ist. Sockel und Fries tragen gedrückte Gothornamente. 6. Die Kanzel ist von einem kreisrunden Gitter umschlossen, das zwischen zwei Kleebögen Bänder von aufsteigendem Rankenwerk enthält. Zwei kleine Gitterthürchen schließen auch die beiden Zugänge zur Kanzeltreppe. 7. Die Vorhallen der Seitenfassaden endlich sind mit einem einfacheren Eisengitter aus verschiedenen Stäben geschlossen, darzwischen quergelegte Doppellilien, unten und oben eine Reihe von Vierpässen, und darüber noch ein Abschluß von Kleebögen und Rankenfries. Dann kommt noch 8. das Gittergeländer an der Treppe, welche aus der Vorhalle auf die Empore oder Chorgalerie führt. Die ernste

Innere Ansicht der Votivkirche.

Ausführung dieser aus Stab- und Bandeisen geschmiedeten Gitter vertheilt sich auf die Schlossermeister A. Milde, C. Wilhelm und A. Geißl.

Fehlte uns die Beschreibung der Eisengitter bereits aus dem Vorhergehenden heraus, so erübrigt nun noch eine kurze Betrachtung der Thurmuhranlagen. Die Thurmuhr zunächst ist im nordwestlichen Thurme aufgestellt und mittels Transmissionen mit den an beiden Thürmen angebrachten sechs Zifferblättern in Verbindung gesetzt. Ausgeführt ist dieselbe von dem Uhrmacher Wilhelm Stiehl in Sperling bei Wien. Sie besteht aus vier Werken, aus dem Zeigerwerke zur Bewegung der Transmissionen zu den sechs Zifferblättern, aus dem Viertelstundenschlagwerke, aus dem Stundenschlagwerke und endlich aus dem Gollten Gehwerke. Das ganze Räderwerk ist aus Rothguß, die Getriebe sind aus Stahl hergestellt. Die Zifferblätter und Zeiger aus vergoldeter Bronze sind in der Bronzewaarenfabrik von Griz und Anders gefertigt. In dem Offerte des Uhrmachers kommt folgende Anmerkung vor: Vorbeschriebene Uhr hat den wesentlichen Vortheil, daß bei Windthürmen mehr oder weniger Flüssigkeit des Oeles bei den Transmissionsstangen keinen störenden Einfluß auf die Schwingungen des Pendels üben kann, da das Gehwerk getrennt ist. Auch bei weit geleiteten Transmissionen leistet das Lautwerk sicheren Dienst. Die Zeiger werden von Minute zu Minute bewegt, das Gehwerk hat Secunden-zifferblatt, das Lautwerk hat Minuten- und Stundenzifferblatt. Die Uhr wurde auf der Wiener Weltausstellung von 1873 mit der Verdienstmedaille ausgezeichnet.

Die Glocken der Votivkirche wurden ausgeführt von dem k. k. Hofglockengießer Ignaz Hilzer in Wiener-Neustadt. Das Geläute besteht aus sechs Glocken im Gesammt-gewichte von 2140 Wr. Ctrn. und einem kleinen Sanctusglöckchen, dann zwei Uhrschellen. Es ist insgesammt nach dem Fis-dur-Accord gestimmt. Das Verhältniß der Glocken zu einander ist folgendes:

N a m e	Stimmung	Durchmesser	Gewicht in Wr. Pfunden
1. Salvator	Fis		
2. Franz	Ais		
3. Joseph	Cis		
4. Max	Fis		
5. Maria	Ais		
6. Elisabeth	Cis		
Dazu kommt noch die kleine Glocke im Dachreiter:			
7. Corbun	Fis		
und für eine Uhrschelle von . . .			
die andere Uhrschelle von . . .			
Zusammen . . .			

Die obgenannten sechs Glocken tragen folgende Bilder und Aufschriften: 1. Bild: Salvator mundi, Aufschrift: In honorem Salvatoris mundi, qui mirabiliter vitam Imperatoris Francisci Josephi I. die 18. Februarii 1853 nefaria sicario protexit. Vota mea Domino reddam coram omni populo eius. Ps. 115, 14.

Auf der Rückseite: Heinrich Ferstel Architekt der Votivkirche, Joseph Kranner Bau-

und Steinmetzmeister, Friedrich Jaggi Rechnungsführer, Hermann Riewel Bauführer, Franz Ellschka Steinmetzpolier, Alois Gerstdler Maurerpolier. 2. Gild: S. Franciscus Seraphicus. Schrift: In honorem S. Francisci Seraphici patroni Imperatoris Francisci Josephi I, Orel ad Deum pro eo, ut sapienter fortiterque regnet Austriae imperium. 3. Gild: S. Josephus. Schrift: In honorem S. Josephi patroni Austriae, Intercedat, ut imperium semper floreseat. 1. Gild: S. Maximilianus. Schrift: In honorem S. Maximiliani, patroni defuncti Archiducis Austriae atque Imperatoris Mexicanorum, hujus ecclesiae fundatoris, Orel pro eo, ut regnum caeli aeternum. 5. Gild: Sta. Maria Immaculata. Schrift: In honorem immaculatae conceptionis beatae Mariae Virginis. Ora pro nobis, ut digni efficiamur promissionibus Christi. 6. Gild: Sta. Elisabetha. Schrift: In honorem Stae. Elisabethae patronae Imperatricis Elisabethae, Assistat ei, ut Deus benedicat eam in aeternum.

Die Glockenstühle sind aus Eisen construirt und stammen aus der Werkstätte von J. Gridl. Sie bestehen aus Gitterstützen, welche, durch Riegel und Streben abgesteift, die einander gegenüberstehenden Tragwände bilden. Um die durch das Schwingen der Glocken hervorgerufenen Erschütterungen und Stöße und deren Fortpflanzung hintanzuhalten, ist der Fuß der Glockenstühle ohne feste Verbindung mit dem Mauerwerk; auf Rollen gestellt. Der eine Glockenstuhl im rechten Thurme trägt die große Glocke: er ist 4·65 Meter hoch und hat ein Gewicht von 5102 Kilogramm. Die Aufhängevorrichtung folgt der Ritter'schen Anordnung mit gezahnten Rollen an den beiden Enden der Achse und mit Zahnstangen auf den sie tragenden Lagerplatten. Das gegenseitige Eingreifen dieser Zähne oder Kerben ineinander beim Läuten der Glocke bewirkt ein gleichmäßiges Drehen der Rollen und verhindert jede Reibung oder Verschiebung derselben. Der andere Glockenstuhl im linken Thurme trägt drei kleinere Glocken und hat ein Gewicht von 3034·5 Kilogramm.

Die Glocken befanden sich im Jahre 1873 auf der Weltausstellung in Wien und Gilzer wurde für diese Leistung die Fortschrittsmedaille zuerkannt. In Folge der Verwendung eines zu schwachen Krahnes stürzte die große Glocke bei ihrer Aufstellung im Prater von einer beträchtlichen Höhe auf die eisernen Schienen des Fahrgeleises und erhielt dabei einige Beschädigungen an den unteren Rauben. Der Ton hat aber hierdurch nicht im Geringsten gelitten, und so begnügte man sich, dieses Ereigniß durch eine Aufschrift auf dem Rande der Glocke zu verewigen. Am 17. November 1874 wurden die Glocken durch den damaligen Weihbischof Johann Kutschker feierlich geweiht, und am 2. December, als dem Tage des fünfundzwanzigjährigen Regierungsjubiläums Seiner Majestät des Kaisers, wurden sie das erste und bis zur Einweihung der Kirche das einzige Mal geläutet.

V. Baugeſchichte der Votivkirche.

n dem vollendeten Bauwerke ſieht niemand mehr die Mühen und Kämpfe, welche ſeine Herſtellung gekoſtet hat. Es erſcheint daher nothwendig, etwas davon zu berichten, damit dem Verdienſte ſeine Anerkennung, den kommenden Geſchlechtern die daraus hervorgehende Erfahrung und Belehrung nicht ganz vorenthalten bleibe. Zu dieſem Zwecke knüpfen wir nun den Faden der Erzählung dort an, wo wir denſelben im erſten, der Stiftung der Votivkirche gewidmeten Capitel fallen gelaſſen haben.

Das erſte von dem Stifter Erzherzog Ferdinand Max berufene Baucomité bildeten folgende Herren: Cardinal Fürſterzbiſchof von Rauſcher, die Miniſter Freiherr von Bach, Graf Leo Thun und Freiherr von Bruck, der Statthalter Freiherr von Eminger und der Wiener Bürgermeiſter Freiherr von Seiller; es fungirte vom Jahre 1855 bis zum Auguſt des Jahres 1858. Anfangs hatte in Abweſenheit des Stifters höchſtdeſſen Bruder Erzherzog Carl Ludwig den Vorſitz in dieſem Comité geführt, da aber ſeit 1855 auch dieſer meiſt nicht in Wien weilte, ward dann der Cardinal von Rauſcher beſtellt. Nachdem der Plan und endlich auch der Platz für den Bau der Votivkirche gewählt worden war, ſchritt daſſelbe alsbald zur Beſtellung jener Inſtanzen, welche den Bau unmittelbar zu leiten hatten. Nach einem Beſchluſſe des Comités vom 22. October 1855 und einem anderen vom 12. März 1856 ſollten ſich ein Verwaltungsrath und die eigentliche Bauleitung in dieſe Aufgabe theilen. Das Präſidium dieſes Verwaltungsrathes ſollte der jeweilige Statthalter von Niederöſterreich führen und zu Mitgliedern deſſelben wurden bei der erſten Conſtituirung der damalige Bürgermeiſter von Wien, Freiherr von Seiller, und der Secretär des Baucomités, Landesgerichtsrath Dr. J. Perthaler ernannt. Seit dem Tode des Letzteren fungirte neben dem jeweiligen Statthalter Freiherr von Seiller anfangs allein, dann aber auch neben den ſpäteren

Bürgermeistern noch fortwährend und bis zur Vollendung des Baues als Mitglied des Verwaltungsrathes. Als Referent ward demselben der Statthaltereirath A. Rosmanit beigegeben, welcher seitdem alle einschlägigen Geschäfte besorgte und als Vorstand des Präsidialbureaus der niederösterreichischen Statthalterei auch schon zuvor das ganze umfangreiche Sammlungsgeschäft mit Erfolg durchgeführt hatte.

Die Seele beider administrativer Instanzen, des Baucomités und des Verwaltungsrathes, obwohl blos Vertreter des ersteren und einfaches Mitglied des letzteren, war aber Perthaler. Er verdankte diesen Einfluß seiner ungewöhnlichen geistigen Begabung, seinem Eifer für die Sache, seiner geschäftlichen Gewandtheit und vor allem dem Vertrauen, dessen er beim Erzherzog Ferdinand Max genoß. Wie wir uns immer über die Bethätigung dieses seines Einflusses im Einzelnen urtheilen mögen, die Verdienste, welche er sich im Allgemeinen um das Unternehmen erworben hat, sollen damit nicht verkürzt werden, und sein Name wird mit der Entstehungsgeschichte der Votivkirche immer auf's Innigste verknüpft bleiben. Johann Perthaler, ein Tiroler, der Sohn eines Arztes, war geboren zu Olang im Pusterthale am 31. October 1816. Er besuchte das Gymnasium zu Judenburg in Steiermark und das zu Salzburg, dann die Universitäten Innsbruck und Wien. An der letzteren beendete er das Studium der Rechte und erlangte im Jahre 1842 die juridische Doctorwürde. Er wandte sich anfangs der Advocatenpraxis zu, war aber nebenbei in seinem Fache auch schriftstellerisch thätig. Seine Feder namentlich verhalf Perthaler im Jahre 1848 eine Berufung in's Justizministerium als publicistischer Vertreter der Regierung und den Eintritt in das Frankfurter Parlament als Ersatzmann für den Wiener Deputirten Obersten Franz von Mayern. Ueberall und fortwährend vertrat er in sehr ausgeprägter Weise die großdeutschen und die centralistischen Anschauungen jener Tage. Nachdem er noch neben seiner publicistischen Thätigkeit im Ministerium bald als Staatsanwalt, bald als Referent beim Wiener Landesgericht Verwendung gefunden und zugleich die Advocatenprüfung abgelegt hatte, ward er auf Empfehlung des ihm befreundeten Freiherrn von Pratobevera Lehrer der Brüder Seiner Majestät des Kaisers, und aus diesem Amte ist die besondere Vertrauensstellung abzuleiten, die er sofort beim Erzherzog Ferdinand Max einnahm. Als dieser die Stelle eines General-Gouverneurs von Lombardei-Venetien angetreten hatte, berief er Perthaler im Sommer 1857 nach Mailand. Im April 1859 nach Wien zurückgekehrt, nahm hier Perthaler an dem neuen Verfassungsleben regen Antheil und leistete insbesondere dem Ministerium Schmerling, dessen Richtung mit seinen politischen Ueberzeugungen ganz im Einklange stand, die wichtigsten publicistischen Dienste. Da ereilte den erst sechsundvierzigjährigen Mann der Tod am 11. März 1862 inmitten einer vielseitigen Thätigkeit und unterbrach so eine eben noch im Aufsteigen begriffene, allem Anscheine nach glänzende Laufbahn.

Kein geringer Theil von Perthalers Thätigkeit war seit dem Jahre 1855 der Gründung und Ausführung der Votivkirche gewidmet. Nicht als ob er sich, sei es durch künstlerische Anschauung oder Uebung, sei es durch theoretische und kunstgeschichtliche Studien in ein inneres Verhältniß zu dem Bauwerke gesetzt hätte. Er zeigte stets wenig Verständniß für die rein artistische Seite des Unternehmens. Ihn leitete vielmehr die Idee, die geistige, die politische Bedeutung des Werkes. In allen Dingen die rechte Hand des erzherzoglichen Stifters, hatte er auch diesen Lieblingsgedanken des kunstsinnigen Prinzen zu seinem eigenen gemacht und nun verfolgte er denselben mit all der Gehorsamkeit und zuweilen auch wohl mit jener eisernen Unnahbarkeit, welche plötzlich, jedoch nur äußerlich bekehrte Dilettanten öfter kennzeichnet. Als guter Jurist und Beamter glaubte er denn gleich anfangs dem Bau nichts besser fördern zu können, als durch ausführliche Satzungen, Vorschriften und Buchführungen. Zwar ging auch Perthaler, dem Beispiele Förstels folgend, nach Cöln, um sich bei dem bekannten Organisator der dortigen Bauhütte, Ernst Friedrich Zwirner Rathes zu erholen. Er vermochte aber schwerlich von dem dort Gehörten und Gesehenen die richtige Nutzanwendung auf unsere Verhältnisse zu machen, denn er schöpfte daraus nur die Absicht, die neue Wiener Bauhütte ganz von Cöln aus zu instemtiren oder — wie er sich gerne ausdrückte — ein Reis der berühmten Cölner Hütte in den Wiener Boden zu verpflanzen."

Förstel, der inzwischen seinen Plan für die Einrichtung der Wiener Bauhütte ausgearbeitet hatte, war anderer Meinung: ein allzu junges Reis hätte hier nicht Wurzel schlagen können, und diejenigen Männer, deren Gewinnung thatsächlich von

Werth gewesen wäre, wie Schmidt und Stolz, waren in der Eigenschaft eines bloßen Werkmeisters, auf den es hier allein ankam, neben Ferstel undenkbar. Dieser fühlte bald, daß es sich hier sowohl für sein Werk wie für ihn selbst um eine Existenzfrage handelte. Auch er war daher eifrig bemüht, den Rath und die Unterstützung eines tüchtigen Praktikers für den Bau zu gewinnen. Als ein solcher erschien ihm der Prager Bau- und Steinmetzmeister Krauner, der damals eben im Begriffe stand, sich von den Tunnelarbeiten, die er für die Südbahn auf dem Karst unternommen hatte, zurückzuziehen. Ferstel setzte sich mit ihm in's Einvernehmen, und da Krauner sich geneigt zeigte nach Wien zu übersiedeln, so fanden sich einflußreiche Persönlichkeiten, namentlich der kunstsinnige Graf Franz Thun veranlaßt, den Erzherzog-Protector dem Plane günstig zu stimmen. Noch Ende des Jahres 1855 kam ein Uebereinkommen mit Krauner zu Stande, demzufolge derselbe als Oberwerkmeister des Votivkirchenbaues mit der Leitung der Werkhütten und mit der Ausführung der Maurer- und Steinarbeiten betraut wurde.

Joseph Krauner, geboren zu Prag am 14. Juni 1804, war ein Steinmetz, im guten alten Sinne, das heißt im Sinne der mittelalterlichen Werkmeister, deren Anschauungen er auch in vielen Beziehungen noch theilte. Er war selbst ein Sohn und Enkel Prager Steinmetze, und es halle sich, wie das einst Regel war, in seiner Familie viel von den guten alten Handwerkstraditionen noch fortgepflanzt. Dabei war Krauner nicht ohne theoretische Vorbildung, die er theils am Prager Polytechnicum, theils an der Wiener Akademie der bildenden Künste genossen halte. Dazwischen lagen vier Reisejahre, die er mit architektonischen Studien in Deutschland, Frankreich und Italien zubrachte. Seit dem Tode des Vaters als geschätzter Bau- und Steinmetzmeister in Prag thätig, halle er dort auch mehrere Werke nach seinen eigenen Plänen ausgeführt. Das Hervorragendste darunter ist das große gothische Denkmal, welches die böhmischen Stände dem Kaiser Franz auf dem Quai in Prag gestiftet haben und das im Jahre 1845 vollendet wurde. Am 20. October 1860 ward Krauner zum Prager Dombaumeister ernannt und seitdem bis zu seinem Tode am 24. October 1871 leitete er von Wien aus den Bau und die Restaurirung des St. Veitsdomes in Prag. Von ihm stammt das Project zu dessen Ausbaue und die Ausführung des dortigen Hochaltares, dessen Aufstellung er aber nicht mehr erlebte. In Wien sind die Postamente der Reiterstandbilder des Erzherzogs Carl, des Prinzen Eugen von Savoyen und des Fürsten Schwarzenberg sein Werk. Auch um den Bau der Votivkirche halle Krauner mitconcurrirt, was ihn aber nicht verhinderte, dem preisgekrönten Wiener Architekten seine Hülfe zuzusichern und treu und ehrlich in die ihm dargebotene Rechte des so viel jüngeren Ferstel einzuschlagen.

Die unmittelbare Bauleitung ward also neben dem Architekten Ferstel auch dem Bau- und Steinmetzmeister Krauner übertragen. Dazu kam aber noch als dritter der Rechnungsrath Friedrich Jaggi, geboren zu Pest am 6. December 1819. Nebst den über der Bauleitung stehenden beiden Instanzen erhielt so das Laienelement auch hier noch einen den Künstlern gleichgestellten Vertreter in einem Beamten, der doch nur die Verrechnungen und Auszahlungen zu besorgen vermochte. Zum Glück war sich Jaggi der hier geschaffenen Anomalie wohl bewußt und weit entfernt, über die

rens geschäftliche Sphäre hinaus Einfluß üben zu wollen. Innerhalb derselben entledigte er sich, erst als ständiger Bureaubeamter, dann seit 1872 als Oberrechnungsrath in seinen freien Stunden, aller Obliegenheiten mit dem größten Fleiße, mit der strengsten Gewissenhaftigkeit und mit einer Vorliebe für die Sache, die noch über seine Verpflichtungen hinausreichte.

Ueber den Wirkungskreis dieser verschiedenen zur Ausführung und Ueberwachung des Votivkirchenbaues eingesetzten Körperschaften und Personen hat Perithaler eine Denkschrift verfaßt, welche höchsten Ortes genehmigt, und so eigentlich das regelnde Statut des ganzen für den Bau bestellten Organismus wurde. Dieses Organisationsstatut ist so wichtig und so charakteristisch, als daß es nicht seinem ganzen Wortlaute nach im Anhange XI abgedruckt werden müßte.

So richtig auch der von Ferstel eingeschlagene Weg zur Bestellung des geeigneten Werkmeisters war und so gut sich die Wahl Kranners in der Folgezeit bewährt hat, so bildete dieselbe doch die erste und entscheidende Veranlassung zu der Verstimmung, welche seitdem zwischen Perithaler und Ferstel immer mehr zu Tage trat. Der Architekt wurde denn auch bei Abfassung jenes Organisationsstatutes für die Leitung und Ausführung seines Werkes nicht zu Rathe gezogen, um etwa seine ideellen wie seine materiellen Interessen wahren zu können. Indeß also für die Entlohnung des Werkmeisters Kranner während der ganzen Bauzeit jährliche 4000 Gulden C. M. festgesetzt wurden, sollte das Gehalt des Architekten nach einer jährlich herabgleitenden Scala bemessen werden, so zwar, daß Ferstel nur im ersten Baujahre ein, den Gezügen des Werkmeisters gleichkommendes Gehalt von 4000 Gulden, in den folgenden Jahren aber immer weniger erhalten hätte; wie dies im vierten Abschnitte des Organisationsstatutes (Anhang XI. Sp. 25) des Genaueren nachgelesen werden kann.

Es sei nur gleich hinzugefügt, daß diese Verordnung niemals zur vollen Ausführung kam. Architekt Ferstel gab gleich bei Empfang des Decretes seine Gedanken gegen diese Art und Weise der Gehaltbemessung zu Protocoll und machte dagegen eine eindringliche Vorstellung, in deren Würdigung er in den drei ersten Baujahren die Ergänzung seines Gehaltes auf 4000 Gulden in Form von Remunerationen erhielt. Auch in der Folge ward festgesetzt, daß seine jährliche Entlohnung in 2100 Gulden Honorar und in anderen 2100 Gulden Remuneration zu bestehen habe. Doch erst im Jahre 1872 ist die Frage, welche der Architekt fortwährend in der rücksichtsvollsten Weise allen anderen unterordnete, principiell dahin entschieden worden, daß Ferstel für den Rest der, auch damals noch zu niedrig angenommenen Zahl der Baujahre eine jenen Jahresbezügen ungefähr adäquate Pauschalsumme als Honorar angewiesen wurde. Die Möglichkeit jener Bestimmungen erklärt sich eben nur aus dem Umstande, daß man von der Bedeutung des Künstlers für das Bauwerk und von seinem Verhältnisse zur Ausführung desselben damals nicht die richtige Vorstellung hatte. Man glaubte des Architekten nur anfangs zur Abfassung der Pläne zu bedürfen und ihn später ganz entbehren zu können, da die Ausführung seiner Ideen recht und schlecht die Sache des Bau- oder Werkführers sei. Wenn es nun Ferstel gleichwohl nach und nach gelang, sich als Architekt der Votivkirche den Einfluß auf sein Werk zu sichern und sich in der Leitung des Baues als maßgebend zu behaupten, so kam diese Errungenschaft bald auch seinen Fachgenossen und dem gesammten Künstlerleben Wiens zu Statten.

Von größtem Segen für das Werk war das gute Einvernehmen zwischen Ferstel und Kranner. Jeder lernte den Werth des Anderen schätzen und erkannte bald, wie sie sich in der gemeinsamen großen Aufgabe ergänzen müßten. Der junge, im Steinbau noch wenig erfahrene Architekt sah einen Meister in diesem, wie in vielen anderen technischen Dingen vor sich und unterordnete sich ihm darin gewissermaßen als Schüler, aber als ein so gelehriger Schüler, daß sich Kranner schon nach wenigen Jahren seinen Beistand auch in dieser Hinsicht lobte. Kranner wieder schätzte das Talent und den hingebenden Eifer des Künstlers hoch und obgleich selbst Architekt, erkannte er doch die geistige Ueberlegenheit Ferstels gerne an. Doch versäumte es Ferstel nie, sich auch in künstlerischen Fragen bei Kranner Rathes zu erholen, was dem gemeinsamen Werke sehr zu gute kam. Meist aber begnügte sich Kranner, den Architekten zur Verfolgung der einmal eingeschlagenen Sätze zu ermuthigen; so namentlich gleich in der wichtigen Frage der von Ferstel selbst vorgeschlagenen Projectänderungen.

Wer sich einmal um die Entstehung von Bauwerken gekümmert hat, wird nicht überrascht sein zu hören, daß die Votivkirche, wie sie heute dasteht und wie wir sie eben geschildert haben, keineswegs in allen Theilen mit dem Projecte übereinkömmt, welches der junge Meister vor nahezu einem Vierteljahrhundert verfaßt hat, ja daß das fertige Bauwerk sogar in einigen sehr wesentlichen Dingen von seinem ersten Plane abweicht. Der wichtigste Unterschied ist der, daß das erste Bauproject viel mehr vom Charakter des Centralbaues an sich hatte, als das jetzt ausgeführte Werk. Jenem zufolge hätte sich über den vier mächtigen Pfeilern der Vierung ein großer Kuppelthurm erhoben, der das Langhaus und das Querschiff dominirt und demselben eine gewisse Selbständigkeit neben den Facadethürmen gegeben hätte. Dieser centralen Tendenz entsprechend hatte das Langhaus von der Eingangshalle zwischen und unter den Thürmen bis zur Vierung blos vier Joche gezählt, während es jetzt deren fünf hat. Anderes ist minder wichtig, so das Fehlen der beiden Einbauten am Chore, der Sacristei einerseits und der Vorhalle zur Emporgalerie anderseits. Es befanden sich dort blos zwei gleiche, zur letzteren führende Treppenthürmchen. Von einem dreischiffigen Querhause konnte nach dem alten Projecte keine Rede sein, denn die Capellen an den Kreuzschlußthürmen, deren eine als Sacristei dienen sollte, haben dort eine größere Selbständigkeit und eine mehr centrale Configuration; sie laden auch nicht bis an die Seitenfacaden aus. Auch hatten die Kreuzschlußthürme damals noch schmälere Travéen als das Langhaus, während dieselben jetzt in beiden gleich sind.

Innere und äußere Gründe waren es, welche Ferstel gleich bei Beginn der Ausführung eine so durchgreifende Abänderung seines Planes als wünschenswerth erscheinen ließen. Die letzteren ergaben sich zum Theile schon aus der veränderten Lage des Bauwerkes. Bei der Preisausschreibung war der Kirche noch der Platz an der Gebsederstraße angewiesen, auf welchem dieselbe der Stadt ihre Längsseite zugewendet hätte. Dies legte den Gedanken nahe, dem Baue eine reichere Silhouette und den an dem einen Ende aufsteigenden Facadethürmen ein gewisses Gegengewicht in dem mächtigen Centralthurme zu geben. Natürlich hätte dieser Kuppelbau auch im Innern seine entsprechende Ausbildung erhalten, und dies war der Ausgang für eine weitere Entfaltung sowohl des Kreuzschiffes als auch des Chores, wie sie heute noch der Kirche eigenthümlich ist, ohne daß der vorwiegende Charakter des Langsbaues dadurch beeinträchtigt wird.

In der gegenwärtigen Lage der Kirche entfielen allerdings die Beweggründe, welche zu der eben erwähnten Anordnung der Langhausallen Anlaß gegeben hatten; vom Centralbau konnte füglich abgesehen werden. Vollständig aufgegeben war derselbe indeß bei Beginn des Baues noch keineswegs, sondern nur so weit modificirt, als es die neue Situation des Bauwerkes eben mit sich brachte. Während also im Wesentlichen die Grundlinien von Chor und Kreuzschiff beibehalten wurden und das Schicksal des Centralthurmes der Zukunft überlassen blieb, war zunächst die Verlängerung des Langhauses um mindestens eine Travée ein dringendes Erforderniß, über welches gleich bei der Fundamentirung entschieden werden mußte. Auf Vorschlag des Finanzministers Freiherrn von Bruck wurde Aeckel im Frühjahre 1857 nach Venedig entsendet, um dem Erzherzoge Ferdinand Max die von ihm vorgeschlagenen Projectänderungen zu erläutern. Der Erzherzog genehmigte dieselben sofort sämmtlich — mit Ausnahme der Verlängerung des Langhauses. Diese Frage veranlaßte, weil sie mit einer Vermehrung der Baukosten zusammenhing, noch langwierige Verhandlungen, bis sie endlich nach Einholung gründlich motivirter Gutachten von Siccardsburg, Schmidt und Löhr durch eine Entscheidung des höchsten Bauherrn vom 11. April 1860 im Sinne des Architekten erledigt wurde. Dieser hatte mit Recht darauf hinweisen können, daß die beanstandete Kostenvermehrung durch das Aufgeben des ursprünglich projectirten großen Centralthurmes reichlich quitt gemacht werde. Als eine Reminiscenz an demselben ist blos der kleine Dachreiter über der Vierung zurückgeblieben. Das Princip des Längsbaues hat somit vollständig gesiegt.

Vom historischen Standpunkte gewährt es ein eigenthümliches Interesse zu beobachten, wie der junge Architekt, der so vielfach nur auf sich selbst angewiesen war, in der Abwandelung seines Ideales beim Uebergange zur praktischen Ausführung nur einen Theil des Weges wiederholte, den der gothische Stil einst bei seinem Aufsteigen aus dem französischen Romanismus ebenfalls zurückgelegt hat; eine Erscheinung, die ja im physischen wie im geistigen Leben immer wiederkehrt, daß das Individuum in seiner Entwickelung etwas von den Formen reproducirt, die sein ganzes Geschlecht vor ihm durchzumachen hatte. Im romanischen Stile waren die beiden einander von Anbeginn entgegenstehenden Grundformen der kirchlichen Baukunst, der Längsbau und der Centralbau, meist mit einander vereinigt worden, indem über der Vierung der Basilika eine Kuppel oder ein mächtiger Centralthurm angelegt wurde. Dies hing mit der damals noch üblichen Mittelstellung des Orientirtes zusammen und hatte zugleich eine kräftigere Ausgestaltung von Kreuzschiff und Chor im Gefolge. Wo dieser Kuppelbau von einer Mehrzahl von Thürmen umstellt war, wie bei den rheinischen Kirchen romanischen Stiles, ergab sich eine ungemein reiche und malerische Gesammtwirkung.

Etwas Aehnliches schwebte zur gleichen Zeit den ersten Erbauern jener großen französischen Cathedralen vor, an denen der gothische Stil vornehmlich seine Ausbildung erhielt. Es war ein Ideal, so kühn und großartig, daß es allerdings an keiner einzigen der großen französischen Bau-Unternehmungen des XIII. Jahrhunderts wirklich zur Ausführung gelangt ist. Doch läßt die Anlage der größten Dombauten, wie der von Amiens, Chartres, Rheims und Notre Dame von Paris keinen Zweifel darüber, daß neben den Thürmen an Haupt- und Seitenfaçaden auch noch ein Kuppelthurm über der Vierung beabsichtigt war. Zur praktischen Lösung dieses, wie es scheinen will, gar zu überschwänglichen Problemes ist es aber bekanntlich gerade in Frankreich am wenigsten gekommen. Seine colossalen Cathedralen sind schließlich doch bloße Längsbauten geblieben, an denen kaum die zwei Thürme der Hauptfaçade zur Vollendung gediehen. Der Vierungsthurm kam nur bei kleineren Kirchen wirklich zur Ausführung, z. B. an St. Yved in Braisne bei Soissons. Dagegen hat die spätere englische Gothik gerade an diesem Gedanken Gefallen gefunden und der große viereckige Mittelthurm, freilich nach englischem Geschmacke ohne Bekrönung nur gerade abgeschnitten, ist eine regelmäßige Zuthat der gothischen Cathedralen Englands.

Deutschland aber hat das französische System der Gothik am folgerichtigsten und beharrlichsten weiterentwickelt, namentlich dessen idealsten Theil, den Thurmbau, ohne sich doch von dem Gatte des Erreichbaren zu entfernen, das sich schließlich auch immer als das zugleich räumlich Gerechtfertigte erweist. Große vollendete Thurmbauten hat daher nur die deutsche Gothik aufzuweisen, sie stehen aber immer paarweise oder einzeln an der Peripherie der Kirche, in der Regel an deren Hauptfaçade, niemals aber in der Mitte über der Vierung. Sher hat die deutsche gothische Baukunst jede massive Belastung des Centrums abgelehnt und sich mit der Anbringung eines kleinen, mit dem Mauerwerke des Baues in gar keinem constructiven Zusammenhange stehenden Holzthürmchens, des sogenannten Dachreiters begnügt, welcher

der Wirkung der Façadethürme keinen Eintrag zu thun vermochte. In demselben Ergebnisse gelangte nun auch Ferstel mit seinem Projecte. So verlockend auch für eine Denkmalskirche die Combinirung des Centralbaues mit dem Langsbau gewesen sein mochte, angesichts der Ausführung galt es die Phantasie zu zügeln und das Ideal einer sorgfältigen Ueberprüfung zu unterziehen. Und es gereicht der Originalität des Meisters gewiß nicht zur Unehre, wenn ja ihm schließlich dieselben Gedanken und Beweggründe zum Siege gelangten, welche seine Vorgänger in den Zeiten des allgemein lebendigen Selbstgefühles zur unbedingten Unterwerfung unter die Forderungen des Langsbaues geführt hatten.

Nachdem es endlich gelungen war, diesen Aenderungen des Projectes die officielle Anerkennung zu verschaffen, konnte zunächst das Kirchenmodell nach dem neuen Plane vollendet werden. Der Beschluß, ein solches Modell herzustellen, war auf den Antrag des Architekten Ferstel schon im Herbste des Jahres 1855 gefaßt worden. Dieses Modell sollte in erster Reihe eine Studie sein, an welcher sich der Architekt selbst für die große Arbeit der Ausführung vorbereiten und sich und Andere über etwaige Zweifel durch den Augenschein belehren konnte; also das was die Bildhauer ein Bildomodell nennen. Sodann erkannte man auch in der Anfertigung desselben das geeignetste Mittel, dem Publicum eine deutliche Vorstellung von dem Bauwerke zu verschaffen. Als linearer Maßstab des Modelles wurde ein Zwanzigstel der natürlichen Größe angenommen. In diesem Maßstabe zeichnete Ferstel das ganze Project durch, legte dabei aber begreiflicherweise schon seine oben beschriebenen Abänderungen zu Grunde. Mit der Ausführung des Modelles unter der Leitung des Oberwerkmeisters Kramer waren beschäftigt: der Hauptsteinmetzpolier Tillschka, die Bildhauer Paul, Gerzabeco und Fesler und einige der geschicktesten Steinmetze der Bauhütte, unter denen sich besonders Hofmeister durch äußerst nette und sorgfältige Arbeit auszeichnete. Die Figuren und Wasserspeier an dem Modelle wurden von dem Bildhauer Fesler hergestellt. Die lange schwebende Frage der Verlängerung des Langhauses verzögerte auch die Vollendung des Modelles bis in das Frühjahr 1860. Am 11. Mai dieses Jahres nahmen Ihre Majestäten das Modell in Augenschein, die meisten übrigen

Mitglieder des Kaiferhaufes an den folgenden Tagen und am 21. Mai Seine Majeſtät der König Ludwig von Bayern. Sodann wurde die Beſichtigung des Modelles auch dem Publicum gegen Entrichtung eines mäßigen Eintritts-geldes zu Gunſten des Baufondes geſtattet. Von dieſer Erlaubniß machten bis Ende des Jahres 1855 20,015 Perſonen Gebrauch, was eine Einnahme von 1314 Gulden 15 Kreuzern ergab. Bei der Aufſtellung der Bauhütte mußte das Kirchenmodell leider verlegt werden. Ferſtel ließ nur die Hauptfaçade desſelben in einem der oberen Thurmgeſchoße der Kirche aufſtellen, wo auch die Baueichnungen und die Schablonen verwahrt bleiben. Die übrigen Beſtandtheile des Modelles wurden als Lehrmaterial an verſchiedene Schulen vertheilt.

Die ſorgfältige Herſtellung dieſes großen Kirchenmodells, welche volle drei Jahre in Anſpruch nahm, hat eigentlich Ferſtels Project erſt vollends für die Ausführung reif gemacht. Gilt ja doch in der Kunſt mehr als in anderen Dingen der triviale Satz, Probiren geht über Studiren. Die Werkleute wurden mit den Intentionen des Architekten vertrauter; vor allem aber ergriff Cramer, der für ideale Abſtractionen vielleicht weniger empfänglich war, dieſe Gelegenheit, das Werk mit aller ihm eigenen Gewiſſenhaftigkeit und Kundigkeit zu prüfen, und ſeine wohlwollende Kritik hat nicht verfehlt, auf Ferſtel Eindruck zu machen und bei mancher wichtigen Verbeſſerung des Planes den Ausſchlag zu geben.

Das größte Verdienſt um den Bau der Votivkirche und mittelbar um die Hebung des geſammten Steinmetz-handwerkes in Wien erwarb ſich Cramer durch die vortreffliche Einrichtung der Bauhütte nach mittelalterlichen Grundſätzen. Die Ordnung, welche er derſelben gab, bildet den dritten Abſchnitt des im Anhange XI abgedruckten Organiſationsſtatuts. An der Spitze der Bauhütte ſtand als Obermeiſter Cramer ſelbſt; unter ihm zunächſt die Poliere, welche wieder als Meiſter den Geſellen und Lehrlingen vorſtanden und ohne Noth vom Obermeiſter nicht umgangen werden. Die Geſellen waren nach ihrer Tüchtigkeit in drei Claſſen von verſchiedener Entlohnung getheilt. Desgleichen die Lehrjungen, welche ſchon nach überſtandener dreimonatlicher Probezeit einen mäßigen, in den fünf Jahren ihrer Lehrzeit ſich ſteigernden Taglohn erhielten. Für ſtrenge Aufrechthaltung von Disciplin und Sitte, wie für gemeinſame Unterſtützung in Erkrankungsfällen war das Nöthige vorgeſehen. Dieſe Bauhütten-Ordnung hat ſich in allem Weſentlichen während der ganzen Dauer des Baues ſehr gut bewährt. Nur in einem Punkte hat dieſelbe alsbald eine Abänderung erfahren, nämlich in Bezug auf die Art, wie die Löhnungen der Steinmetze zur Auszahlung gelangten.

Die Bauhütten-Ordnung ſetzte feſt, daß die Löhne der Steinmetzgeſellen das ganze Jahr hindurch ohne Rückſicht auf die längere oder kürzere Arbeitszeit, die während Sommer- und Wintermonaten von 12 bis zu 7 Stunden ſchwankte, ſtets in der gleichen Höhe ausbezahlt würden. Es erſchien aber nöthig, nach Maßgabe der Jahreszeit einen Unterſchied zu machen und im Sommer einen höheren, im Winter einen geringeren Lohn zu zahlen. Dieſer nach der Jahreszeit variirende Lohnbetrag ſchloß ſich nun zwar genau an die jeweilige Arbeitsdauer an, doch war das Ausmaß ſo getroffen, daß die Entlohnung eines Geſellen während eines ganzen Jahres durchſchnittlich wieder auf dasſelbe hinauskam. Die Nothwendigkeit dieſer Maßregel ward gleich im erſten Baujahre durch die Wahrnehmung aufgedrängt, daß die Geſellen im Sommer, wo ſie anderwärts leicht Beſchäftigung und beſſere Bezahlung fanden, den Votivkirchenbau verließen und dagegen im Winter, wo andere Steinmetz-Werkſtätten mit Entlaſſung von Arbeitern oder doch mit Lohnherabſetzung vorgehen, es mit der Wiederaufnahme in die Bauhütte verſuchten. Dieſe mußte daher, um ſich vor Schaden zu bewahren, den am Wiener Platze herrſchenden Verhältniſſen durch eine entſprechende Regelung ihrer Lohnſätze gerecht werden.

Nach der Organiſirung der Bauhütte war das Hauptaugenmerk von Ferſtel und Cramer auf die zweckmäßige Steinbeſchaffung für den Bau gerichtet. Die Steinarten, welche man für den Bau der Votivkirche verwenden wollte, ſollten nicht bloß hart, ſondern nach ſolcher Qualität ſein, daß ſie eine hübſche Patina erhoffen ließen. Bis zum Beginne dieſes Kirchenbaues lag der Steinbau in Wien überhaupt im Argen. Eigentliche Steinbauten aus Hauſtein oder Quadern waren ſeit mehr als einem Jahrhunderte nicht aufgeführt worden. Eine Reihe ehemals ergiebiger Brüche war in Verfall und in Vergeſſenheit gerathen, und dem entſprechend ſtand auch das Steinmetzgewerbe im Allgemeinen auf einer ſehr niedrigen Stufe. Mit ſeltenen Ausnahmen ward natürlicher Stein bei Neubauten höchſtens für Pfeiler, und ſonſt immer nur für Stiegenſtufen, Sockel, Fenſter- und Thürgewande, kurz zumeiſt da angewendet, wo eine veraltete Bauordnung es forderte.

Von den wenigen damals in Betrieb stehenden Steinbrüchen waren die vornehmlich ausgebeuteten: die Jäger'schen Brüche in Wöllersdorf und die sogenannten Kaiser-steinbrüche am Leithagebirge, welche die härteren Sorten lieferten; sodann die dem Fürsten Esterházy gehörigen Margarethener Brüche, endlich die Loretto- und Breitenbrunner Steinbrüche, welche die weicheren, leichter zu bearbeitenden, dafür aber auch weniger dauerhaften Steinarten lieferten. Gerade die letzteren Arten aber wurden vorkommenden Falles für Gliederungen, Figuren und Ornamente beinahe ausschließlich verwendet. Ihre Sanction erhielt diese Uebung durch die Verwendung derselben Steinarten bei den Restaurationsbauten des St. Stephansdomes, der somit zum guten Theile aus diesen Materialien besteht. Die feinere Gliederung der Spätgothik rechtfertigt vielleicht die Benützung eines weicheren Gesteines, aber die an dem ehrwürdigen Denkmale fortwährend nothwendigen Reparaturen sprechen auch dort deutlich für die Anwendung eines widerstandsfähigeren Materials.

Alle diese Steinbrüche waren überdies in festen Händen und wurden von den Eigenthümern zum Theile in höchst bedenklicher Weise ausgebeutet. Das Monopol der Familie Jäger in Wöllersdorf ging beispielsweise so weit, daß innerhalb eines gewissen Rayons, der weit über das Jäger'sche Besitzthum hinausging, niemand ohne Erlaubniß der Familie Jäger einen Bruch eröffnen durfte. Unter diesen Umständen ließen Ferstel und Cranner es sich angelegen sein, die Formationen der naheliegenden Gebirge nach anderen Hilfsquellen zu durchforschen, und ihr Blick richtete sich naturgemäß auf jenen mächtigen Gebirgsstock, welcher als Ausläufer des Schneeberges nach allen Richtungen hin schöne und feste Steinarten zu Tage treten läßt. Außerdem erschien noch eine andere ergiebige Fundgrube in den an der Donau sich hinziehenden Sandsteinbrüchen bei Höflein und anderen Orten erschlossen.

Der Hauptgrund, weßhalb die Kalksteinarten dem Sandsteine vorgezogen wurden, war ein humaner. Die Bearbeitung der Sandsteine wirkt durch die scharfen Quarz-bestandtheile zerstörend auf die Lungen der Arbeiter, und es ist eine bekannte Thatsache, daß in Gegenden wo Sandstein gearbeitet wird, die Steinmetze höchst selten das vierzigste Jahr überleben. Diese Erscheinungen kann man in Cöln, Regensburg, am Neckar und anderwärts wahrnehmen. Nachdem dieser Umstand den Ausschlag gegeben hatte, wurden die Untersuchungen ausschließlich in den Kalksteingebirgen zwischen Vöslau und Neustadt fortgesetzt, und außer den bereits durch Moosbrugger eröffneten Steinbrüchen von Wöllersdorf und einer kleinen Ausbeute der Brüche von Vöslau sollten es vorzüglich die Ausläufer des Gebirges bei Brunn am Steinfelde sein, welche das Material für die Votivkirche zu liefern hatten. Mit Ausnahme einiger unbedeutender Unterwühlungen, welche zur Bruchstein- und Schottergewinnung vorgenommen worden waren, bestanden daselbst früher noch keine eigentlichen Steinbrüche und es war daher nothwendig, mehrere Brüche zu eröffnen. Es gehört zu den besonderen Verdiensten Cranners, auf die Qualität und Ergiebigkeit dieser Brunner Steinbrüche hingewiesen zu haben, welche für die Votivkirche fortan mit Vorliebe und seither auch zu anderen Zwecken vielfach ausgebeutet wurden.

Nachdem das Baucomité die Vorschläge über die Art der Steingewinnung genehmigt hatte, wurden Verträge mit einigen Steinlieferanten abgeschlossen und, obwohl die Bauleitung auf diese neu eröffneten Brüche vorgemerkt war, wurden doch auch solche Brüche eröffnet, welche die Bauleitung blos zur Wahrung ihrer Interessen für sich gepachtet hatte, um von den Lieferanten unabhängig und für den Fall, als dieselben ihren Vertragsverbindlichkeiten nicht nachkämen, in der Fortsetzung des Baues nicht behindert zu sein. Auf diese Weise gelang es, ganz vorzügliche harte Steine in genügender Menge dem Baue zu sichern, und zwar leisteten dies in erster Reihe eine beträchliche Zahl von Steinbrüchen bei Fischau, Brunn am Steinfelde und in Wöllersdorf und in zweiter Reihe Steinbrüche im Leithagebirge bei Mühlendorf und Oslop.

Hier muß noch einer eben so seltenen als kostbaren Steingattung erwähnt werden, welche die Bauleitung zur Verfügung stand. Es sind dies die schon im ersten Capitel dieser Schrift angeführten 124 Blöcke ägyptischen Marmors oder Alabasters, welche der Vicekönig Said Pascha durch Vermittelung des Domherrn von Grosswardein, Abt Mislin dem Baue der Votivkirche gespendet hat. Die Steine langten am 31. October 1863 in Wien an und umfaßten einen Ausmaß von 1715 Cubikschuh. Es war dabei unter Anderem der Zwischenfall passirt, daß die erste Consulatsnote über die Spende aus Cairo vom 5. November 1862 blos von 123 Blos d'albâtre gesprochen hatte — vermuthlich ein Schreibfehler, wenn nicht Schreiberweisheit. Es fehlte dann nicht an mehr und minder angenehmen Ueberraschungen, als sich das Geschenk allmälig in seiner ganzen Grösse und Schwere zu erkennen gab. Der überaus harte und prächtige, weiß und gelb gewölkte Stein wurde, wie an den betreffenden Stellen erwähnt, zur Herstellung der inneren Kircheneinrichtung reichlich verwendet, als in den Altären, der Canzel, dem Taufbecken, den Weihwasserbecken und den Gittersäulchen.

In der Steinbearbeitung, wie in der Manipulation der Steinversetzung hat sich bald eine solche Präcision und Routine in der Bauhütte herausgebildet, daß die an den versetzten Steinen noch nöthigen Nacharbeiten nur äusserst geringfügig waren und daß dieselben endlich bei den Charnishelmen völlig entfallen konnten. Es besteht allerdings an vielen Orten die Uebung, den nur in seine Hauptformen gebrachten Stein gleich zu versetzen und ihn erst am Orte seiner Bestimmung ganz fertig zu arbeiten. Die antiken Marmorbauten wurden bekanntlich alle in dieser Weise ausgeführt und sie ist heutzutage beispielsweise in Frankreich allgemein üblich. Das Zusammenschleifen der Fugen und die erforderliche Präcision der durchlaufenden Linien erheischten auch dieses Verfahren. Die Natur des gothischen Steinbaues aber schließt dasselbe vollständig aus und verlangt vielmehr die Versetzung vollkommen bearbeiteter, auch in den Ornamenten vollendeter Werkstücke.

Das bedingt jedoch die genaueste Ausführung und die peinlichste Sorgfalt in Berechnung und Anwendung des Steinschnittes. In dieser Hinsicht mag die Votivkirche wohl ein Musterbau genannt werden, welcher jeden Vergleich mit der Technik von Denkmälern des Mittelalters bestehen kann. Es war die Aufgabe der Poliere, die Schablonen aus Metallblech anzufertigen, und die Herstellung dieser sämmtlichen Profilschablonen wurde mit einer solchen Gewissenhaftigkeit durchgeführt, daß sie mit der in den Werkhütten fortwährend geübten strengsten Aufsicht stets im Einklange stand. Harte Geldstrafen waren auf jede mangelhafte Leistung gesetzt und diese Pönale wurden auch rücksichtslos eingehoben. Es entstand denn auch alsbald unter den Arbeitern ein reger Wetteifer zu gediegener Arbeit, wie er nicht leicht in einer anderen Werkhütte angetroffen werden dürfte; denn während in der Regel das Ziel der Concurrenz in der möglichst grossen Arbeitsmenge besteht, welche dann dem Arbeiter zu gute kommt, gab bei der Entlohnung in der Bauhütte der Votivkirche immer nur die Güte des Geleisteten den Ausschlag. Auch die Technik der Steinbearbeitung war eine rationellere als die sonst bei uns geübte. Als Werkzeuge dienten nur der Meißel, die Säge, der Grobhammer und das Charriereisen, während der Spitzhammer, der die Structur des Steines angreift, seine Oberfläche zerstört und einem ungünstigen Verwitterungsprocesse denselben Vorschub leistet, nur für die Bearbeitung der Lagerflächen Anwendung fand.

Zum Zwecke der Steinversetzung wurden einfache, aber sinnreich construirte Gerüstungen ausgeführt. Bis zur Höhe der Seitenschiffe auf in die Erde eingerammten Fußhölzern ruhend, wurden die Gerüste von der Seitenschiffhöhe nach aufwärts auf den Steinbau selbst gesetzt und durch kellenweise in demselben stehen gebliebene, erst später abgearbeitete Steinbossen unterstützt. Die Gerüste wurden immer nur für den jeweiligen Bedarf aufgestellt und mit dem Fortschreiten

des Ganes an die andere Stelle, wo man ihrer eben bedurfte, übertragen, so daß die Einrüstung der Kirche verhältnißmäßig geringe Kosten verursacht hat. An den oberen Schwellen der Gerüste wurden Schienen zum Verschieben eines die Breite des Bankörpers einnehmenden Wagens befestigt, auf welchem letzteren wieder fahrbare Krahne aufgestellt wurden, eine Vorrichtung, vermittels deren der mit Ketten aufgezogene Stein leicht und genau an die Stelle gebracht werden konnte, an welcher er zur Versetzung gelangen mußte. Seit dem Baue der Votivkirche ist dieser Vorgang auch bei anderen Steinbauten allgemein üblich geworden, wenn auch die Einrichtungen dazu selten in so zweckentsprechender Weise getroffen sind wie dort.

Erstaunlich einfach und sinnreich waren namentlich die Churzgerüste, welche ebenfalls immer nur eingenweise mit Benützung des bereits ausgeführten Steinbaues errichtet wurden. Dieselben haben sich auch darin vollständig bewährt, daß das Auf- und Abrüsten stets ohne viel Zeit- und Kostenaufwand erfolgen konnte und daß dabei nicht der geringste Unfall, noch auch irgend welche Beschädigung am ausgeführten Bauwerke verzeichnet werden durfte.

Mit Ausnahme der großen Gewölbe im Hochschiffe, Chor und Querhause wurden die sämmtlichen übrigen Wölbungen an der Kirche lange vor Anstrichung des Daches hergestellt, um die erforderliche Verspannung zwischen den einzelnen Pfeilern und Mauermassen schneller herbeizuführen. Allerdings wurden diese Partieen zum Ersatze für die definitive Eindeckung mit nothdürftig schützenden provisorischen Gedachungen versehen, welche aber den atmosphärischen Einflüssen äußerst wenig Widerstand leisteten. Dafür gewährte die auf die Gewölbe aufgetragene Kruste von hydraulischem Kalk demselben vollständigen Schutz, indem das auf sie eindringende Wasser, ohne das Mauerwerk nur im mindesten zu beschädigen, bis an den Gewölbeschluß abließ und von dort durch kleine daselbst angebrachte Röhrchen abgeleitet wurde.

In allen diesen praktischen Fragen haben sich Cramers Rathschläge und Einrichtungen ausgezeichnet bewährt. Er verstand es aber nicht blos, dem Werke nach allen Seiten hin nützlich zu sein, er verstand auch die ungleich seltenere Kunst, sich demselben über einen gewissen Zeitpunkt hinaus entbehrlich zu machen. Durch strenge Disciplin und Ordnung im Allgemeinen, durch Hebung des Ehrgeizes und der Tüchtigkeit bei jedem Einzelnen gab er der von ihm geschaffenen Bauhütte eine solche Selbständigkeit, daß ihr Organismus auch dann noch in seinem Geiste fortarbeitete, als sie seiner Leitung entbehrte. Schon die Uebernahme des Prager Dombaues und noch mehr sein geschwächter Gesundheitszustand haben Cramern in seinen letzten Lebensjahren dem Votivkirchenbaue immer mehr entfremdet. Er hatte jedoch seine Aufgabe dabei bereits in den ersten Baujahren so vollständig erfüllt, daß er, auch wenn er gesund geblieben wäre, nicht mehr hätte wirken können, als er ohnehin gethan hat. Die Bauhütte fand in ihren tüchtig geschulten Polieren hinreichende Stütze und gestattete auch nach Cramers Tode dem Architekten, frei von den kleinen Sorgen der technischen Ausführung sich vornehmlich den von Jahr zu Jahr gesteigerten Anforderungen an seine schaffende Thätigkeit zu widmen. So ward Cramer dem Baue nur entbehrlich in dem einen besten Sinne, der gleichbedeutend ist mit Unersetzlichkeit.

Cramers Stelle ward daher nach seinem Tode nicht wieder besetzt. Auf Ferstels Antrag wurde dessen erster Bauzeichner, Hermann Riewel, unter dem Titel eines Bauführers mit der Besorgung der laufenden Geschäfte der Bauhütte betraut. Hermann Riewel, geboren zu Leipzig am 8. December 1832, bildete sich an der Gewerbeschule in Cassel unter Ungewitter, welcher sich bei den Concurrenzen um den Votivkirchenbau auch mit Erfolg betheiligt hatte, indem er den vierten Preis davontrug. Riewel war als Zeichner bei dessen Projecte beschäftigt, was zuerst den Wunsch in ihm rege machte, bei der Ausführung des Baues mitwirken zu können. Nach einem an der Leipziger Akademie zugebrachten Jahre und nach einer Studienreise durch Deutschland und Oberitalien kam Riewel daher 1856 nach Wien, fand aber anfangs nur bei Ludwig Förster Verwendung, für dessen Genossen er unter anderem die drei zuerst prämiirten Votivkirchenprojecte von Ferstel, Schmidt und Stach zeichnete. Im Jahre 1857 ward er von Ferstel als Zeichner in's Atelier aufgenommen und auf dessen Vorschlag am 4. Jänner 1872 zum Bauführer der Votivkirche ernannt. Inzwischen war er auch Adjunct an der k. k. Gewerbezeichenschule und nach deren Umgestaltung in eine k. k. Bau- und Maschinen-Gewerbeschule Professor an dieser Anstalt geworden. Dies hinderte ihn aber nicht, den ihm anvertrauten Arbeiten an der Votivkirche mit derselben Hingebung und Gewissenhaftigkeit wie früher obzuliegen. Er entwickelte sich allmälig zu einer Specialität für die innere Ausstattung und Einrichtung von Kirchen. Mehrere ober- und niederösterreichische Pfarrkirchen sind ganz nach seinen Entwürfen eingerichtet worden. Für die Votivkirche hat Riewel eine Reihe solcher Arbeiten, wie namentlich die Vorlagen für die meisten Eisengitter, für die Messingsgitter, das Orgelgehäuse, den Josephsaltar und die Sacristeieinrichtung nach flüchtigen Skizzen Ferstels sehr exact ausgeführt.

Vor und neben Riewel waren in Ferstels Atelier noch folgende Künstler als Zeichner für den Bau der Votivkirche beschäftigt, anfänglich, noch im Jahre 1856, Joseph Glanka und August Othmar Essenwein, dann etwa ein Jahr lang Wastried Zimmermann und längere Zeit hindurch bis 1860 Hermann Seamani. Einen tüchtigen Gehülfen fand Ferstel im Jahre 1860 an Albert Grau, der als Steinmetz in die Bauhütte eintrat. Er ist aus Cassel gebürtig und auch ein Zögling Ungewitters von der dortigen Bauschule. Wegen seines besonderen Geschickes in der Ornamentik nahm ihn Ferstel in's Atelier auf und beschäftigte ihn da einige Jahre lang mit Zeichnen und Modelliren für die Votivkirche. Mit besonderem Erfolge und ausschließlich an Gegenständen der inneren Einrichtung arbeitete erst von 1873 bis 1877 Dominik Stadler, ein geborener Tiroler, gebildet in München und in Paris unter Goeswillwald. Er machte die Detailzeichnungen für die Altäre, die Gewölbe, Paramente und dergleichen. Erfreute sich so der Architekt bei seinen umfangreichen Schulten mannigfacher Unterstützung, so gab hinwiederum der bis in die kleinsten Vollendungsarbeiten einheitlich geleitete Bau einer ganzen, hier nur in den wichtigsten Namen aufgeführten Anzahl von Hülfskräften Gelegenheit zur Ausbildung ihrer Fähigkeiten.

Unter solchen Vorkehrungen schreitt der Bau der Votivkirche verhältnißmäßig schnell vorwärts. Wir geben hier gleich eine gedrängte Uebersicht der alljährlichen Bauerfolge:

1856: Einfriedung des Bauplatzes. Errichtung der Werkhütten, feierliche Grundsteinlegung (24. April). Herstellung der Fundamente für den Chor.

1857: Fortsetzung der Fundirung bis zur dritten Travée des Langhauses, Aufbau der Chorcapellen bis zum Fensterschluß, ferner eines Theiles der inneren Chorpfeiler.

1858: Aufbau der Chorempore und der großen Strebepfeiler an denselben, Aufführung der Sacristei und der Oratoriumhalle und Beginn der rückwärtigen zwei Kreuzschiff-Capellen. Einwölbung der Chorcapellen.

1859: Aufbau der vier Kreuzschiff-Capellen und des dazwischen liegenden Kreuzschiffes bis zur Seitenschiff-Höhe. Aufführung der inneren freistehenden Pfeiler daselbst bis zu den Seitenschiff-Capitälen. Einwölbung des Chorumganges, der Sacristei und der Oratoriumhalle.

1860: Aufbau von vier Travéen des Langhauses und der inneren Pfeiler bis zur Seitenschiff-Höhe. Fundirung der Thürme.

1861: Aufbau der vordersten fünften Travée des Langschiffes und der zwei Thürme sammt der Hauptfaçade bis zur Höhe der Seitenschiff-Galerie. Einwölbung der Seitenschiffe und der vier Kreuzschiff-Capellen.

1862: Aufbau der zweiten Etage der Thürme und der Hauptfaçade bis zum Dachgesimse des Hochschiffes. Aufstellung des Gerüstes für das Hochschiff.

1860: Aufbau der zweiten Etage des Hochschiffes, sowie der Strebepfeiler und Bögen bis zum Kreuzschiffe. Aufstellung der Gerüste für die dritte Thurmetage und für den Hauptfacade-Giebel.

1861: Aufbau der dritten Thurmetage bis zur Solbank der oberen Thurmfenster und Ausführung des Hauptfacade-Giebels.

1862: Aufbau des nördlichen Kreuzschiffes bis zum Dachgesimse. Fortsetzung der Thurmbauten.

1863: Aufbau des südlichen Kreuzschiffes bis zum Dachgesimse und Vollendung des nördlichen Kreuzschiff-Giebels. Fortsetzung der Thurmbauten.

1864: Aufbau des südlichen Kreuzschiff-Giebels und Vollendung der vierten Thurmetage bis zum Beginne der Gelbdächer.

1865: Vollendung der Thürme; feierliche Aufsetzung der Kreuzblumen am 18. August.

1866: Beginn des Aufbaues der oberen Chorpartie bis zum Kreuzschiffe, und Einwölbung des Oratoriums, d. i. der Chorempore.

1867: Vollendung des hohen Chores. Beginn der Aufstellung des eisernen Dachstuhles über dem Hauptschiffe.

1868: Verlegung der Dachgalerie am Chor und der Strebepfeiler-Fialen daselbst. Vollendung der Aufstellung der eisernen Dachstühle über sämmtlichen Dächern. Aufstellung des Dachreiters sammt der Firstgalerie und dem Chorschlußkreuze. Eindeckung sämmtlicher Dächer.

1869: Einwölbung des Haupt- und Kreuzschiffes. Verlegung der Galerien an den Kreuzschiff-Capellen und an den Seitenschiffen. Einwölbung der Thürme.

1870: Aufstellung der eisernen Glockenstühle, der eisernen Thurmstiegen und Einweihung der sieben Glocken am 17. November; am 23.—25. Andachtung derselben, am 2. December zum fünfundzwanzigjährigen Regierungsjubiläum Seiner Majestät des Kaisers erstes Läuten derselben. Ein großer Theil des figürlichen Schmuckes des Aeußeren und des Inneren gelangte zur Vollendung.

1871: Herstellung der Terrasse um die Kirche. Aufstellung der Thurmuhr und der Figuren in den Kreuzschiff-Capellen. Beginn der Arbeiten für die innere Ausstattung und Einrichtung.

1872: Einsetzung der 20 ornamentalen Hochschiff-Fenster und des großen Rundfensters. Beginn der Polychromirung im Inneren.

1876: Fortsetzung der Polychromirung im Inneren, Beginn der Ausführung der Altäre und der Cancel in der Sandhütte. Einsetzung mehrerer Chorcapellen-Fenster und der sieben oberen Chorfenster. Zahlreiche Statuen des Aeußeren und Inneren gelangten zur Aufstellung.

1877: Fortsetzung der Polychromirung. Einlegung des südlichen großen Kreuzschiff-Fensters, wie einiger Chor- und Kreuzschiffcapellen-Fenster. Aufstellung des Baldachinbaues für den Hochaltar, der Cancel und des Taufsteines. Verlegung der fünf Reliefs an den Portalen der Hauptfacade. Beginn der Gasteilung.

1878: Beendigung der Polychromirung des Innenbaues. Aufstellung der Orgel, des Hochaltars, der drei Nebenaltäre und der Chorabschluß-Gitter. Einsetzung der letzten Chorcapellen-Fenster, des nördlichen großen Kreuzschiff-Fensters und von vier Seitenschiff-Fenstern. Beginn der Pflasterung. Wassereinleitung in die Sacristei.

1879: Vollendung der inneren Ausstattung und Einrichtung.

Den bedeutendsten Abschnitt in der Baugeschichte bildet offenbar die fast in ihre Mitte fallende Feier der Thurmvollendung im Jahre 1865. Sie ward am 18. August als am Tage des Geburtsfestes Seiner Majestät des Kaisers in festlicher Weise begangen. Die Kirche war mit Festons, Fahnen, Wappen und den Bildern des Salvators und der Jungfrau Maria decorirt. Der eigentliche Festplatz auf der Wiese gegenüber der Kirche war mit Flaggenstangen abgegränzt, durch Wegnahme der Einfriedungen mit der Kirche vereinigt und nach außen durch Militärcordons abgeschlossen. Auf dem Platze befanden sich, dem Haupteingange der Kirche gegenüber, drei Zelte, in denen sich die hohen Gäste versammelten, als die eben in der Stadt anwesenden Minister Lasa, Laase, Herbst, Plener und Potocki, der Weihbischof, der Landmarschall, der Vicepräsident des Abgeordnetenhauses, der Präsident der Centralcommission für Erhaltung der

Gaudenkmale, der Bürger- und Vicebürgermeister, der Polizeidirector, Stadt- und Landescommandant, Mitglieder der Hof-, Civil- und Militär-behörde und zahlreiche Künstler. An den beiden Seiten der Zelle befanden sich Tribünen, auf welchen theils geladene Damen, theils ein gemischter Sängerchor und die Angehörigen der Arbeiter Platz nahmen. Vor den Tribünen bildeten die Arbeiter des Baues eine Reihe, an ihrer Spitze die Bauleitung Fertiel, Kramer und Jaggi. In der Mitte des Platzes war unter einem Baldachin ein Altar errichtet und zur Linken desselben der Thronhimmel und die Session für die assistirende Geistlichkeit.

Um ein Uhr fand sich Seine Eminenz der hochwürdige Cardinal Fürst-erzbischof Joseph Othmar Ritter von Rauscher ein. Von der Geistlichkeit unter Vortragung des Kreuzes empfangen und zu seinem Sitze geleitet, hielt derselbe an die Anwesenden folgende Rede: „Gute Wünsche sind schön und recht; doch wofern sie aus der Tiefe des Herzens kommen, drängen sie den Menschen zu Thaten. Wir vermögen bei weitem nicht Alles, was wir wünschen, dürfen und sollen; aber Gott ist allmächtig, und wenn die guten Wünsche zu dem Gebete des Glaubens werden, so finden sie Zutritt an seinem ewigen Throne. Da nun der heutige Tag uns zu Wünschen für das Heil Seiner Majestät in ganz besonderer Weise auffordert, so haben wir uns im St. Stephansdome vereinigt, um den Herrscher der Herrschenden anzuflehen, er möge um des großen Opfers willen, das auf seinem Altare sich erneuerte, Franz Joseph dem Ersten ein starker Helfer sein. Die Feier, zu welcher wir jetzt versammelt sind, bietet den Gesinnungen, mit denen wir den achtzehnten August begrüßen, einen neuen Ausdruck dar. Ein Frevel bedrohte das Leben Seiner Majestät und Gott wandte das Mordmesser ab. Oesterreichs Dankbarkeit war so groß als die vorübergegangene Gefahr und sie sollte nicht thatlos bleiben, sondern sich den Geschlechtern der Zukunft würdig und eindringlich bezeugen. Dieser schon mächtig aufstrebende Bau wird ihr Denkmal sein. Ihm, von dem alles Heil kommt, geweiht, wird die Heilandskirche den kommenden Jahrhunderten in Erinnerung halten, daß die Hand Gottes über Oesterreichs Kaiser wachte und Oesterreichs Volk dem gnädigen Walten der Vorsehung die Ehre gab. Nach einer Arbeit von zwölf Jahren ist das bedeutungs-reiche seiner Bestimmung würdige Werk so weit gediehen, daß wir der Hoffnung, es bald vollendet zu sehen, uns hingeben dürfen. Die Seiten-thürme erheben sich in die Lüfte und harren nur noch darauf, daß die Kreuzblume, welche sie krönt, ihren Abschluß erhalte.

Es ist ein Werk der Dankbarkeit, dem wir unsere Theilnahme widmen; um so weniger dürfen wir des erlauchten Fürsten vergessen, der bei Gründung der Heilandskirche vorrangig und für Alles, was sie betraf, die regste Obsorge trug. Der Erzherzog und Kaiser Ferdinand Maximilian war eine edle, glänzende, liebenswürdige Erscheinung. Sein Geist war dem Großen zugewandt und alles Gute und Schöne fand in seinem Herzen lebendigen Wiederklang. Ueber die Gemeinheit des Eigennutzes, den wir auf weiten und engen Schauplätzen des Lebens so grell hervortreten sehen, ragte er in allen seinen Bestrebungen empor und ein höherer Schwung gab sich in seinem ganzen Wirken kund. In der Blüthe der Jahre unterlag er der Wuth von Feinden, welche durch verjährte Zustände der Gesetzlosigkeit mit jedem Verbrechen waren vertraut geworden. Er wollte jenseits des Weltmeeres eine neue Heimat, weil er die Aufgabe, dem großen Mexico Gesetz, Frieden und echte Gesittung zu bringen, nicht zurückweisen wollte und für die ihm verpfändeten Zusagen nicht die Winkelzüge fremder Politik, sondern die habsburgische Treue zum Maßstabe nahm. Er starb, weil er seine Ehre nicht beflecken, weil er kein in ihr gelebtes Vertrauen täuschen, weil er für das Volk, dessen Krone er angenommen hatte, das Aeußerste wagen wollte. Sein Tod war ein Opfer, das er den sich auferlegten Pflichten brachte. Dies wird eingezeichnet bleiben bei Gott dem Vergelter und in der Geschichte leben, während die Größen, welche von augenblicklichen Erfolgen sehen, mit dem Tage, der sie gebar, erlöschen. An der Heilandskirche hat der früh Geschiedene seiner Vaterstadt ein Vermächtniß hinterlassen und in seinem Sinne vollendet wird sie ein Denkmal und Spiegel des in ihm wollenden Geistes sein.

Noch eine andere Erinnerung bringt uns der Hochbau, dessen Weihestunde nun des letzten Abschlusses gewärtig sind. Um ihn möglich zu machen, haben alle Länder des Kaiserthumes sich vereinigt. Wenn das Kreuz über seinem vollendeten Giebel glänzet, möge die Einigkeit des Zusammenwirkens sich kraftvoll erneuert haben; wenn die Glockentöne von diesen Thürmen niederwallen, um den Frieden Gottes zu verkünden, habe der Widerstreit der Wünsche und Ziele den Frieden der Versöhnung schon gefunden und Oesterreich stehe in seiner alten Größe da!"

Nach Beendigung dieser Ansprache wurde von Herstel folgende, von Carl von Lützow verfaßte Urkunde verlesen, welche bestimmt war, in den Knopf des linken Thurmes eingeschlossen zu werden:

„Im Jahre des Herrn Eintausend Achthundert Acht und Sechzig, am achtzehnten August, als am Tage der heiligen Helena, der Kreuzauffinderin, und am achtunddreißigsten Geburtsfeste des erhabenen Geherrschers dieses Reiches, Franz Joseph des Ersten, ward unter feierlichem Te Deum, gehalten von dem hochwürdigsten Herrn Joseph Othmar, Cardinal und Fürsterzbischof von Wien, die goldene Hülle dieses Steines auf die Kreuzblume des Thurmes gehoben: ein weithin leuchtendes Zeichen frohen Dankgefühles der treuen Völker dieses Reiches für ihren weisen und gütigen Herrscher, den die Hand des Allmächtigen aus ernster Gefahr einst gnädig errettet und durch schwere Drangsal glücklich hindurch geführt hat.

Als ein Denkmal siegreich überwundener Gedrängniß ragt auch dieser Bau zum Himmel empor: er, den nach dem traurigen Ende seines heldenmüthigen Gründers, weiland Kaiser Maximilian des Ersten von Mexico, treue Bruderliebe seines nunmehrigen Geschützers, des hochseligen Herrn Erzherzogs Carl Ludwig und opferwilliger Gemeinsinn, von den Bürgern dieser Stadt bekundet, zu solcher Höhe gefördert haben.

Und so möge denn dieser Tag uns Bürge der freudigen Zuversicht sein, daß das zu Gottes Ehre begonnene Werk unter des Höchsten fernerem Schutz und mit der Beihülfe des ganzen zu neuer Blüthe erstandenen Oesterreichs in weniger Jahre Frist ein gesegnetes Ende nehmen werde.

Urkund dessen folgen die Unterschriften."

Eine ähnliche zweite Urkunde, welche vornehmlich eine summarische Zusammenstellung der bis dahin erzielten Bauerfolge enthält, war für den Knopf des rechten Thurmes bestimmt. Beide Urkunden waren bereits in den vorhergehenden Tagen von den Würdenträgern des Staates und der Gemeinde, die letztgenannte auch von sämmtlichen am Bau Geschäftigten unterzeichnet worden. Nachdem nun noch der Cardinal, der Statthalter und der Bürgermeister ihre Unterschriften hinzugefügt hatten, wurden die beiden Urkunden in Zinncylinder eingelegt, auf die Thürme aufgezogen, dort hinterlegt und die vergoldeten Knäufe daraufgesetzt. Während dieses Vorganges sang der Chor eine Haydn'sche

Festbankete. Hierauf verfügte sich Seine Eminenz zum Altare und stimmte das Te Deum an, welchem der Chor mit Begleitung einer Militär-musikkapelle respondirte. Zum Schlusse ließ sich der Cardinal von der Bauleitung die soeben durch die kaiserliche Gnade Ausgezeichneten vorstellen. Es hatten nämlich um neun Uhr Früh der erste Zeichner im Atelier Ferstels, H. Kirmel und Bildhauer A. Kesler das goldene Verdienstkreuz mit der Krone, der Steinmetz-Hauptpolier Hr. Ellschka, der Steinmetzpolier Wilh. Eichele das goldene Verdienstkreuz und der Zimmerpolier A. Mößinger das silberne Verdienstkreuz mit der Krone erhalten. Architekt Ferstel war bereits im Jahre 1862 mit dem Franz Joseph-Orden und 1867 mit dem Orden der eisernen Krone III. Classe ausgezeichnet und in Folge dessen in den Ritterstand erhoben worden. Im Jahre 1866 ist er als Professor der Baukunst an das Wiener Polytechnikum berufen worden und im Jahre 1871 ward ihm auch der Oberbaurathstitel verliehen.

Die vorzeitige Vollendung der Thürme war ein kühner Protest des Baukünstlers gegen die wohlgemeinten Rathschläge, nach aller Eile Chor und Schiff der Kirche nur rasch unter Dach zu bringen, um sie dem Gottesdienste zu übergeben, und zugleich die deutlichste Widerlegung jener Zweifler, welche sich und Andere damit zu trösten wußten, daß ja nach Jahrhunderten noch Einer kommen werde, um die Thürme fertig zu machen. Gerechtfertigt freilich waren jene Rathschläge und Zweifel durch die Stockungen, in welche der Bau, nachdem er der Fürsorge seines Stifters entbehrte, allmälig durch das Versiegen der Geldmittel zu gerathen drohte. Denn zu einer so großartigen, soliden und stilgerechten Durchführung, wie sie hier angestrebt ward, konnte der ursprünglich gesammelte Baufond allerdings nicht hinreichen. Darüber hatte man sich an höchster Stelle schon bei der Wahl des Ferstel'schen Planes und bei Genehmigung seiner Ausführung als reinen

71

Neubau keiner Entschädigung hingegeben. Bei aller Sparsamkeit und allem Opfermuthe der Betheiligten waren auch bei der Vollendung der Thürme bereits 2,805,000 Gulden für das Werk ausgegeben, und was stand noch alles bevor! Angesichts dieser Umstände wurden frühzeitig schon Verhandlungen statt über die Frage, wie die Fortsetzung des Baues zu sichern sei von dem Zeitpunkte an, mit welchem voraussichtlich die eigenen Mittel des Baufondes aufgebraucht sein würden. Der Verwaltungsrath hat diese wichtige Frage schon in einem am 24. October 1861 an das Baucomité erlassenen Berichte ausführlich erörtert. Es wurde hierin vor allem in Erwägung gezogen, ob nicht eine neuerliche Sammlung ausgeschrieben werden solle. Allein die Besorgniß, daß der Erfolg hinter der noch benöthigten Summe zurückbleiben könne, sowie das Mißliche, die traurige Erinnerung, welche die Veranlassung zu dem Votivkirchenbaue bildete, wieder erwecken zu müssen, hat den Verwaltungsrath bestimmt, von diesem Mittel, eine Vermehrung des Baufondes zu erzielen, gänzlich abzusehen. Sodann wurde in Betracht gezogen, ob nicht der niederösterreichische Religionsfond, welcher von seinem Einkommen alljährlich einen Betrag von 155,000 Gulden in Ersparung bringt, zur Deckung der für die Votivkirche erforderlichen Geldmittel herbeigezogen werden könne. Allein der Umstand, daß dieses jährliche Erparniß infolge allerhöchster Entschließung vom 31. Juli 1847 bereits auf Jahre hinaus zum Baue der Kirche auf den Weyringer'schen Gründen auf der Wieden, und nach Vollendung derselben zum Neubau der Kirche in Heindorf nächst Wien in Anspruch genommen war, nöthigte auf einen Geldzufluß von dieser Seite ebenfalls zu verzichten. Auch der Commune Wien wurde gedacht, und zwar deshalb, weil zunächst sie aus dem monumentalen Werke den größten Vortheil zieht, indem es der Stadt zur Zierde, der Bevölkerung aber zur Befriedigung ihrer religiösen Bedürfnisse dient. Aber auch von ihr wurde in Erwägung, daß ja die Votivkirche einen Act der Pietät des ganzen Kaiserhauses repräsentirt und die Gemeinde Wien sich daher zu einer so ausnahmsweisen Betheiligung, wie sie die Deckung der abgängigen Baukosten erheischte, kaum berufen fühlen konnte, Umgang genommen. Hatte doch die Stadtgemeinde ohnedies auf die Verfolgung einer zwischen ihr und dem Stadterweiterungsfonde strittigen Forderung von 150,000 Gulden verzichtet und im gemeinsamen Einvernehmen diese Summe, wie bereits erwähnt, großmüthig dem Ausbaue der Votivkirchenthürme angewendet.

Aus allen diesen Schwierigkeiten ergab sich schließlich ein Ausweg durch einen Umstand, der anfangs in gar keinem Zusammenhange mit der Beschaffung der Baumittel zu stehen schien. Ferstel hatte nämlich längst schon geltend gemacht, daß die Votivkirche auf dem großen freien Platze, auf dem sie erbaut ist, füglich nicht ohne eine passende, ihre Größenverhältnisse in noch günstigeres Licht stellende Umrahmung von Gebäuden bleiben könne. Indem nun Ferstel diesem Gedanken gleich in einer entsprechenden Zeichnung Ausdruck lieh, stellte er den Antrag, daß die um die Kirche gelegenen Gründe, welche nach dem allerhöchst genehmigten Stadterweiterungsplane in die Verbauung gar nicht einbegriffen waren, der Votivkirche überlassen, und ihr gestattet werden möge dieselben zu veräußern. Nach den angestellten Berechnungen repräsentirte das damals, im Jahre 1861 bei einem Flächenausmaße von 7213 Quadratklaftern, die Quadratklafter zu 300 Gulden angenommen, ein Capital von 2,163,900 Gulden zur Deckung ihres Baufondes. Da aber mit der Hintangabe dieser Gründe bei dem Umstande, als auf denselben derzeit die Bau- und Steinmetzhütten des Votivkirchenbaues errichtet waren, nicht sofort vorgegangen werden konnte, so wurde gleichzeitig an das Baucomité die Bitte gestellt, die Unterstützung des Staatsministeriums in dieser Angelegenheit dahin in Anspruch zu nehmen, daß dieses letztere die zum Votivkirchenbau nach Erschöpfung seiner eigenen Mittel weiter erforderlichen Geldsummen vorschußweise und gegen Schadloshaltung aus dem Erlöse der der Votivkirche zu überlassenden Gründe aus dem Stadterweiterungsfonde vorstrecke. Das Baucomité, der Bitte des Verwaltungsrathes entsprechend, wendete sich beim Staatsministerium in dieser Richtung und dieses wieder erstattete einen unterthänigsten Vortrag über die Sache an Seine Majestät den Kaiser. Darauf erfloß die allerhöchste Entschließung vom 10. December 1865, nach welcher einstweilen in den Jahren 1864 und 1865 alljährlich der Betrag von 150,000 Gulden zur Fortsetzung des Votivkirchenbaues aus dem Wiener Stadterweiterungsfonde verabfolgt werden durfte. Diese Ermächtigung wurde infolge allerhöchster Entschließung auch auf das Jahr 1866 ausgedehnt und für dasselbe dem Kirchenbaue aus dem Stadterweiterungsfonde ein Betrag

von 1.200,000 Gulden be-
willigt, welcher durch die
von der Stadtgemeinde
künftig gewidmete erste Rate
von 30,000 Gulden des
dem Ausbau der Thürme
gewidmeten Geschenkes sich
somit wieder auf jene Gau-
summe erhöhte, welche in

den Jahren 1864 und 1865 zur Fortsetzung des Baues gedient hatte.

Neue Vorschläge der Bauleitung, des Verwaltungsrathes und Baucomités, und neue Unterhandlungen der Behörden folgten nun wieder und führten zu dem Ziele, daß Seine Majestät mit allerhöchster Entschließung vom 11. Jänner 1867 zu genehmigen geruhte, die zur Fortführung des Baues der Votivkirche in den nächsten Jahren erforderlichen Geldmittel sollten in der Weise beschafft werden, daß aus dem Staatsschatze durch sechs Jahre ein Beitrag von Einhundert Tausend Gulden vorbehaltlich der künftigen verfassungsmäßigen Behandlung bei Feststellung des Budgets, und aus dem niederöster-reichischen Religionsfonde ein Beitrag von fünfzehn Tausend Gulden ebenfalls durch sechs Jahre, endlich aus dem Stadterweiterungsfonde vorläufig nur für Ein Jahr der Beitrag von zwanzig Tausend Gulden geleistet werde, was im Vereine mit den eigenen Einkünften des Baufondes und unter Verwendung des noch durch vier Jahre gültigen Beitrages der Commune Wien zusammen eine jährliche Bausumme von 165,000 Gulden ergab. Unter dem Eindrucke des tragischen Endes, welches der verewigte Stifter der Votivkirche in jenem Jahre nahm, war es doch ein Trostgedanke, die Weiter-führung seines Werkes so gesichert zu sehen.

Je mehr der Bau seiner Vollendung entgegenging, desto dringender wurden die Fragen nach Herstellung des Bilderschmuckes und der inneren Ausstattung. Vor allem hätte die Ausführung der Figuren und sonstigen Sculpturen der Außenseite mit dem Fortschreiten des Baues stets gleichen Schritt halten müssen, was nicht immer zu erreichen war.

Die Bauleitung hatte nicht verabsäumt, schon frühzeitig die Aufmerksamkeit des Baucomités darauf hinzulenken. Die erste Anregung der Sache datirt bereits aus dem Jahre 1867, als es

sich um die Herstellung
von Modellen für die an
der Kirche anzubringen-
den Wasserspeier handelte.
Es wurden damals aber
die zweckmäßigste Art, in
welcher der Figurenschmuck
ausgeführt werden solle, die

Gutachten anerkannter Fachmänner, wie der Bildhauer Schönthaler und Hanns Gasser, insbesondere aber der Akademie der bildenden Künste eingeholt.

Während die beiden Ersteren in ihren Aeußerungen sich dahin aussprachen, daß zur Herstellung der an der Kirche erforderlichen Bildhauerarbeiten die möglichst freie Concurrenz der auf diesem Gebiete tüchtigsten Künstler Wiens eröffnet werden solle und dabei von einem bestimmenden Einflusse der Bauleitung gänzlich ablohen, ja denselben sogar perhorrescirten, indem nach ihrer Anschauung das Hauptmoment, auf welches es bei diesem Nationalwerke ankomme, darin liege, daß es in seiner Vollendung ein Bild der derzeitigen Gesammtentwickelung der Architektur und Plastik abgebe; hob andertheils die Akademie der bildenden Künste in ihrem Gutachten mit Nachdruck hervor, daß, wenn ein Bauwerk in Wahrheit gediegen ausfallen, in Wahrheit ein Kunstwerk werden soll, vor allem Einheit der Conception und Durchführung erforderlich und unerläßlich sei; daß derselbe künstlerische Gedanke, dem die Grundidee entsprang, auch das in ihrer vollen künstlerischen Erscheinung erforderliche Detail durchdringen, verarbeiten und ausbilden müsse. Dem Bauleiter müsse daher auch die volle Freiheit der Wahl und die Führung jener Hülfskräfte gewahrt bleiben, deren er aus dem Gebiete der anderen Künste zum Schmucke seines Werkes bedarf, und kein fremdes Element dürfe ihm hierbei aufgedrängt werden. Nur wenn der Bau als ein bis in's Detail einheitlich durchgebildetes und künstlerisch gediegenes Ganzes erscheine, werde die Votivkirche kein, was der durchlauchtigste Stifter Erzherzog Ferdinand Max in Aussicht stellte: „ein Juwel österreichischer Kunst."

Solle daher dem Unternehmen die Erreichung seines künstlerischen Zweckes in Wahrheit gesichert werden, sollen die reichen Früchte, die es für die Kunst tragen kann, wirklich reifen, so sei es vor allem nothwendig, daß dem Architekten, dessen Plan gewählt worden sei, auch die Durchbildung und Ausführung dieses Planes zur Gänze und bis in's Detail überlassen bleibe. Dieses von den Alten stets befolgte, aber darum durchaus nicht veraltete Princip sei von allen Einsichtsvollen längst als das allein richtige, als eine Hauptbedingung des Wiederaufschwunges der Architektur erkannt und bei den besten Bauten nicht nur des Mittelalters, sondern auch der neuesten Zeit überall zur Geltung gekommen.

Beim Ausbaue des Cölner Domes stehe die gesammte ornamentale und figurale Ausstattung, deren erstere den Steinmetzen, letztere hingegen einem einzigen Bildhauer übertragen sei, gänzlich unter der Leitung des Dombaumeisters, dem alle Betheiligten als Hülfskräfte untergeordnet sind, und wo man von diesem Principe, wie z. B. bei den gemalten Glasfenstern, abzuweichen sich erlaubte, seien die Nachtheile nicht ausgeblieben. Ebenso sei der Bau der Aukirche in München, einer der gelungeneren gothischen Kirchen der neueren Zeit, von dem Architekten Ohlmüller bis in's kleinste Detail und in der Art geleitet worden, daß er die Zeichnungen zu den Altären und allen Einrichtungsstücken bis zu den Thürbeschlägen und Paramenten herab lieferte und auch der Bildhauer Schönlaub die erforderlichen figuralen Sculpturen lediglich nach seinen Angaben und unter seiner Ueberwachung ausführte. Ganz derselbe Vorgang sei auch bei den übrigen monumentalen Bauten in München, bei dem Bau des neuen Museums in Berlin, beim Bau des Theaters und der neuen Gemäldegalerie in Dresden und ebenso auch bei jenem der neuen Parlamentshäuser in London befolgt worden. Eine einheitliche Bauleitung sei aber in unserer Zeit bei jedem in einem bestimmten Stile angelegten Baue in noch viel höherem Grade nothwendig, als sie es im Mittelalter war, weil unserer Zeit ein bestimmtes Stilgefühl, wie es in früheren Perioden alle Künstler und das gesammte Publikum mehr oder minder durchdrang, gänzlich abgeht und die Schwesterkünste der Architektur sich längst nicht mehr bescheiden wollen, den Forderungen dieser letzteren auch nur dort sich unterzuordnen, wo es sich keineswegs um selbständige Werke der Bildhauerei, sondern nur um den Schmuck und die Decoration eines Bauwerkes handelt.

In der Ueberzeugung, daß der ganze Bau nur durch einen einheitlichen Gedanken geleitet werden solle und müsse, und in der Hoffnung, hierdurch vielleicht zu dessen ausnahmsloser Anerkennung beizutragen, habe die k. k. Akademie der bildenden Künste zwar auch zur Herstellung eines Altares durch die Kräfte und auf Kosten der sämmtlichen Professoren sich erboten, dieses Anerbieten aber ausdrücklich an die Bedingung geknüpft, daß sie sich der Leitung des Architekten des Votivkirchenbaues fügen wolle, nur hierdurch, obschon sie jeder künstlerischen Aufgabe vollkommen gewachsene Künstler

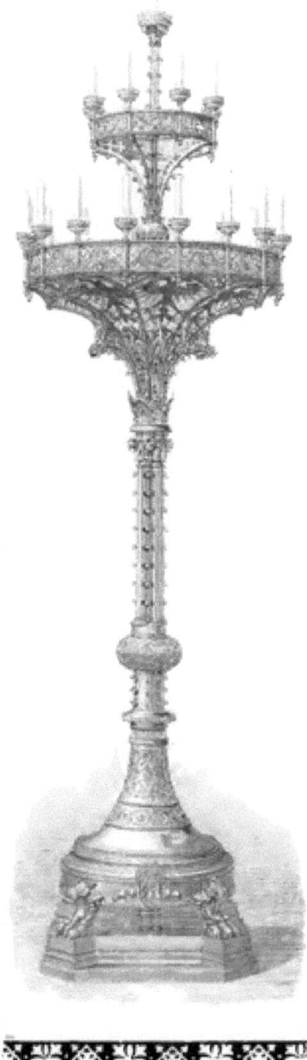

schließlich auch mit einigen wenigen, ganz unwesentlichen Abweichungen zur Ausführung kam. Hestel ist dabei von den Grundsätzen ausgegangen, daß diese statuarische Zierde einzelne kirchliche Glaubenssätze dem Auge des Beschauers näher legen und durch Gruppen von bekannten Heiligengestalten erläutern solle, daß Name und Bedeutung einer jeden Statue aber nicht nur durch den Zusammenhang mit den Uebrigen erklärt, sondern auch für sich durch charakteristische Darstellung, durch allgemein verständliche Attribute oder durch eindringende Spruchbänder mit Legenden genügend gekennzeichnet werden solle, daß endlich die Plastiker die ihnen vorgeschriebenen Bildwerke strenge in jenen Formen durchführen hätten, welche der Stil des Bauwerkes verlangt, und daß sie jenes Maß der künstlerischen Freiheit nicht überschreiten dürfen, welches der Architekt ohne Beeinträchtigung der architektonischen Gesammtwirkung gestatten kann.

Im Jahre 1864 war nun der Bau der Kirche so weit vorgeschritten, daß an die Versetzung des Hauptgiebels an der Hauptfacade gegangen werden konnte. Da der an diesem Theile anzubringende Figurenschmuck sich billiger stellte, wenn die nun Gang benützten Gerüste belassen und gleich auch zur Aufstellung der für diesen Theil bestimmten siebzehn Statuen und der die Krönung Mariens darstellenden Giebelverzierung verwendet würden, so drängte die Bauleitung das Baucomité, wenigstens über den ebenerwähnten Theil der bildlichen Ausschmückung einen Entschluß zu fassen und bekannt zu geben. Das Comité beschloß denn in seiner Sitzung vom 17. December 1864, sechs von den obigen Statuen von bewährten Künstlern und sechs nach den Modellen bewährter Künstler von den Arbeitern der Bauhütte ausführen zu lassen, und nach dem Erfolge dieser Probearbeiten die weiteren Verfügungen zu treffen. Als jedoch in einer späteren Sitzung vom 19. December 1864 das Comité die Nothwendigkeit von Ersparnissen beim Bane betonte, erschien es dem Cardinal Fürsterzbischof als Vorsitzenden des Comités zweckmäßig, mit einem Erlasse vom 24. December 1864 die Ausführung des in der Sitzung vom 17. gefaßten Beschlusses vorderhand zu verlagen, obwohl er nicht verkannte, ja ausdrücklich hervorhob, daß, wenn zur Aufstellung der Statuen am Giebel nicht das alte Gerüst benützt, sondern ein neues aufgestellt werden müßte, hieraus für den Baufond beträchtliche Kosten erwachsen würden.

Da nun diese Nothwendigkeit eines neuen Gerüstes durch den Umstand, daß das alte bereits gegen fünf Jahre stand und daher bei Preisgebung an alle Unbilden der Witterung voraussichtlich wohl nur mehr eine kurze Bestandfähigkeit haben konnte, immer näher rückte, war es dringend geboten, die Frage der figuralen Ausschmückung des Hauptgiebels auf's Neue anzuregen. Der Verwaltungsrath erstattete darüber Berichte am 12. März und am 28. November 1865, in denen die namhaften Auslagen, die bei einer weiteren Verschiebung der Ausführung der Statuen für den Fond erwachsen müßten, eindringlich auseinander gelegt wurden, und bei insbesondere, daß nicht blos die Ausführung jener zwölf Statuen, auf welche der Beschluß vom 17. December 1864 lautete, sondern aller nun zum Schmucke des Giebels bestimmten siebzehn Figuren, so wie des Reliefs der Krönung Mariens gestattet werden möge, weil, wenn sich die Ermächtigung nicht auf alle eben gedachten Werke ausdehnte, die Schwierigkeit und die Gefahr der vermehrten Kosten ganz die gleiche bliebe, indem dann die so nach und mit Recht gescheute Auslage für ein neues Gerüste in dem Falle doch gemacht werden müßte, um die nun ausgeführt verbliebenen fünf Statuen und das Relief der Krönung Mariens auf den für sie bestimmten Plätzen aufzustellen.

Diese Berichte an das Baucomité erhuhren nur eine vorläufige und theilweise Erledigung durch das Schreiben Seiner Eminenz des Fürsterzbischofes Cardinal Rauscher vom 25. Mai 1866, in welchem aufgetragen wurde, von den für die Vorderseite der Votivkirche bestimmten Statuen sechs nach den Modellen bewährter Künstler von den Arbeitern der Bauhütte ausführen zu lassen, und gleichzeitig mitgetheilt wurde, daß für den Anfang die Standbilder der Heiligen Stephanus, Florian, Georg, Heinrich, Agnes und Cäcilia gewählt worden seien. Die Ausführung dieser Modelle ward folgenden Künstlern anvertraut: Professor Gasser und den Bildhauern Lewy, Fesler, Dietrich und Erler. Der Erfolg dieser Probearbeit sollte für die weiteren Verfügungen eine feste Grundlage bieten. Der Gang dieser Angelegenheit diene als Beispiel für die Art, wie solche rein künstlerische Fragen von den höheren Instanzen der Bauleitung behandelt wurden, seitdem der hohe Stifter Erzherzog Ferdinand Max nicht mehr da war, um ein entscheidendes Wort in die endlos schwankende Wagschale zu werfen.

Inzwischen war die Bauhütte auf dem Gebiete der Plastik nicht müßig gewesen und so auf die neuen Aufgaben entsprechend vorbereitet. Die ornamentalen Bildhauerarbeiten an der Votivkirche waren durchweg von den eigenen Steinmetzen der Bauhütte ausgeführt. Schon bei der Anfertigung des Modelles hatten einige derselben Gelegenheit, sich in der Ornamentik zu üben. Der Hauptpolier Elfsohn, die sämmtlichen Vicepoliere und einige Steinmetze hatten bereits früher in Cramers Werkstätte gelernt, gothisches Zierwerk selbst in Stein auszuarbeiten, während

dergleichen bei uns sonst nur von Bildhauern geübt worden war. Der Steinmetz ist nun nicht nur eine billigere Arbeitskraft, sondern auch insoferne eine passendere, als er sich consequenter der richtigen Technik befleißt und bei seinen geringeren künstlerischen Ansprüchen in der Regel stilvoller arbeitet. Es wurde daher beschlossen, den sämmtlichen ornamentalen Schmuck nicht durch Bildhauer, sondern durch die eigenen Steinmetze ausführen zu lassen, was auch den Ehrgeiz dieser Leute ungemein erhöhte. Zu diesem Zwecke wurde an den Winterabenden in der Werkstätte eine Schule gehalten, in welcher die Poliere den Gesellen und Lehrlingen Unterricht im Modelliren ertheilten. Bald waren die Leute so gut geschult, daß auch sämmtliche Modelle für das Zierwerk von ihnen selbst ausgeführt werden konnten.

Als es schließlich an die Figuren kam, hatte die Bauhütte eine Schaar von Bandititen, die im Stande waren, auch die Mehrzahl der Figuren auszuführen mit theilweise ganz unerheblicher Nachhülfe jener Bildhauer, welche die Modelle dafür angefertigt hatten. Nur ein geringer Theil des figürlichen Schmuckes ist in den Ateliers der betreffenden Künstler ausgeführt worden. Vielmehr rekrutirten später die Werkstätten unserer ersten Bildhauer ihre Hülfskräfte aus der Werkstätte der Votivkirche. Die

große Zahl der Modelle, welche zum Behufe der Ausführung in Stein angefertigt worden waren, ergab ein schätzbares Lehrmateriale; es wurde bei der Auflassung der Bauhütte den beiden Ministerien, denen die Zeichen- und Gewerbeschulen unterstehen, angeboten. Das Unterrichtsministerium hat in der That die sämmtlichen ornamentalen

Modelle übernommen und dieselben dem österreichischen Museum behufs Vervielfältigung und Verbreitung in verschiedenen Schulen zur Verfügung gestellt.

Auf eine harte Probe ward die künstlerische Ueberzeugungstreue und die Geduld der Bauleitung noch in dem Kampfe um die innere Ausstattung gestellt. Bei dem damaligen Stande des kunstgeschichtlichen Wissens im Allgemeinen hatte wohl bei Beginn des Votivkirchenbaues niemand, und nicht einmal der Architekt, eine positive Vorstellung von einer so vielumstrittenen und schwer zu ergründenden Sache, wie es die allgerechte Inneneinrichtung einer gothischen Kirche ist. Wie verworren darüber die Anschauungen im Publicum waren, zeigte eine Reihe von Spenden zur inneren Ausstattung der zu erbauenden Kirche, welche gleich nach dem Aufrufe des erzherzoglichen Stifters im März und April 1854 — zum Glück meist nur erst angeboten wurden. So erfreulich die eifrige Theilnahme aller Berufsclassen und namentlich der Künstler und Gewerbsleute an einem gerade für so nahe angehenden Unternehmen sein mußte, so hatte doch Eduard Melly in seinen ersten damals veröffentlichten „gothischen Briefe" das Recht zu bemerken, daß „viele dieser Anerbietungen den bedauerlichen Beweis liefern, wie wenig auch die schlichteste kunsthistorische Bildung, die Grundlage aller gesunden künstlerischen Production, in den Köpfen selbst von Künstlern von Ruf, noch dem Kunstsleeren, Platz gegriffen hat. Oder wie anders soll man es bezeichnen, wenn Maler, deren ganze Richtung ebenso wie ihre Darstellungsweise und ihre Technik, moderner Auffassung, wenn auch in ausgezeichneter Weise, durch und durch angehört, sich zur Gestaltung von Altarbildern in einer gothischen Kirche erbieten, nicht wissend oder total verkennend, daß, wie irgend, und mehr als irgend ein Kunststil gerade die Gothik die consequenteste Einheit des Einzelnen zum Ganzen, die strengste wechselseitige Verhältnißmäßigkeit des gesammten Gantzhalles gebieterisch fordere.

Auch in den Kreisen des leitenden Comités wurde man dieser Erscheinung gegenüber sogleich bedenklich. Schon am 5. April erschien in der Wiener Zeitung zur Aufklärung des Publicums ein von Dr. Perthaler als Secretär jenes Comités gezeichneter Erlaß vom 5. März 1855, in welchem angekündigt wurde, daß Seine kaiserliche Hoheit der Erzherzog Ferdinand Max zur Prüfung der seinen Kirchenbau betreffenden artistischen Fragen aus Künstlern und sonstigen Sachverständigen ein „Kunstcomité" berufen habe, und welcher unter anderen folgende klare Bestimmung enthält: „1. Um den Einklang der inneren Ausschmückung und der gesammten Einrichtung der Kirche mit der Bauart derselben zu sichern, können Widmungen von was immer für Arbeiten und Einrichtungsgegenständen für die Kirche vorläufig nur mit dem Vorbehalte angenommen werden, daß seiner Zeit die Bauleitung zu entscheiden haben werde, unter welchen Modalitäten dieselben benützt werden können."

So erwünscht dieser allgemeine Anspruch war, so schwierig war es doch, sich denselben immer gegenwärtig zu halten und in jedem besonderen Falle nach demselben Grundsatze zu verfahren. Einflüsse und Ueberzeugungen mannigfacher Art kreuzten sich und brachten es dahin, daß gerade in Bezug auf den Hauptgegenstand der inneren Einrichtung der Votivkirche, nämlich in Bezug auf den Hochaltar, von diesem löblichen Grundsatze abgewichen wurde. Dasselbe Comité, welches noch vor der Concursausschreibung den Einfluß der Bauleitung auf die innere Einrichtung der Kirche so richtig definirt hatte, schloß doch am 19. August 1857 ohne Wissen des preisgekrönten Architekten einen bindenden Vertrag über die Herstellung des Hochaltares mit einem Würzburger Bildhauer, Namens Andreas Halbig, welcher — wenigstens in München — als zu dieser Gattung gothischer Sculptur für ganz besonders berufen angesehen wurde. Diesem vom Cardinal Fürsterzbischof von Rauscher unterzeichneten und vom Erzherzog-Stifter genehmigten Vertrage zufolge verpflichtete sich Andreas Halbig, „den fraglichen Altar genau nach der angeschlossenen Zeichnung aus ganz schönem Margarethensteine erster Classe, wie er auch zur Restaurirung des St. Stephansdomes verwendet wird, anzufertigen;" er sollte nach vier Jahren vollendet sein. „Die Entschädigung des Herrn Professors Halbig" ward auf die ansehnliche Summe von 70,000 Gulden C. M. festgesetzt. Er siedelte nach Penzing bei Wien über, wo er den Auftrag ausführte und wo er auch begraben liegt. Für seinen schon im Vertrage vorgesehenen Todesfall war sein Bruder Professor Johann Halbig in München den Stipulationen desselben beigetreten.

Halbigs Hochaltar ist ein schlanker, thurmartiger Aufbau aus weißem Stein nach dem Muster jener spätgothischen Weihbrotgehäuse, welche Adam Kraft am Ende des XV. Jahrhundertes in den Kirchen von Nürnberg bei St. Lorenz, von Schwabach, Heilsbronn, Fürth und anderwärts aufgestellt hat. Diese Sacramentshäuschen erscheinen stets in einem Seitenraume der Kirche an einen Pfeiler oder eine Wand des Schiffes angelehnt. Daß ihre Form auch für Altäre, und zwar für im Chore freistehende Altäre angewendet worden wäre, ist mindestens nicht erwiesen. Nach Halbigs Zeichnung hätte sein Altar die Höhe von 44 Schuh erreichen sollen; als sich derselbe aber seiner Vollendung nahte, stellte sich heraus, daß der Bildhauer noch ein Uebriges gethan und den Bau bis auf ganze 74 Schuh erhöht hatte. Da nun die Höhe des Hauptschiffes der Votivkirche blos 33 Schuh beträgt, hätte dieser Altar bei der allein möglichen frontalen Ansicht nothwendig immer den Anschein gehabt, die Wölbung der Kirche zu berühren. Die Verlegenheiten wuchsen, als der Riesenaltar fertig und zur Aufstellung bereit war. Die Wittwe Halbigs bestand auf ihrem Schein und sie konnte das, denn der Altar war ganz aus schönem weißen Stein und nach allen Regeln der Kunst und des Contractes ausgeführt. Sie verlangte den noch ausstehenden Rest der „Entschädigung" ihres verstorbenen Gatten und die Uebernahme des Werkes. Nun war aber der Chor der Votivkirche noch nicht so weit vollendet, um etwa auch im Widerspruche gegen den Willen des Architekten diesen Hochbau in sich aufzunehmen, und schwerlich fand sich irgendwo ein anderer Raum, wo man der Baubehörde eine beständige Aufschauung davon hätte bieten können. Es blieb also nichts anderes übrig als die symbolische Uebernahme des Altares in seinen Gewandtheilen. Dazu erfolgt denn auch die Bauleitung den gewissenen Auftrag, und sie ward unter Assistenz eines Notars am 1. Mai 1870 durch den Rechnungsrath Faggl vollzogen.

Noch eine wichtige Frage, welche sowohl mit jener der Baukosten wie mit der des Halbig'schen Altares im innigsten Zusammenhange stand, harrte der Erledigung, die Frage nämlich nach der Polychromie des Kircheninneren. Wenn man sich des großen Streites erinnert, der noch in unseren Tagen von den ersten Künstlern und Gelehrten um die Vielfarbigkeit der Architektur geführt wurde, und wenn man bedenkt, wie verhältnißmäßig jung der Triumph der von Semper, Hittorf und Viollet-le-Duc verfochtenen Anschauungen ist, wird man es begreiflich finden, daß die Meinungen bei uns vor mehreren Jahren in diesem Punkte noch sehr getheilt waren. Für die Farblosigkeit fielen überdies zwei allerwärts sehr mächtige Factoren in's Gewicht, die Bequemlichkeit und die Wohlfeilheit. Anderer Meinung aber war ein Comité, welches im August des Jahres 1873 auf Ersuchen des Architekten zur Verstärkung des früheren Verwaltungsrathes eingesetzt und aufgefordert wurde, ein Programm für die Grundsätze zu entwerfen, nach welchen bei der Innendecoration der Votivkirche vorgegangen werden sollte. Dieses Executivcomité bestand aus den Herren Hofräthen R. von Eitelberger und J. v. Metzinger, dem Domherrn F. Cotscheil, den Oberbauräthen F. Schmidt und Gengmann, dem Professor A. von Führich, Bildhauer Joseph Gasser und dem Architekten der Votivkirche

Oberbaurath von Ferstel und tagte unter dem Vorsitze des Statthalters Freiherrn Conrad von Eybesfeld. Zugleich entwarf im Auftrage dieses Comités die Grundzüge für den Bildercyclus im Inneren der Kirche. Unbekümmert aber um die Meinungen dieses Gesamtrathes faßte das hohe Gaucomité der Votivkirche am 27. December 1874 den Beschluß, „es dürfe in der Votivkirche keine Polychromie Raum finden, und an deren Stelle sei eine einfache Verputzung und Ausgleichung der Gewölbe, Pfeiler und Wände im Inneren der Kirche zu setzen." Eitelberger war gegen diese Auffassung und machte geltend, daß unter Fachleuten wohl eine Meinungsverschiedenheit über das Maß und die Art der Polychromie bestehen könne, nicht aber über die Verwerflichkeit des selbst bei Innendecoration von Privaträumen nirgends mehr geduldeten nackten Verputzes. Damit begnügte sich Eitelberger nicht, vielmehr bestellte er sich, hohen und allerhöchsten Ortes persönlich für die polychrome Ausstattung der Kirche einzutreten, ein Gemühen, welches von dem besten Erfolge begleitet war.

Hier wären wir mit der Gaugeschichte bereits in einer Zeit angelangt, wo die rein formale und bureaukratische Behandlung der Angelegenheiten überhaupt ihr Ende längst erreicht hatte, nämlich unter dem Protectorate Seiner kaiserlichen Hoheit des durchlauchtigsten Herrn Erzherzogs Carl Ludwig. Die Einsetzung desselben durch allerhöchstes Handschreiben vom 15. März 1872 (Anhang XIII) gab dem Gaue einen neuen Gauherrn, dessen derselbe seit der Abreise seines Stifters im Jahre 1861 entbehrt hatte. Die Behandlung der Geschäfte nahm nun wieder jenen geraden, auf vertrauensvolles Entgegenkommen berechneten Weg, der in der ersten Zeit des Gaues und während der Anwesenheit des Erzherzogs Ferdinand Max in Wien stets zum guten Ziele geführt hatte. Erzherzog Carl Ludwig hatte schon als Jüngling in den Vorbereitungs-Stadien des Gaues zuweilen den Gründer vertreten und später begleitete er die Weiterführung des Werkes mit immer steigender Theilnahme. Als vollends nach dem Hinscheiden des Stifters, welchem er mit inniger, ja schwärmerischer Bruderliebe zugethan war, der Votivkirchenbau das einzige lebendige und des Schutzes bedürftige Vermächtniß bildete, das derselbe im Vaterlande zurückgelassen hatte, ward ihm die Fürsorge für das Werk zur eigensten Herzenssache. Die Uebertragung des Protectorates über den Kirchenbau kam daher nur seinen heißen Wünschen entgegen und er waltete des Amtes fortan mit einer alles Andere hintansetzenden Hingebung. Kräftige Unterstützung fand Seine kaiserliche Hoheit bei dem Gaucomité, das schließlich von folgenden Würdenträgern gebildet wurde: vom Cardinal Fürsterzbischof A. Cussöker, von den Ministern Dr. Stremayr, Freiherrn de Pretis und Grafen Taaffe, vom Statthalter Freiherrn Conrad von Eybesfeld, vom Bürgermeister Dr. v. Newald und vom Freiherrn von Seiller, welcher seit Beginn des Gaues auch neben und gleich seinen Nachfolgern Felinka und Felder stets ein verdienstvolles Mitglied sowohl des Gaucomités wie des Verwaltungsrathes geblieben ist.

Kraft des so überaus wohlwollenden persönlichen Eingreifens des Erzherzog-Protectors in alle Angelegenheiten und mittelst seiner mächtigen Fürsprache bei Seiner Majestät dem Kaiser fanden nun alle noch obschwebenden Fragen rasch ihre gedeihliche Lösung. Die Votivkirche wurde von der ihr so lange drohenden Verunstaltung durch den Galbig'schen Altar befreit, indem der Protector ein allerhöchstes Handschreiben vom 25. April 1879 erwirkte, durch welches der Altar der Augustinerkirche in Wien zugesprochen wurde, wo er auch aufgestellt ist und in der sonstigen Inneneinrichtung ganz wohl paßt. (Anhang XIII.) Die zur Vollendung der Kirche noch erforderlichen Geldmittel wurden durch allerhöchste Entschließung von demselben Datum bewilligt durch Anweisung einer halben Million Gulden aus dem Stadterweiterungsfonde. Der umsichtige Verwalter dieses Fondes, Sectionschef F. von Matzinger, übernahm hiermit zugleich die Fürsorge für die Gaucasse. Darnach beläuft sich die Summe, welche die Herstellung des ganzen Gaues sammt seiner Einrichtung gekostet haben wird, auf 1.035.516 Gulden. Eine tabellarische Zusammenstellung der Eingänge und der Ausgaben nach den verschiedenen Rubriken im Anhange XIV gibt über die Verwendung der Capitalien genaue Auskunft. Endlich fand auch die Frage der polychromen Ausstattung des Kircheninneren ihre Erledigung im Sinne des Architekten und seiner Gevatter. Der Erzherzog-Protector ging selbst in der Spendung reicher Geldmittel zu diesem Zwecke mit gutem Beispiele voran und ließ es sich angelegen sein, daß dasselbe in allen Kreisen Nachfolge fand. Insbesondere waren das Jubiläum des fünfundzwanzigjährigen Regierungsantrittes Seiner Majestät

96

und die Feier von allerhöchstdessen silberner Hochzeit erfreuliche Anlässe zu Stiftungen für den Schmuck der Votivkirche. Ein Verzeichniß der Spender und ihrer Widmungen, soweit dieselben nicht auch schon in unserem Texte namhaft gemacht wurden, folgt im Anhange XV.

Was bei dem Aufhören aller Schwierigkeiten, aller Irrungen und Kämpfe etwa noch zu erzählen wäre, das berichtet am besten die Beschreibung des vollendeten Werkes, an deren Spitze daher der Name des Erzherzogs Carl Ludwig eben so folgerichtig gesetzt wurde, wie hier an das Ende der Gangesschichte. Mit dem gehobenen Gefühle, welches in diesem Leben Jedermann nur aus dem Gelingen eines redlichen Strebens erblüht, kann der bisherige Protector am Vorabende der Einweihung des neuen Gotteshauses am 23. April dieses Jahres die Schlüssel der vollendeten Votivkirche an den Cardinal Fürsterzbischof, ihren neuen Oberherrn übergeben und von dem Statthalter von Niederösterreich Freiherrn Conrad v. Eybesfeld, der ihm in den letzten Stadien des Ausbaues getreulich zur Seite stand, die auf die Vollendung des Werkes geprägte Medaille von Carl Radnitzky entgegennehmen. Und mit demselben gehobenen Gefühle und voll freudiger Genugthuung mag der hohe Herr an dem darauf folgenden Festtage, wenn das allerhöchste Kaiserpaar die eben geweihte Votivkirche betritt um darin die erste Messe zu hören, Seiner Majestät diese Denkschrift als eine Art Rechenschaftsbericht nach wohlgethaner Arbeit überreichen. Der Inhalt dieser Schrift erscheint dann noch einmal in wenige Worte zusammengefaßt auf den beiden Denksteinen, welche an jenem Tage in der Vorhalle der Kirche unter den Fensterbänken einander gegenüber eingelassen werden und welche das Andenken der Stiftung und der Vollendung zu verewigen bestimmt sind. Die Aufschriften der beiden Steintafeln lauten:

Am 24. April 1856

begann zum Zeugniß der Dankbarkeit für die Rettung unseres Kaisers Franz Josef I. aus drohender Lebensgefahr der Bau dieses vom Erzherzoge Ferdinand Maximilian dem Bruder des Kaisers unter Theilnahme aller Völker Oesterreichs gestifteten Gotteshauses mit der Grundsteinlegung durch den Cardinal Fürsterzbischof Josef Othmar Ritter von Rauscher nach dem Plane des Architekten Heinrich Ferstel.

Am 24. April 1879

ward zur Feier der silbernen Hochzeit Ihrer Majestäten des Kaisers Franz Josef I. und der Kaiserin Elisabeth das unter dem Protectorate des Erzherzoges Carl Ludwig Bruders des Kaisers von Heinrich Ritter von Ferstel mit Hülfe des Werkmeisters Josef Brauner vollendete Gotteshaus vom Cardinal Fürsterzbischof Johann Kutschker eingeweiht. Gott beschütze sein Haus wie er unseren Kaiser beschützt hat!

VI. Bestimmung der Votivkirche.

So alt wie der Gedanke der Erbauung der Votivkirche, so alt ist beinahe auch die Frage nach ihrer Bestimmung. Gleich nachdem der Erzherzog Ferdinand Max seinen Aufruf erlassen hatte, wurde die Frage angeworfen und seither ward dieselbe immer wieder in den verschiedensten Kreisen ventilirt.

Schon in einer der ersten Sitzungen des leitenden Comités und nachmaligen Bancomités, am 25. März 1855, welcher in Abwesenheit des Stifters bereits Seine kaiserliche Hoheit Erzherzog Carl Ludwig präsidirte, stellte der damalige Statthalter von Niederösterreich den Antrag, bei Seiner Majestät anzuhalten, daß die zu erbauende Kirche künftig die Bestimmung als Garnisonkirche erhalten sollte. Auf diesen als gar zu verfrüht erscheinenden Antrag wurde damals nicht eingegangen. Der Gedanke trat aber wieder in den Vordergrund, nachdem seit 22. December 1861 das der augsburgischen und helvetischen Confession angehörende Militär in Wien durch die Gnade Seiner Majestät eine eigene Garnisonkirche erhalten hatte, welche den Namen der protestantischen führt. Dies mußte in katholischen Militärkreisen den Wunsch rege machen, auch für die, ja weil überwiegende Mehrheit der Garnison, welche katholischen Glaubensbekenntnisses ist, ebenfalls ein eigenes Gotteshaus zu besitzen, ein Bedürfniß, das sich ohnedies schon längst fühlbar gemacht hatte. Der Feldgeistliche war immer auf die erste beste Civilkirche angewiesen und mußte sich wegen Abhaltung der Fastenpredigten oder wegen Hörung der österlichen Beichte mit dem betreffenden Pfarrer in's Einvernehmen setzen. Zu demselben Auskunftsmittel muß auch der Feldbischof greifen, wenn er das Sacrament der Firmung spenden will. Und wenn am Tage des Geburtsfestes

Seiner Majestät durch Ungunst der Witterung die Abhaltung des üblichen Feldgottesdienstes vereitelt wird, so muß man sich in Ermangelung einer eigenen katholischen Garnisonkirche mit der unscheinbaren Capelle oder dem Hofe einer Caserne begnügen.

Unter diesen Umständen ist es begreiflich, daß sich die Blicke der Armee verlangend nach einem durch die Veranlassung zu seiner Stiftung, wie durch die Art seiner Ausführung so bedeutungsvollen Gandenkmale richteten, wie es die Votivkirche war und zu werden versprach. Zum Dolmetsch dieser Wünsche machte sich der damalige erste General-Adjutant und jetzige Oberstkämmerer Seiner Majestät des Kaisers, Seine Excellenz Graf Franz Folliot de Crenneville, indem er am 10. September 1862 in diesem Sinne einen eingehenden Vortrag an den höchsten Bauherrn Erzherzog Ferdinand Max richtete mit der Bitte um dessen Erlaubniß und Zustimmung zu einem dahin zielenden Antrage bei Seiner Majestät selbst. Darauf richtete Erzherzog Ferdinand Max ein Schreiben aus Miramare vom 16. September 1862 an Seine Eminenz den Cardinal v. Rauscher als den damaligen factischen Leiter des Baues und zugleich als den Diöcesanbischof, „dem es vor allem zukomme, in dieser Sache etwas zu verfügen, in der Ueberzeugung, daß Seine Eminenz alles, was Ehre, Pflicht und Patriotismus erlauben und was Klugheit und Billigkeit anrathen, in diesem Falle am besten zu beurtheilen im Stande sei." Auf den desfalls an Seine Majestät erstatteten unterthänigsten Vortrag erfolgten dann kaiserliche Handschreiben an den Cardinal Erzbischof v. Rauscher (Anhang XV) und an den Kriegsminister Grafen Degenfeld aus Ischl am 15. October 1862 mit der allerhöchsten Entscheidung, daß für so lange, als vom Militär-Aerar eine eigene Garnisonkirche nicht hergestellt werden würde, die im Baue befindliche Votivkirche als diejenige bestimmt sei, welche nach ihrer dereinstigen Vollendung und Uebergabe zum gottesdienstlichen Gebrauche, unbeschadet der eventuellen Eigenschaft einer Civil-Pfarrkirche, von dem Feldclerus Wiens der Vornahme geistlicher Functionen und Abhaltung militärkirchlicher Kirchenfeierlichkeiten als Garnisonkirche zu benützen sein werde.

Daß die Votivkirche zugleich in aller Form eine Pfarrkirche werden und als solche den Mittelpunkt eines eigenen Wiener Einsprengels bilden sollte, galt nämlich seit der Durchführung der Stadterweiterung und gegenüber den wachsenden Bedürfnissen der Seelsorge immer mehr als eine stillschweigende Voraussetzung. Ueberhaupt waltete an maßgebender Stelle der Gedanke vor, das monumentale Werk nicht als ein müßiges Schaustück hinzustellen und es so der naheliegenden Gefahr der Verödung preiszugeben. Vielmehr sollten durch die möglichste Benützung der Kirche zu gottesdienstlichen Zwecken die Ideen und Gefühle, aus denen ihr Bau entsprungen ist, lebendig erhalten, die Kunstwerke, von denen sie erfüllt ist, erst recht wirksam gemacht werden. Zugleich stellt aber auch die ungemein prächtige Ausstattung des Inneren der Votivkirche erhöhte Anforderungen an die Feierlichkeit des Cultes, höhere wenigstens als sie das Ceremoniell einer gewöhnlichen Pfarrkirche zu befriedigen vermag. Es erschien daher gerathen, dem Rituale durch Erhöhung des hierarchischen Ranges der Functionäre eine reichere Entfaltung zu gewähren und es so mit jenen Anforderungen des Kirchenraumes in Einklang zu bringen.

In gerechter Würdigung aller dieser Umstände und angesichts der bevorstehenden Vollendung des Baues erstattete Seine Excellenz der Minister für Cultus und Unterricht Dr. Stremayr am 27. September 1878 einen Vortrag an Seine Majestät, demzufolge mit allerhöchster Entschließung vom 2. October desselben Jahres die Votivkirche in Wien den Rang einer Probsteikirche erhielt. (Anhang XVII.) Diese Probstei wird der Wiener Metropolitankirche dergestalt einverleibt, daß der Probst-Pfarrer der Votivkirche, dessen Ernennung sich Seine Majestät vorbehält, stets einer der ebenfalls vom Kaiser ernannten Domherren des Wiener Capitels sein soll. Der Cardinal Fürsterzbischof Kutschker ward ermächtigt und eingeladen, das Erforderliche wegen Erlangung der Zustimmung des päpstlichen Stuhles zu diesen Einrichtungen zu veranlassen. Die neue Pfarrkirche erhält drei Cooperatorstellen und wird dem Patronate des Religionsfondes unterstellt.

Gleichzeitig mit diesen Verfügungen erhielt die Votivkirche noch eine dritte Bestimmung, die gleichfalls schon längst geplant worden war; sie ward zur Universitätskirche ausersehen. Dahin zielende Wünsche waren von dem Augenblicke an rege geworden, als der Bauplatz der Kirche in die unmittelbare Nähe des zu erbauenden neuen Universitätsgebäudes gerückt worden war. Der seitdem populär gewordene Gedanke erhielt Realität durch dieselbe allerhöchste Entschließung, welche die

84

Einrichtung der Probsteipfarre vorschrieb; denn Seine Majestät gestattete im Grundsatze, daß das Vermögen der bisherigen, dem Jesuitenorden anvertrauten Universitätskirche sammt den hierbei in Frage kommenden Stiftungen an die Votivkirche übertragen werde. Der Statthalter von Niederösterreich erhielt dann unter dem 7. October 1872 den Auftrag, die Aussonderung der zur Uebertragung geeigneten Fonde und Stiftungen aus dem Vermögen der alten Universitätskirche im Einvernehmen mit dem akademischen Senate und dem Wiener Jesuitencollegium vorzubereiten und nach Einholung des Gutachtens des fürsterzbischöflichen Ordinariates die entsprechenden Anträge an das Cultusministerium zu stellen. Dabei mußte selbstverständlich im Auge behalten werden, daß die akademischen Gottesdienste erst nach dem Einzuge der Universität in ihr neues Gebäude an die Votivkirche übertragen werden können, und daß somit zwischen der Activirung der Kirche und jenem Zeitpunkte voraussichtlich noch mehrere Jahre verstreichen dürften.

Die Situation der Votivkirche zu dem neuen Universitätsgebäude ist allerdings ganz anders geworden, als sie ursprünglich geplant war. Nach dem Gedanken von Siccardsburg und Van der Nüll wäre der Bau der Universität in gothischem Stile gehalten gewesen und hätte sich fächerförmig mit stumpfen Winkeln in der Fronte hinter dem Chore der Votivkirche ausgebreitet. Auch Ferstel ward anfangs dazu verhalten, seinen Universitätsbau auf demselben Platze anzuordnen, und er hat seit 1861 verschiedene Vorschläge auf dieser Grundlage gemacht, obwohl er sich nicht verhehlte, daß ein mächtiger Höhenbau mit einheitlicher Fronte und lange fortlaufenden schweren Hauptgesimsen den zarten Contouren und Details der Votivkirche nothwendig schaden müsse. Nach seinen gleich von Anfang im Renaissancestil gedachten Entwürfen hätten die Gebäude der Universität hinter und zu beiden Seiten der Kirche einen rechteckigen, von Arcaden umsäumten Platz gebildet. Im weiteren Umfange hätten sich dann an diese Baugruppe die übrigen zur Universität gehörigen Bauten angeschlossen, von denen auch das chemische Institut jenseit der Währinger Straße auf Grund dieses Planes wirklich ausgeführt wurde.

Inzwischen mehrten sich die Gedanken gegen die Beibehaltung des unregelmäßigen und auch unzulänglichen Bauplatzes für das Hauptgebäude der Universität und führten endlich zu dem Ergebnisse, daß Seine Majestät am 11. Juni 1870 die Verbauung des benachbarten Paradeplatzes genehmigte und dem Universitätsgebäude den Eckplatz zwischen Franzensring und

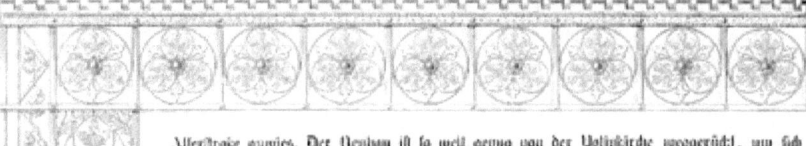

Allerstraße anwies. Der Neubau ist so weit genug von der Votivkirche weggerückt, um sich unabhängig von derselben ganz monumental entfalten zu können, und doch noch nahe genug, um dem inneren Zusammenhange mit der neuen Universitätskirche gerecht zu sein. Dasselbe gilt auch von dem blos um ein Straßenviereck davon getrennten Generalcommando in Bezug auf die künftige Garnisonkirche. Die beiden Straßen dazwischen sind so gelegt, daß die Richtung der einen auf die Hauptfaçade, die der anderen auf die Seitenfaçade der Kirche trifft.

War so der Universitätsbau glücklich aus der unmittelbaren Umgebung der Votivkirche eliminirt, so galt es nun auch, an die Verbauung der damit frei gewordenen Fläche solche Bedingungen zu knüpfen, daß die Wirkung der Kirche dadurch nicht beeinträchtigt werden konnte. Ferstel, der beauftragt ward, Vorschläge über die Art der Verbauung zu machen, behielt im allgemeinen die Baufluchten von früher bei, nur mit Weglassung der angenommenen Arcaden. Um aber den Verkauf der Plätze möglichst lucrativ zu machen und mehr noch, um eine ziemlich bewegte Contour und Abwechslung in die Dach- und Gesimslinien zu bringen, zerlegte er dieselben in mehrere kleine Parcellen. Darüber sollten sich Gruppen von abwechselnd drei- und vierstöckigen Häusern erheben, die schlicht bürgerlich gehalten, doch an den Ecken oder im Mittel mit Giebeln ausgezeichnet, ähnlich den Wohnhäusern des XVI. und XVII. Jahrhundertes eine recht bewegte Silhouette und ein mehr anmuthiges als großartiges Gesammtbild zu geben versprechen. Schließlich ward die Sanction der einzelnen Pläne dem Baucomité der Votivkirche vorbehalten, doch sollte dem Geschmacke der Bauwerber damit keine Fessel angelegt werden. Nur die allgemeine Calamität auf dem ganzen Gebiete hat auch bisher die Verbauung dieser Plätze verzögert.

Erst im Herbste 1872 ward nach langwierigen Verhandlungen endlich auch der Bau des Pfarrhofes begonnen. Er bildet die Mitte der linksseitigen von den zwei kleineren Baugruppen, welche rückwärts dem Chore der Votivkirche gegenüber liegen; er steht somit beiläufig in der Richtung, nach welcher die äußere Thüre der Sacristei sich öffnet. Seine Mittelstellung zwischen zwei niedrigeren, die Flügel bildenden Wohnhäusern gab die Möglichkeit, die nur fünf Fenster breite Façade doch etwas mehr auszuzeichnen. Das ganze Gebäude ist 7° breit und 10° tief und enthält in drei Stockwerken und einem Giebelgeschoß die Pfarrkanzlei, die Wohnungen des Pfarrers und von vier Cooperatoren. Das Erdgeschoß soll vermiethet werden, um den Erlag des Hauses zu erhöhen. Denn der Pfarrhof wird auf dem, vom Stadterweiterungsfonde nachgelassig überlassenen Grunde von dem Erlöse aus dem im Jahre 1869 für 50,000 Gulden verkauften Votivkirchengute Seprös aufgeführt. Das auf 60,000 Gulden festgesetzte Baucapital soll aber durch die für die Wohnungen der Geistlichen zu entrichtende Miethe amortisirt und so der Kirche wiedererstattet werden, damit seine Zinsen späterhin im Sinne des Erblassers Martin Saczós zu ihrer Erhaltung und Restaurirung dienen können.

Eine weite Fläche vor und zu beiden Seiten der Hauptfaçade bleibt unverbaut und wird blos von Gartenanlagen eingenommen, deren Plan Ferstel mit dem Architekten Lothar Abel

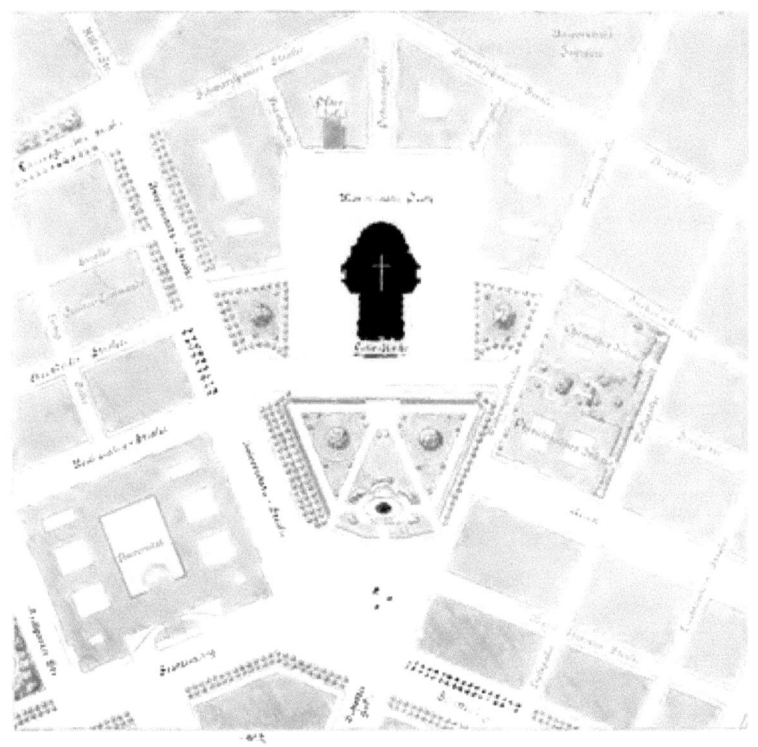

Situation der Voltokirche.

vereinbart hat. Sie werden auf Kosten der Gemeinde Wien hergestellt und bestehen blos aus wenigen großen Wiesenpartien mit Beeten von regelmäßiger und symmetrischer Form, die Beeten von geschnittenen Spalieren eingefaßt. Das abfallende Terrain wurde geebnet, so daß der Garten um einen Meter tiefer liegt als der vor der Kirche angelegte Platz. Sechs breite Stufen geleiten also vom Garten auf das Plateau, über dem sich erst noch die Kirchenterrasse in einer Höhe von gleichfalls sechs Stufen erhebt. Da zur Kirche selbst dann noch weitere vier Stufen emporführen, so hat man vom Garten aus bis zum Kirchenpflaster im Ganzen sechzehn Stufen zu ersteigen. Die schon ursprünglich glücklich gewählte Höhenlage des Baues erhält durch diese Anordnung einer doppelten Terrasse eine solche Auszeichnung, daß die Kirche noch höher zu liegen scheint, als es in der That der Fall ist. Die Gartenanlagen vor den äußersten Wohnhausgruppen zu beiden Seiten der Façaden haben auch den Zweck, die Regelmäßigkeit der rechteckigen Freiung um die Votivkirche, genannt Maximiliansplatz, deutlicher zu markiren.

In den vordersten, gegen die Mündung der Schottenstraße gerichteten Theil der Gartenanlagen ist auch der Standplatz des zu errichtenden Tegetthoff-Denkmales von C. Kundmann einbegriffen. Dieses Denkmal steht mit der Kirchenstiftung des Erzherzogs Ferdinand Maximilian in einem naheliegenden gedanklichen Zusammenhange. Die Namen der beiden Männer sind durch die Geschichte der österreichischen Marine innig mit einander verknüpft. Was der eine vorbereitete, hat der andere erfüllt. Beider Laufbahn war leuchtend aber kurz. So wird es der denkende Betrachter leicht gerechtfertigt finden, daß Tegetthoff hier Wacht halten soll vor dem Aufgange zur Votivkirche.

Unwillkürlich wird man dann fragen: Und wo steht das Ferdinand Max-Denkmal? In der Votivkirche selbst — wird jedermann voraussetzen, und so ist es auch in der That längst beabsichtigt. Schon am 5. August 1867 stellte der Cardinal Fürsterzbischof von Wien als Vorsitzender des Baucomités einen dahin zielenden Antrag, den er mit den Worten einleitete: „Es versteht sich von selbst, daß die Votivkirche nicht ohne ein Denkmal bleiben darf, welches die Erinnerung an ihren erlauchten und unglücklichen Gründer wach erhält." Der Kirchenfürst dachte zunächst an einen Altar, auf welchem das Bild des Schutzheiligen des Stifters der Verehrung der Gläubigen dargeboten werde, sodann aber auch an ein Cenotaphium. Doch schloß er mit dem Rathe, daß die Ausführung des Gedankens jedenfalls der Folgezeit überlassen bleibe, um inzwischen alle verfügbaren Mittel zur Vollendung des Kirchenbaues zusammen zu halten, ein Gesichtspunkt, der auch bei wiederholten Anregungen der Sache immer wieder die Oberhand erlangt hat; und das mit Recht. Nur in die vollendete Votivkirche darf wahre Pietät das Denkmal ihres verewigten Stifters stellen. Als den geeignetsten Platz dafür hat man die vordere Seitenwand des rechten Querschiffarmes vor dem Frauenaltare erkannt. Doni steht es an ausgezeichneter Stelle, von allen Seiten sichtbar, beleuchtet von den Fenstern der Prinzencapelle, gegenüber dem Salmdenkmal.

So erfüllt die Votivkirche schließlich noch eine Bestimmung über die bereits verzeichneten hinaus, die nämlich einer Denkmälerkirche, einer österreichischen Ruhmeshalle. In diesem Gedanken begegnen sich die Wünsche vieler Guten und Edeln. Wie die Westminsterabtei in London, wie das Pantheon in Paris, wie Santa Croce in Florenz oder Santa Maria gloriosa dei Frari und San Giovanni e Paolo in Venedig soll es auch in Wien eine Stätte geben, an welcher ein Plätzchen zu finden noch eine Ehre sein soll für diejenigen, die einer anderen irdischen Ehre nicht mehr bedürfen. Ja die Verhältnisse der Großstadt haben sogar ein Bedürfniß in dieser Richtung geschaffen. Die verschiedenen Friedhöfe vor den Thoren Wiens sollen zu Gunsten des allgemeinen Centralfriedhofes demnächst aufgelassen werden. Was soll dann aus den Gebeinen der großen Männer werden, die in ihnen ruhen, was beispielsweise aus den Gräbern Grillparzers, Beethovens, Schuberts auf dem Währinger Friedhofe? Sollen sie auf den entlegenen Centralfriedhof übertragen werden, auf die Gefahr hin, daß einst noch, wie bei Mozarts Grab, die Stelle in Vergessenheit gerathe, die sie dort einnehmen? Wäre es nicht würdiger, ihre Asche in dem Boden ihres geliebten Wien zu bergen, inmitten einer Bevölkerung, welcher ihr Andenken heilig ist, so wie ja auch noch Prinz Eugen von Savoyen seine Ruhestätte im Dome von St. Stephan gefunden hat? Ehrenwerth ist ja nur ein Volk, das seine großen Todten ehrt.

Es soll damit keineswegs einer Häufung von Gräbern oder auch nur von Denkmälern in der Votivkirche das Wort geredet werden. Die Uebertragung der irdischen Ueberreste berühmter Männer wird sich doch nur in den Fällen empfehlen, wo es gilt, die Grabstätte vor Profanation oder Verödung zu schützen. Auch sonst bedarf es an solcher Stelle keines prunkenden Aufwandes; schon ein Bild, ein Zeichen der Erinnerung, die Nennung des gefeierten Namens in einer Inschrift wird genügen. Sehr geeignet zu der Anbringung solcher Denkmäler erweisen sich, abgesehen von den Kreuzschiff- und Chorcapellen mit ihren Wandflächen, namentlich auch die nischenartigen Ausbauten, welche sich zwischen den eingezogenen Strebepfeilern in den Seitenschiffen des Langhauses ergeben. Sie sind dazu wie geschaffen und der Raum genügt für lange.

Wenn sich dann, den verschiedenen Bestimmungen der Votivkirche gemäß, die Elite der österreichischen Jugend in ihr versammelt und zwar sowohl die wehrhafte, wie die, welche insbesondere die Waffen des Geistes zu führen berufen ist — und beide sind ja nach Einführung der allgemeinen Wehrpflicht nicht mehr von einander zu scheiden — wenn sich die jungen Herzen himmelwärts heben und wenn die Erinnerung an den Ursprung dieses kunstreichen Gotteshauses sie gemahnt einzustehen für ihren Kaiser, dann werden auch die Denkmäler der großen Todten zu den Jünglingen sprechen und sie zu Thaten begeistern. Und so wird die auf dem herrlichsten Platze Wiens emporragende Votivkirche in Wahrheit das sein, was vor allem wohlthut und was sie nach der Absicht ihres Stifters werden sollte; eine feste Burg der Ideale inmitten des geschäftigen Treibens einer modernen Weltstadt.

I. Verzeichniß der Abbildungen

nach deren Reihenfolge mit Bezug auf die entsprechenden Textstellen.

II. Verzeichniß der Abbildungen

nach der Folge der betreffenden Gegenstände im Texte mit Hinweisung auf die Seite der Abbildung.

Anhang

Urkunden und Belege.

I.

Bericht

der k. k. Wiener Zeitung vom 19. Februar 1853 über das
am 18. Februar 1853 auf die Allerhöchste Person Seiner
k. k. Apostolischen Majestät verübte Attentat.

Seine k. k. Apostolische Majestät, unser allergnädigster Kaiser
und Herr, machten gestern den 18. Februar um die Mittagsstunde den
gewohnten Spaziergang um die Castei. An der Nähe des Kärnthner-
thores angelangt, verweilte der Monarch einige Zeit an der Gestaltung
der Festungsmauern und blickte in den Stadtgraben, wo in der
Umgebung der Interimscaserne einige Truppenbewegungen stattfanden.
Den Augenblick, wo Seine Majestät und der Allerhöchstdenselben
begleitende Flügeladjutant Oberst Graf O'Donnell die Gestaltung
verließen und den Spaziergang fortsetzen, erfah der Meuchelmörder,
um sich rücklings auf den Monarchen zu stürzen und auf die geheiligte
Person Seiner Majestät mit einem starken Messer einen Stich in die
Gegend des Hinterhauptes zu führen. Seine Majestät, einen Augenblick
durch die Erschütterung des Stoßes betroffen, faßten sich schnell,
wendeten sich rasch um und zogen den Säbel. Aber bereits hatte sich

Graf O'Donnell auf den Mörder geworfen und suchte, mit demselben
ringend, ihn zu überwältigen und zu entwaffnen. In dieser Pflicht-
erfüllung ward er sogleich durch zwei herbeigesprungene Personen
aus dem Civilstande unterstützt. Eine herbeieilende Militärpolizeiwache
verhaftete den Verbrecher. Derselbe heißt Johann Libeny, ist Schneider-
geselle von Preßburg und aus Stuhlweißenburg in Ungarn gebürtig.

Der Monarch beruhigte die Umstehenden, die von Entsetzen
und Entsetzen ganz erschüttert waren. Aufmerksam gemacht, daß
Allerhöchstdieselben im Nacken bluteten, legten Allerhöchstdieselben die
Hand auf die Wunde, um den Ausströmen des Blutes zu wehren, und
begaben sich schweren Schrittes in den Palais Seiner kaiserlichen Hoheit
des Durchlauchtigsten Erzherzogs Albrecht, wo ein vorläufiger Verband
angelegt wurde, worauf Allerhöchstdieselben sich in Wagen in die
kaiserliche Burg verfügten. Die zahlreich zusammengeströmte Volksmenge
wurde von Seiner Majestät mit freundlichem Lächeln begrüßt.

Dies der Hergang eines in Oesterreichs Geschichte beispiellosen
Verbrechens, dessen Folgen die gütige Hand des Allmächtigen von dem
Haupte unseres Kaisers und Herrn, und von diesem in den letzten
Jahren vielfach schwergeprüften Reiche gnädigst abgewendet hat. Ueber
den Zustand der Wunde und über das Befinden Seiner Majestät
berichtet das ärztliche Bulletin.

Die gerichtliche Untersuchung ist im Zuge und wird über die
Gewegzunge dieser Missethat und ihren Ursprung Licht verbreiten.

II.

Verzeichniß

der zum Baue der Votivkirche gesammelten Beiträge.

Die Kronländer	Der eingereichte Beiträge in						Gerichtet, jedoch noch vorständige Beiträge	
	Se. W.		Stocks- und Privat Schuldscheinen		Gold, Silber und Werthessecten			
	fl.	kr.	fl.	kr.			fl.	kr.
Oesterreich unter der Enns	447.416	94	16.920	4	245 Ducaten, 92 Zwanzigfrancsstücke, 4 Zehnfrancsstücke, 14 Imperials, 2 Souveraind'or, 244 Lire, 7 Thalerstücke, 1 Friedrichsd'or, 4°/, Guineen, 2 niederländische Zehnfrancsstücke, 2 Christiand'or, 3es Reales, 4 spanische Kreuzthaler, 4 preußische Silberthaler, 1 Dollar	2.245	

Die Einzahlenden	Oe. W.		Staats- und Privat-Schuldbriefen		Gut eingezahlte Beträge in Gold, Silber und Werthefferten	Gerichtete, jedoch nach ausländige Beträge	
	L.	Kr.	L.	Kr.		L.	Kr.
Oesterreich ob der Enns	…	…	…		16 Ducaten, 1 Kronenthaler, 1 Fünffrancsstück.		
Salzburg	…	…	—		2 Ducaten, 1 Kronenthaler, 1 silberne Denkmünze.		
Steiermark	…	…	…		20 Ducaten, 10½ Kronenthaler, 1 Zwanzigfrancsstück.	—	—
Kärnten	…	…	…		1 Ducaten, 1 Souveraind'or, 1 Zwanzigfrancsstück.		
Krain	…	…			2 Ducaten, 1 Zwanzigfrancsstück.		
Küstenland	…	…	…		14 Ducaten, 1 Souveraind'or, 5½ Zwanzigfrancsstücke, 1 Doppia, 18½ Souveraind'or, 1 spanischer Denkthaler, 1½ Kronenthaler, 4 Fünffrancsstücke.		
Tirol und Vorarlberg	…	…			7 Ducaten, 2 Zwanzigfrancsstücke, 1 Schützenstück, 25 Francs, 24½ Kronenthaler, 3½ spanische Thalerthaler, 1 goldene Taufscheinmedaille.	…	…
Böhmen	…	…	…		25 Ducaten, 1 spanischer Thaler.	2,624	
Mähren	…	…	…		14 Ducaten, 1 Kronenthaler.	210	—
Schlesien	…	…	—		1 Ducaten, 11 preußische Thalerscheine, 15 Silberguldner.	—	
Galizien	…	…	…		25 Ducaten, 3 Imperials, 1 Silberrubel, 1 Zwanzigfrancsstück.	1,050	
Krakau	…	…	…		56 Ducaten, 1 Silberrubel.		
Bukowina	…	…	…		5 Ducaten, 2 Imperials.		
Dalmatien	…	…			10 Ducaten, 5 Souveraind'or, 5 Zwanzigfrancsstücke, 1 Schützenstück, 1 Fünffrancsstück, 2½ Kronenthaler, 4 spanische Souveraind'or.		
Croatien und Slavonien	…	…	…		14 Ducaten, 1 Souveraind'or, 1 Zwanzigfrancsstück, 1½ Kronenthaler.		
Ungarn	…	…	…		… Ducaten, 3 Zwanzigfrancsstücke, 3 Imperials, 1 Doppel-Friedrichsd'or, 1 Schützenstück, 1 Zweifrancsstück, 10 Silberrubel, 4 Kronenthaler, 4 preußische Silberthaler.	2,105	
Serbien und ... Gang	…	…			15 Ducaten.		
Siebenbürgen	…	…			5 Ducaten, 2 Silberrubel.		
...	…	…	…		31 Ducaten, 1 Hundertfrancsstück, 200 Zwanzigfrancsstücke, 5 Schützenstücke, 75½ Souveraind'or, 4½ Doppia, 2 spanische Münzen, 12 spanische Thalerthaler, 5 Thalerthaler, 10 Fünffrancsstücke, 50 Kronenthaler, 1 goldene Chinabrosche.		
Venedig	…	…	…		20 Ducaten, 32½ Doppia, 15 Vierziglireastücke, 230 Zwanzigfrancsstücke, 215 Schützenstücke, 110½ Souveraind'or, 12 römische Goldmünzen, 7 Classen, 112½ Kronenthaler, 1 Thalerthaler, 200 Fünffrancsstücke, 1 römischer und 1 römischer Thalerthaler, 1 silbernes Kreuz.		
Zusammen	…	…	…	…		5,989	

Osten 1″26 Ducaten, 1 Hundertfrancsstück, 25 Vierziglivres-Stücke, 1219 Zwanzigfrancsstücke, 224 Sechsfrancsstücke, 172¹⁄₂, Souverainsd'or, 1 Louisd'or, 25⁹, Doppien, 4³⁄₄ Guinees, 2 Christiansd'or, 5 Friedrichsd'or, 25 Imperials, 2 Marcellins, 5 niederländische Sechsfrancsstücke, 42 römische Geldmünzen, Zwei Reales, 445 Kronenthaler, 217 Lire, 17 Silberrubel, 225 Fünffrancsstücke, 7 Silberthaler, 4 preußische Silberthaler, 50½ spanische Säulenthaler, 1 spanischer Thaler, 2 Piasterthaler, 2 gewöhnlicher Thaler, 2 spanische Münzen, 4 preußische Thalerscheine zu einem Thaler, 1 sächsisches Cassenbillet zu fünf Thalern, 4 badische Cassenbillets zu zehn Gulden, 15 Silbergroschen:

1 goldene, 1 silberne Capserheilsmedaille, 1 silberne Denkmünze, 1 goldene Cylinderuhr, 1 silbernes Creuz.

Außer diesen Gaben wurden aber noch folgende Werthgegenstände theils ungesichert, theils auch wirklich schon eingeliefert, und zwar:

Aus Österreich unter der Enns ungesichert: 1 silberne Monstranze mit Edelsteinen; ein mit Edelsteinen geschorter Kelch; 4 Altarbilder (zur Ausschaffung eines derselben wurden 1050 fl. in Testamentsstiftungen ausgeschrieben); 4 Miniaturbilder; 1 Altarteppich; 5 Altarspitzen; 5 Altarpölster; 1 Meßgewand; 1 Meßkleid, darunter eines zu 1000 fl. und eines zu 400 fl. 50 kr.; classische Kirchenmalereien im Werthe von 1000 fl.; 1 Violon im Werthe von 54 fl.; 1 Paar Pauken im Werthe von 65 fl.; Herstellung zweier Altäre, der einen aus Carraramarmor im Werthe von 1575 fl.; ein gothisches Ciborium aus Schmiedeeisen; Schlosserarbeiten im Werthe von 1650 fl.; Anfertigung der Kirchensiegel; 1 Pluviale und 1 silberner Gürtel für die Inschrift; Malerleinwand zu einem Altarbilde; 2 Eimer Wein zum h. Meßopfer. Abgeliefert: 1 silbernes reichvergoldetes Ciborium im Werthe von 210 fl.; mehrere h. Reliquien; 1 schwarzes Meßkleid; 1 prachtvolles Meßkleid von rothem Sammet und reicher Goldverzierung; 1 Velum von weißem Atlas mit reicher Gold- und Glamenstickerei; Kirchenmusikalien; 1 Altarspitze; 1 Violoncell; 1 Violine; 1 kunstvolles Missale im Etui, mit Elfenbeinsculpturen und Goldschrift; 2 Stück große und 4 Stück kleine Elephantenzähne; 25 Choralbücher; Centnerweis: 450 Centner hydraulischen Cement; 100 Centner Gyps; 50 Centner Eisen und als Aequivalent hiefür 445 fl.; 300,000 Stück Mauerziegel; 1 Gabikloster Quaderstein; 50 Fuhren und 1⁶ Cubikklafter Maurerstand.

Aus Salzburg ungesichert: Der Guß der Thurmglocken. Eingesendet: Kirchenmusikalien.

Aus Steiermark eingesendet: 1 Altarspitze; 1 alterthümliches Schnitzwerk, die h. drei Könige darstellend.

Aus Böhmen ungesichert: 4 Waldhörner oder 4 Trompeten im Werthe von 150 fl.; Buchbinderarbeiten. Eingesendet: 1 gestickter Altartuch.

Aus Tirol eingesendet: 5 Alabasterblöcke; 1 Ölgemälde, die schmerzhafte Mutter Gottes darstellend.

Aus Mähren eingesendet: 408 fl. 25 kr. zur Anschaffung eines silbernen Kirchengefäßes.

Aus Ungarn eingesendet: 4 h. Reliquien; 2 werthvolle orientalische Alabastersäulen; 1 gesticktes Meßkleid sammt Zugehör; 1 gesticktes Bild unter Glas und Rahmen, Glaube, Hoffnung und Liebe vorstellend; 1 silberne Tasse und drei h. Cannen. Ungesichert: Freie Benützung eines Marmorbruches; Guß der Thurmglocken.

Aus Siebenbürgen eingesendet: 1 silbernes Ciborium.

Aus der Lombardei ungesichert: 1 Meßgewand. Eingesendet: 1 Stola von Goldbrocat; 1 Stola von weißer Seide mit Goldstickerei; 1 Stola von rothem Atlas mit Stickerei und Franken von Gold; 1 Stola von weißem Atlas mit Goldstickerei; 1 Halbrocke; 1 Theil

belüfte; 1 weißseidener Vespermantel mit Goldstickerei; 1 Ciboriummantel; 1 Hostienbüchsel von Silberbrocat mit Goldstickerei.

Aus Venedig insgesichert: 1 reich gestickte Stola; Altareinlagen beim Orgelbau. Eingesendet: 1 Lager des Heilandes aus Carraramarmor.

Aus Alexandrien vom Vicekönig von Egypten eingeliefert: 126 Alabasterblöcke.

Aus Egypten vom Schröckh von Elden eingesendet: 22 Ctr.Posten Cedernholz vom Libanon.

III.

Concurs-Programm

für die in Folge des Aufrufes Seiner kaiserlichen Hoheit des Durchlauchtigsten Herrn Erzherzogs Ferdinand Max in Wien zu erbauende Votivkirche.

(Wiener Zeitung vom 2. April 1854.)

1. Zur Theilnahme an diesem Concurse sind alle Architekten des In- und Auslandes eingeladen.

2. Die Kirche wird auf dem durch die Allerhöchste Gnade Seiner Majestät des Kaisers dazu gewidmeten Platze, dem kaiserlichen Schlosse Belvedere gegenüber, in dem am höchsten gelegenen Stadttheile von Wien aufgeführt werden.

3. Die Kirche soll 4- bis 5000 Menschen fassen können, im gothischen Style erbaut werden und zwei Thürme erhalten. Außer dem Hauptaltare werden vorerst nur zwei Altäre angebracht; jedoch ist Raum für noch mehrere Altäre in dem Bauplane anzubringen.

Es sind keine Emporien, doch im Chore zwei große Oratorien anzubringen.

4. Für die Bauführung sind 1,500,000 fl. C. M. bestimmt. Die Kosten der Altäre sowie der gesammten inneren Ausschmückung sind in dieser Summe nicht mit einbegriffen.

5. Die Eintheilung der Bausumme ist in einem ausführlichen Kostenüberschlage ersichtlich zu machen. Zur Ausarbeitung desselben kann wohl dem Situationsplane, woraus die Beschaffenheit des Bauplatzes angegeben ist, nach ein Preisverzeichniß der in Wien üblichen Materialpreise und Arbeitslöhne bei dem Secretär des leitenden Comités, Dr. Perthaler, Wallnerstraße Nr. 205, bezogen werden, an welchem man sich auch wegen allenfalls gewünschter Auskünfte in Betreff des Concurses zu wenden hat.

6. Die Pläne sind im Maßstabe von 4 Linien = 2 Centimeters für eine Wiener Klafter zu zeichnen, in reinen Conturen auszuführen und müssen aus so vielen Grundrissen, Aufrissen und Durchschnitten bestehen, als erforderlich sind, um den Entwurf, der übrigens auch zu colorien ist, in jeder Beziehung verständlich darzustellen.

7. Jeder Entwurf ist mit einem Wahlspruche zu bezeichnen und bis 1. November 1854 mit der Adresse: „An das leitende Comité für den Bau der Votivkirche", in der fürsterzbischöflichen Consistorialkanzlei in Wien zu übersenden.

Ein den Entwurf begleitendes, von außen mit demselben Wahlspruche versehenes, unter Siegel gelegtes Blatt muß den Namen und Wohnort des Concurrenten enthalten.

8. Die Wahl des Entwurfes haben sich Seine kaiserliche Hoheit der Durchlauchtigste Herr Erzherzog Ferdinand Max unter dem Beirathe sachkundiger Durchlauchtigster Männer, Seiner Majestät des

Der zur Durchführung gewählte Plan wird mit 1000 Stück Dukaten in Gold honorirt. Außerdem behalten sich Seine kaiserliche Hoheit vor, für einige andere gelungene Ausarbeitungen, welche übrigens Eigenthum der Verfasser bleiben, eine Vergütung von je 1000 fl. C. M. zu gewähren.

Dies wird hiemit zur öffentlichen Kenntniß gebracht.

Wien, den 31. März 1855.

Das leitende Comité
für den Bau der Votivkirche in Wien.

IV.

Preisanerkennung

in der Concurrenz zum Baue der Votivkirche.

Wiener Zeitung vom 6ten Juni 1855.

Seine kaiserliche Hoheit der Durchlauchtigste Herr Erzherzog Ferdinand Max haben nach eingeholtem Gutachten Seiner Majestät des Königs Ludwig von Bayern in voller Zustimmung zu dem von Allerhöchstdenselben ausgesprochenen Kunsturtheile dem festgesetzten Preis von Eintausend Stück Dukaten in Gold für den besten Plan zur Votivkirche in Wien einem mit dem Zeichen eines weißen Kreuzes im blauen Felde versehenen Projekte zuerkannt. Verfasser dieses Entwurfes ist zufolge der demselben unter dem Siegel beigelegten und nach geschehener Wahl eröffneten Adresse Herr Heinrich Ferstel in Wien. Zugleich haben Seine kaiserliche Hoheit die im §. 9 des Concurs-Programmes vom 31. März 1854 ermöglichte Remuneration von je 1000 fl. in Silber folgenden, von Preisrichtern in Uebereinstimmung mit Seiner Majestät dem König Ludwig als ausgezeichnet erkannten Projekten zu gewähren befunden:

„Ora“ von Unrem; Statz in Cöln;

„A. E. I. O. U.“ von Fr. Schmidt in Cöln;

„In Deo fest“ von H. G. Ungewitter in Cassel;

„Allerhöchst“ von Wilh. Doderer in Klosterbruck bei Znaim;

„Lobe den Herrn, meine Seele, und vergiß nicht, was er Dir Gutes gethan hat“, von Jacob Schmidt Friedrich in Bamberg;

„Wo auch kaum und treu der Stein, füllt die Bank ihm Orden ein“, von Ferdinand Kirschner in Wien;

„Jehova, Herr des Weltalls, wer gleicht Dir: Du schlägst den Uebermuth zu Boden“, von Karl Rösner in Wien;

„Gott zur Ehre, Seiner Majestät dem Kaiser zum Andenken“, von Alois Vonger in Carolina.

Indem dies auf Befehl Seiner kaiserlichen Hoheit zur allgemeinen Kenntniß gebracht wird, werden die Concurrenten aufgefordert, wegen Zurücknahme ihrer Operate sich an den Unterzeichneten zu wenden.

Wien, den 7. Juni 1855.

Der Secretär für das leitende Comité:
Dr. Perthaler.

V.

Allerhöchstes Cabinetschreiben

an den General-Genie-Director, Feldmarschall-Lieutenant Grafen Coboza.

Gemäß der Mir unterlegten Berichte der mit Meinem Erlasse vom 30. December v. J. Nr. 6152 op. angeordneten Commission zur Prüfung der Stadt-Erweiterungs-Entwürfe der inneren Stadt Wien

habe Ich vorläufig befohlen, daß jene den Glacis, welche, von der Ecke des rothen Thürmes beginnend parallel mit der jetzt bestehenden Häuser-reihe der Weihringer und Roßauer Vorstadt bis an den Donau-Canal fortläuft, zu Baugründen enthalten, und durch deren Verkleinerung ein Fond erzielt werde, dessen specielle Verwendung Ich Mir vorbehalte und im Allgemeinen für nothwendige größere Bauten, sowohl in dem Innern, als in dem Umkreise der eigentlichen Stadt Wien bestimme. Es hat daher:

1. Der Anhauf dieser Gründe sogleich stattzufinden, und es sind die hiedurch eingehenden Beträge an die Kriegs-Casse abzuführen und von dieser als in verrechnender Gebühr für Wien zu übernehmen.

2. Sowie diese Beträge die Summe von 100000 fl. höher stellen, hat sogleich der Umbau des Schottenthores zu beginnen, für welchen Mir zur Genehmigung ein detaillirtes Elaborat zur Genehmigung vorzulegen ist.

3. Ebenso ist Mir über die damit in Verbindung stehenden, neu zu eröffnenden Communicationen in das Innere der Stadt, welche mit der Stadtgemeinde in Verhandlung stehen, noch vor deren Abschluß Bericht zu erstatten.

4. Ist Mir ein Plan und Uebersicht zur Erweiterung des Carolinenthores auf die nöthigste Weise, wenn auch mit Hinweglassung des hieran nächsten Gebäude-Ecken des Artillerie-Zeugamtes zu unterlegen.

5. Ueber die schon früher von Mir im Allgemeinen bewilligte Stadt-Erweiterung vor dem Schottenthore wird erst später Meine Entschließung erfolgen. Endlich habe Ich

6. zu bestimmen, daß für den von Meinem Herrn Bruder, dem Erzherzoge Ferdinand Max in Antrag gebrachten und von Mir bewilligten Kirchenbau ein Platz auf den Glacis-Gründen zwischen dem Schotten- und Fischer-Thore ausgewählt werde, welcher ungefähr inmitten dieser beiden Thore und der Neu-Brücke sich befindet und somit ringsum einen freien Zugang hat.

Demgemäß haben Sie das Weitere einzuleiten und seiner Zeit den Bericht zu unterlegen.

Wien, den 7. Mai 1855.

Franz Joseph m. p.

An Meinen General-Genie-Director, Feldmarschall-Lieutenant Graf Coboza.

Nr. 1554 op.

VI.

Erlaß

der Militär-Central-Canzlei Seiner Majestät an die k. k. General-Genie-Direction.

Seine k. k. Apostolische Majestät haben den freien Platz vor dem sogenannten Schwarzspanier-Hause zur Erbauung der Votivkirche allergnädigst zu bestimmen geruht.

Die General-Genie-Direction hat sich hierwegen mit dem Unterrichts-Ministerium sogleich in das Einvernehmen zu setzen und über die diesfälligen Verhandlungen seiner Zeit die Anzeige anher zu erstatten.

Wien, am 25. October 1855.

Grünne m. p.

VII.

Allerhöchstes Handschreiben

an Seine kaiserliche Hoheit den Durchlauchtigsten Herrn
Erzherzog Ferdinand Maximilian.

Lieber Herr Bruder Erzherzog Ferdinand Max! Ich habe
beschlossen, daß die zu erbauende Votivkirche und Universität auf dem
hier im angeschlossenen Plane ersichtlich gemachten Platz gebaut werde.

Indem Ich Euer Liebden hiervon in Kenntniß setze, ergeht unter
Einem an Meinen Cultus- und Unterrichts-Minister zur
Veranlassung des Erforderlichen, sowie zur Verständigung Meines
Armee-Obercommandos, nachdem die bezeichnete Stelle in den
fortificatorischen Rayon gehört.

Wien, 25. Februar 1856.

Franz Joseph m. p.

VIII.

Beschreibung

der Eisenconstructionen des Dachstuhles, des Dachreiters,
der Seiten- und Capellendächer an der Votivkirche von
Eduard Leyler.

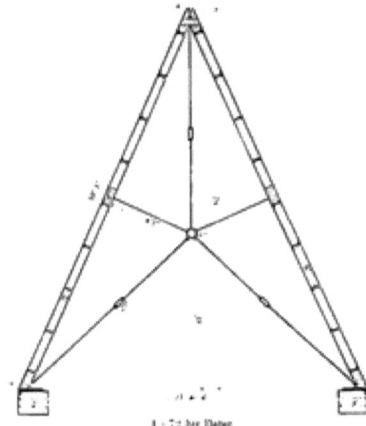

1 : 72 der Natur.

Was die Profile der beiden sich durchdringenden Hauptdächer
(Langhaus- und Kreuzschiffdach) betrifft, wurde die erforderliche
Widerstandsfähigkeit und Steifheit des ganzen Verbandes insbesondere
dadurch erreicht, daß die ganze Dachconstruction aus einem System
von Dreiecksverbindungen besteht, der Art, daß bei keinem der
Constructionselemente eine Veränderung seiner relativen Lage möglich
ist, ohne eine dauernde Deformation oder einen Bruch derselben
herbeizuführen, wogegen eben die hinreichende Festigkeit der einzelnen
Querschnitte die Gewähr zu bieten hat.

Für die in Folge großer Temperaturdifferenzen sich ergebenden
Veränderungen in den Längen der Verbindungsstücke ist Sorge
getragen einerseits durch die verstellbaren Contremuttern bei den

Strebenverbindungen, andererseits durch einen entsprechenden Oscilla-
tions-Spielraum bei den Widerlagern, so daß die aus oben genannten
Ursachen etwa entstehenden Seitendrücke keinen nachtheiligen Einfluß
auf die Pfeiler bei den Widerlagern ausüben im Stande sind.

Bei der Construction dieses Dachstuhles galt es zunächst die
möglichen Belastungen des Daches sorgfältig zu ermitteln und deren
Maxima dem Calcül zu Grunde zu legen; wobei für die Widerstandsfähigkeit des Daches insbesondere auch die Eventualität eines Orkans
von der größten bis jetzt hier bekannten Intensität in Betracht
genommen wurde.

Somit sind für die statische Berechnung des Hauptdaches die
folgenden Maximalbelastungen als Calcül genommen:

Orkan von größter Intensität (den Druck senkrecht auf die
Dachfläche gerechnet) = 1·0 Wr. Pfd. pr. □ '' = 22½ Ztr. pr. □Klftr.

Approximatives Eigen-
gewicht sammt Ein-
deckung . . . . . = 1·0 '' '' = 20 '' ''

Daher Gesammt-
belastung . . . . = 2·0 Wr. Pfd. pr. □ '' = 42½ Ztr. pr. □Klftr.

Die Hauptsparren bestehen aus doppelt I-förmigen Trägern,
welche zwischen sich in der unteren Hälfte Gurte einschließen, um eine
solide und breite Basis für diese Sparren zu gewinnen — dabei wurde
der Sparren nicht als continuirlicher Balken betrachtet, sondern dessen
Querschnitt nur als einfach aufliegender Träger von der freien Länge
von 23 Wr. Fuß = 7·27 Meter in Rechnung genommen.

Bezeichnet man nun die freie Länge mit L, den Coefficienten
für die Inanspruchnahme des Materials — im gegebenen Falle
1·50 Wr. Ctr. pr. □ '' = 1200 Ztr. pr. □Cm. — mit K, das
Widerstandsmoment mit W, die Maximalbelastung mit P, so resultirt
das Widerstandsmoment aus der Gleichung: PL = 8 KW und die
Werthe eingesetzt:

$$W = \frac{2500 \cdot 24}{8} \cdot \frac{1}{1200} = 44.$$

Die Profile der I-Eisen, welche den
Dachsparren bilden, sind nebenstehende, hieraus
ergibt sich das Widerstandsmoment

$$W = \frac{BH^3 - bh^3}{6H}$$

$$= \frac{7 \cdot 64 - 6 \cdot 56}{6 \cdot 7} = 45.$$

Von einem Hauptsparren zum anderen liegen auf jeder Dachseite
15 Stück Pfetten, welche aus T-Eisen gebildet sind; — der Abstand
der Pfetten beträgt 4 Wr. Fuß = 1·26 Meter, daher ist die
Gesammtlast, welche auf eine Pfette zu liegen kommt

= 5 · 126 × 2·0 Wr. Pfund = 2000 Ztr.

Es beträgt somit das Widerstandsmoment

$$W = \frac{2000 \cdot 126 \cdot 12}{8 \cdot 1500} = 2.$$

Diesem Widerstandsmoment entspricht neben-
stehender Querschnitt.

Zwischen den Hauptsparren liegen parallel mit denselben die
Träger der höheren Dachschalung.

Ein Abschnitt dieser Träger ist belastet mit

= 6·5 · 120 · 2·0 Wr. Pfund = 780 Ztr.

und ist sonach das Widerstandsmoment:

$$W = \frac{780 \times 85 \cdot 12}{12 \cdot 1500} = 44.$$

Diesem Widerstandsmoment entspricht neben-
stehender T-förmiger Querschnitt.

Die Zug- und Druckspannungen, welche in den Zugbändern
und Streben der Hauptsparren auftreten, sind nach der Methode der

ätlichen Momente bestimmt werden. Auch die Zughängen sind mit [...] Wr. Ctr. pr. ☐ = [...] Clg. pr. ☐Cm. in Anspruch genommen.

Das Unrecht, welches aus der Durchdringung des Langt- und Querschiffes entsteht, ist durch ein separates, aus Gitterträgern bestehendes Sparrensystem eingedeckt. Die vier Gleichsparren tragen in ihrer Vereinigung das gleichfalls aus Guss sehr solid construirte Fundament für den Centralthurm oder Dachreiter.

Es wurde angenommen, daß der Thurm nach seiner Vollendung und Decorirung ca. [...] Wr. Ctr. = [...] Clg. haben werde. Dies Gewicht wird allein von den vier Sparren getragen, und participirt somit jeder Sparren mit [...] Wr. Ctr. = [...] Clg.

Da die obere Hälfte des Sparrens, abgesehen von dem aus dem mobilen Guss von [...] Wr. Ctr. = [...] Clg. resultirenden Gewichte, welches gleichmäßig vertheilt ist, noch eine Last von [...] Wr. Ctr. = [...] Clg., welche ungefähr in der Mitte aufgelegt ist, zu tragen hat, so ergibt sich in diesem Falle des Widerstandsmoment nach der

$$\text{Formel } W = P \cdot \frac{z}{2} \cdot \frac{1}{2k} \quad \text{und nach Einsetzung der Werthe:}$$

$$W = \frac{([...] + [...])}{2} \cdot \frac{[...]}{[...]} = [...] \quad \text{und} = [...].$$

Nebenstehendes Profil der Gleichträger entspricht einem Widerstandsmoment von [...], und empfiehlt sich dasselbe nicht blos wegen seiner absoluten Festigkeit, sondern wesentlich auch wegen der für diesen Fall besonders wünschenswerthen Leichtigkeit der ganzen Construction.

Die auf dieser Grundlage durchgeführten Berechnungen ergaben für das Hauptdach ein Gewicht von [...] Wr. Ctr. = [...] Clg., für den Centralthurm einschließlich der zur decorativen Ausstattung des Thurmes erforderlichen Hilfsconstructionen von [...] Wr. Ctr. = [...] Clg., so daß nach Maßgabe der genehmigten Constructionspläne das Gesammtgewicht der Hauptdächer mit dem Centralthurm sich auf [...] Wr. Ctr. = [...] Clg. berechnete.

Dem gegenüber ergab sich nach den Schlußabrechnungen das Gesammtgewicht der Hauptdächer mit dem Centralthurm mit rund [...] Wr. Ctr. = [...] Clg., also gegenüber dem präliminirten Gewichte eine Ersparniß von ca. [...] Wr. Ctr. = [...] Clg., eine Ziffer, die für die Präcision und Correctheit bei der Durchführung der ganzen Arbeit spricht.

Bei den Constructionen für die Seiten- und Capellendächer handelte es sich hauptsächlich um eine möglichst einfache, respective leichte Combination von Trogbalken und deren organische Verbindung, um auf Grund der schon citirten theoretischen Calcule auch hier den eine vorkommenden Geladungen zu genügen. Das Gesammtgewicht dieser sämmtlichen Seiten- und Capellendächer (ursprünglich mit [...] Wr. Ctr. präliminirt) betrug infolge vereinfachter Construction schließlich nur [...] Wr. Ctr. = [...] Clg.

Die Kosten für die Herstellung der Hauptdächer mit dem Centralthurm beliefen sich auf [...] fl. ö. W. gegenüber der präliminirten Bausumme von [...] fl. ö. W., die der Seiten- und Capellendächer auf [...] fl. ö. W. gegenüber der präliminirten Bausumme von [...] fl. ö. W.

Für die Hauptdächer nebst Centralthurm wurde:
Die Materiallieferung begonnen: Anfang September [18..].
Die Materiallieferung beendigt: Mitte September 1871.
Die Montirung begonnen: Ende November [18..].
Die Montirung beendigt: Mitte September 1871.

Für die Seiten- und Capellendächer wurde:
Die Materiallieferung begonnen: Ende August 1871.
Die Materiallieferung beendigt: Anfang November 1871.
Die Montirung begonnen: Anfang September 1871.
Die Montirung beendigt: Ende November 1871.

IX.
Tabelle
der Dimensionen der Votivkirche in Wiener Klafter- und in Metermaß.

				Meter
Innere Länge der Kirche				[...]
„ Breite von Mauer zu Mauer				[...]
„ Breite des Hauptschiffes von Mauer zu Mauer				[...]
„ Breite des Mittelschiffes von Achse zu Achse				[...]
Breite der Seitenschiffe von Mauer zu Mauer				[...]
„ „ „ von Achse zu Achse				[...]
Tiefe der Langhauscapellen				[...]
„ „ der Achse des Pfeilers bis zur Mauer				[...]
Innere Tiefe des Querschiffes von Mauer zu Mauer				[...]
„ Länge des Querschiffes				[...]
Aeussere grösste Länge der Kirche				[...]
„ Breite des Langhauses von Mauer zu Mauer				[...]
Grösste Ausdehnung des Querschiffes				[...]
Innere Hauptschiffhöhe				[...]
„ Seitenschiffhöhe				[...]
„ Höhe der Chorcapellen und des Chorumganges				[...]
Aeussere Höhe des Mittelschiffes bis zur Hauptgesimssohle				[...]
Höhe der Seitenschiffe bis zur Gesimssohle				[...]
„ „ Chorcapellen bis zur Gesimssohle				[...]
„ von der Terrasse bis zum Dachfirste				[...]
Thurmhöhe von der Terrasse aus				[...]
Centralthurmhöhe vom Dachfirste gerechnet				[...]
	☐°			☐Meter
Verbaute Fläche				[...]
	☐°			☐Meter
Von der Terrasse bedeckte Fläche				[...]

X

Beschreibung der Orgel

der Votivkirche.

Zufolge des zwischen der Bauleitung der Votivkirche und der Firma E. F. Walcker & Cie. in Ludwigsburg (Württemberg) am 22. December 1874 abgeschlossenen Vertrages hat die genannte Firma für die Votivkirche in Wien die Anfertigung eines Orgelwerkes und 61 klingenden Stimmen nach Maßgabe der vorgelegten Disposition übernommen und sich verpflichtet, nicht nur in sämmtlichen Theilen des Werkes, das zu dessen Solidität und den musikalischen Effect entsprechendes Material zu verwenden, sondern auch das Ganze kunstgerecht herzustellen, besonders die zur Mechanik gehörigen Theile aufs Sorgfältigste zu bearbeiten und jedem einzelnen Register die ihm charakteristische Intonation und dem Ganzen diejenige Kraft und Tonfülle zu geben, wie solche durch den Umfang der Disposition bedingt und für die Größe der Kirche erforderlich ist. Die Stimmung der Pfeifen geschieht nach dem Pariser Normal-Orchesterton. Für Güte und Dauerhaftigkeit des Werkes leisten die Verfertiger eine zehnjährige Garantie vom Tage der Uebergabe und Uebernahme der Orgel an in der Art, daß sie alle Fehler, welche sich in Folge unrichtiger Construction oder Verwendung unzweckmäßigen Materiales während dieser Zeit zeigen oder einstellen sollten, unentgeltlich und auf eigene Kosten zu verbessern haben. Von dieser Garantie ist jedoch ausdrücklich ausgenommen: Die Nachstimmung der Register, sowie Alles, was in Folge von nachweislich unrichtiger Behandlung, durch Feuchtigkeit, Staub, Insecten, Temperatur-Einflüsse, durch höhere Gewalt und durch Dritte entstehen könnte.

Das Werk wird sofort nach erfolgter Aufstellung in der Votivkirche auf Antrag der Firma E. F. Walcker & Cie. durch Sachverständige geprüft und auf Grund eines von diesen Sachverständigen ausgestellten Zeugnisses darüber, daß das Werk vertragsmäßig geliefert wurde, von dem Comité übernommen. Dieser Sachverständigen können nicht mehr als drei sein und sind zwei davon von dem Comité und Einer von der Firma E. F. Walcker & Cie. zu bestimmen. Der Ausspruch dieser Sachverständigen hat als inappellabler Schiedsspruch zu gelten, welchem sich beide Theile unter Verzichtleistung auf den Rechtsweg unterwerfen. Auch hat ein derartig gebildetes Schiedsgericht über allfällige Streitigkeiten während der zehnjährigen Garantie der Firma E. F. Walcker & Cie. endgiltig zu entscheiden.

Die Accordsumme für die Lieferung dieses Orgelwerkes, inclusive der für die Decoration der Fronte nöthigen Cylinderpfeifen beträgt 44.100 Mark deutscher Reichswährung. Der Preis des Orgelgehäuses ist in diese Accordsumme nicht inbegriffen; ebenso sind nicht inbegriffen:

a) Die Stellung eines Tagwerkers während der Aufstellung seitens sechs Wochen lang.

b) Die Stellung der mittlern Kirchenorgel Seite etc. zum Aufstehen der Orgeltheile auf die Empobühnen.

c) die zweckentsprechende Herstellung des Orgelbodens.

Disposition.

A) Klingende vollständige Stimmen auf 3 Manuale und Ein Pedal vertheilt wie folgt:

... Prestant ...

3. Flaute major 16' ...
4. Principal 8' von em...
5. Violonprincipal 8', ...
   nun.
6. Bourdon 8' von Ho...
7. Viola di Gamba 8' ...
8. Holzflöte 8' von Ho...
9. Gemshorn 8' unter...
10. Rohrflöte 8' von Pr...
11. Posaune 8', ausschl...
12. Quinte 5⅓', von P...
13. Octave 4' von M...
14. Octav 4' von Metall...
15. Flöte 4' von Holz, ...
16. Clairon 4', ausschlag...
17. Terz 3⅕', von Pret...
18. Rohrd 2⅔', von P...
19. Octav 2' von Prob...
20. Cornettino 2', ausfl...
21. Mixtur 2⅔', ...
22. Cornett 5' Cin, Pr...
24. Schar 1', Sch von...

II. Manual

1. Principal 8' von em...
2. Bourdon 16' von H...
3. Salicional 16', die unter...
   von Prestan.
4. Gedackt 8' von Hol...
5. Salicional 8', untere ...
6. Dolce 8', untere Oc...
   Aeoline des III.,
7. Trompete 8' ausschl...
8. Fugara und Oboe 8...
   Oscallodeter.
9. Octav 4' von Prob...
10. Salicet 4' von Sal...
11. Spitzflöte 4' von Pr...
12. Cornu 4' ausschlagen...
13. Superoctav 2' von H...
14. Mixtur 2⅔', Rauch...

III. Manual (Sala...)

1. Geigenprincipal 8', ...
   zun.
2. Spitzflöte 8', untere ...
3. Lieblich Gedackt 8' ...
4. Concertviol 8' von ...
5. Aeoline 8', untere ...
   Octav des II. Ma...
6. Clarinette 8' einschl...
   Zun.
7. Fugara 8' von Prel...

Pedal (C – d 27 Noten).

a) Forte-Abtheilung.

Grand Bourdon 32 von Holz, combinirter Ton, welcher in Verbindung mit den Aliquottönen den Bourdon 32 Fuß erzeugt, der kräftige, klarer und schöner ist, als ein 32 Fuß natürlicher Länge, der aber hier des Raumes wegen nicht gestellt werden kann.

Principalbaß 16 offen von Holz.
Gambenbaß 16 auffchlagende Zungen, Schallbecher, Holz.
Quintbaß 10⅔ gedeckt von Holz.
Octavbaß 8 offen von Holz.
Flötenbaß 8 von Holz offen.
Trompete 8 aufschlagende Zungen, Schallbecher von Probium.
Terzbaß 6⅖ offen von Holz.
Clarine 4 aufschlagende Zungen, Schallbecher von Probium.
Octavbaß 4 von Probium.

b) Piano-Abtheilung.

Subbaß 16 gedeckt von Holz.
Violonbaß 16 offen von Holz.
Gemsbaß 8 gedeckt von Holz.
Violoncello 8 von Holz offen.

Nebenzüge, Collectivpedale und Coppelungen.

Collectivpedal für sämmtliche 40 Stimmen.
„   „   „   Zungenstimmen.
„   „   „   III. Manual mit Pianopedal-Abtheilung.
„   „   „   Forte im I. Manual,   je mit den ent-
„   „   „   „   II.   „   sprechenden Pedal-
„   „   „   „   III.   „   registern.
Schwelltritt zum Echowerk (III. Manual).
„   in Oboe und Fagott = im II. Manua.
Coppelung   I. Manual zum Pedal.
„   „   II.   „   I. Manual.
„   „   III.   „   I.   „
„   „   III.   „   II.   „
„   „   II.   „   Pedal.

Dazu kommt außer der Disposition:

Coppelung III. Manual zum Pedal.
Collectivtritt für Pianopedal-Abtheilung.

Im Ganzen 40 klingende Stimmen.
15 Nebenzüge.
Zusammen: 55 Züge.

Uebrige Bestandtheile.

Windladen für 40 vollständige Stimmen mit Kegelventilen ohne Federdruck nach der von C. F. Walcker erfundenen Construction.

Diese „Walcker'schen Kegelladen ohne Federdruck" sind anerkanntermaßen die vorzüglichsten aller bis jetzt bekannten Windladen-Constructionen. Deren große Vorzüge hinsichtlich einer gleichmäßigen und sehr kräftigen Intonation machen sich hauptsächlich bei großen Werken geltend, weil die Intonation und Stimmung sowohl beim vollen Spiel als beim Spiel einzelner Register sich vollkommen gleich bleibt und keinerlei Windalteration hervorgerufen wird, wie sie bei dem Schleifladensystem, von derartige Mängel bei sonst guten Orgelwerken stets zu beklagen sind, unvermeidlich ist. Einen weiteren, gewiß nicht zu unterschätzenden Vortheil bieten aber die Walcker'schen Kegelladen

auch durch ihre größere Solidität, welche durch ihre Construction selbst bedingt wird.

2. Einrichtung der pneumatischen Heber, wodurch eine äußerst angenehme und leichte Spielart selbst bei gekoppelten Clavieren erzielt wird.

3. Regierwerk auf das Zweckmäßigste und Solideste eingerichtet, mit einem vor dem Werke angebrachten Claviertasten, der die Claviere nebst Pedal und Registerzügen einschließt und wo der Spieler so placirt ist, daß er mit dem Gesicht gegen den Chor gekehrt ist, somit die Orgel selbst im Rücken hat.

4. 3 Manualclaviere, je 54 Tasten mit weißem Bein und Ebenholz belegt.

5. 1 Pedalclavier, 27 Tasten aus Eichenholz.

6. Schwellkasten, welcher sämmtliche Stimmen des III. Manuals einschließt und mit Anlenken zum Oeffnen und Schließen versehen wird.

7. Schwellung für Fagott und Oboe des II. Manuals.

8. Gebläse mit 4 Pilzenbälgen neuester und solidester Construction mit Tret- und Hebelmechaniseinrichtung, so daß zwei Männer den zum vollen Spiel nöthigen Wind leicht beschaffen können.

9. 2 Regulatorbälge, um die Windstärke der Manuale zu reguliren.

Das vorgeschlagene Pilzengebläse zeichnet sich durch seine große Dauerhaftigkeit, durch einen äußerst egalen und kräftigen Wind vor dem früheren Compensations-Faltengebläse mit Schöpfern und Reservoirs aus und ist außerdem billiger als letzteres.

10. Wind- und Röhrencanäle für das ganze Werk.

11. Windladen-Anger und Träger, Pfeifenbocke und Raster, Gerüste, Treppen, Gäben, Condueten etc. etc.

12. Intonation und Stimmung des ganzen Werkes nach dem Pariser Normal-Orchesterton.

13. Verpackung, Transport und Zollspesen des Werkes bis Wien, sowie Rückfracht des Packmaterials und Werkzeuges.

14. Aufstellung und Vollendung des Werkes in der Votivkirche zu Wien, inclusive aller Reise- und Aufenthaltspesen des hierzu benöthigten Personals.

Bei Aufnahme des Protocolles über die Vergebung des vorstehenden Orgelbaues wurde noch besonders vereinbart, daß sämmtliche aufschlagenden Zungenstimmen möglichst weich und ohne schnarrenden Charakter intonirt werden.

Am 30. October 1872 fand die Revision dieser Orgel statt. Im Auftrage Seiner Excellenz des Herrn k. k. Statthalters von Niederösterreich hat die Bauleitung die Herren Universitätsprofessor Dr. Eduard Hanslick, Dr. Carl Hausleithner, Präses-Stellvertreter des Wiener Cäcilienvereines, und den k. k. Hof- und Domcapellmeister Gottfried Preyer zur Vornahme dieser Revision eingeladen. Nachdem Professor Hanslick durch Unwohlsein verhindert war, dieser Einladung zu folgen, so trat auf Ersuchen der Bauleitung Professor Anton Bruckner an dessen Stelle. Die Prüfung des Werkes nahm gegen drei Stunden in Anspruch. Die Revisoren gewannen die Ueberzeugung, daß das Werk den vorstehenden Bestimmungen des zwischen dem Orgelbauer und der Bauleitung im Jahre 1871 abgeschlossenen Vertrages vollkommen entspreche, bis auf die drei oben angegebenen Abänderungen, die aber als Verbesserungen anerkannt wurden, und daß es nach jeder Richtung hin vortrefflich ausgeführt sei. Die berichteten dasselbe einstimmig als die schönste Orgel in Wien und wohl auch in ganz Oesterreich.

XI.

Organisations-Statut

des Volkskirchenbaues.

Die Bestimmungen zur Regelung der Ausführung des Baues der Volkskirche beziehen sich auf folgende Gegenstände:

1. auf die Direction des Bauwesens durch das in der Sitzung vom 12. October 1855 aufgestellte Verwaltungs- oder Specialcomité (Verwaltungsrath);

2. auf die Organisation der drei Sectionen des Baues selbst in Bezug auf die zweifache Function der Zeichnungsabtheilung, der Bauhütte und der Rechnungsabtheilung;

3. dann auf die Bauhüttenordnung insbesondere.

Als Anhang erscheint außerdem eine Uebersicht der Personen erforderlich, welche bei dem Baue zu verwenden sein werden, und desgleichen die Skizzirung der Grundsätze in Bezug auf die Regelung der Besoldung, welche den Leitern und übrigen beim Baue Angestellten auszuwerfen sein werden.

Dieser Eintheilung des gesammten Stoffes entsprechen die nachfolgenden vier Operate.

Das erste ist auf wenige Bestimmungen beschränkt, die dazu dienen, um das Mandat zu charakterisiren und zu normiren, welches im Sinne der Einleitung eines Verwaltungsrathes liegen dürfte.

Nicht beschlossen und verfügt ist übrigens bisher auch nach die Function des Verwaltungsrathes, welche ihm in diesem Operate bezüglich der Formirung des leitenden Comité vorbehaltenen Gegenstände grundsätzlich zugewiesen erscheint, nämlich die Function eines vorberathenden und Anträge für das leitende Comité formulirenden Körpers. Diese Bestimmung dürfte sich jedoch zur Annahme umso mehr empfehlen, als dadurch die Berathungen des leitenden Comités wesentlich erleichtert werden könnten.

Das zweite Operat beruht auf dem Gesichtspunkte, daß in allen technischen Fragen das Zusammenwirken Ferstels und Cramers, in allen ökonomischen Angelegenheiten die gemeinschaftliche Ingerenz Cramers und des Rechnungsführers als zweckmäßig und wünschenswerth vorausgesetzt wird.

Die beiden technischen Leiter ergänzen sich gegenseitig und gewähren in ihrer Uebereinstimmung dem leitenden Comité die Garantie, daß bei der Ausführung des von seinem deutlich ausgewählten Projectes die praktische Tüchtigkeit und geprüfte Erfahrung Hand in Hand gehe mit dem beifallswürdig befundenen Geschmacke jenes Baukünstlers, der bei dem ausgeschriebenen Concurse den glücklichen Wurf gethan. In den Fällen, wo ihre Ansichten einander entgegen gehen, wird das Comité auf die Punkte aufmerksam gemacht, welche einer reiferen Erwägung, weil sie als zweifelhaft anzusehen sind, unterzogen werden müssen, und dadurch kommt es in die Lage, nach der Geschaffenheit des Falles andere Autoritäten der Kunst, zu im Falle der Noth eine deutsche oder europäische Notabilität der gothischen Bauweise in Rathe zu ziehen — eine Eventualität, die übrigens dann nicht eintrete, wenn die beiden technischen Leiter niemals eine verschiedene Meinung verträten, sondern stets für gemeinsames Wissen und Können zum Vortheile des Werkes in die Wagschale legen und somit zur vollen Uebereinstimmung im Allgemeinen und Einzelnen gelangen sollten.

Das Zusammenwirken Cramers mit dem Rechnungsführer in ökonomischen Angelegenheiten bedarf keiner empfehlenden Begründung, da der darin liegende Gedanke der Controle am Tage liegt.

Was über das Rechnungswesen bezüglich der Auszahlungen, die am Bauplatze stattfinden, bestimmt ist, erklärt sich ebenfalls in seiner Einfachheit selbst, und die zur Herstellung der Ordnung vorgeschriebenen Bücher sind im Wesentlichen derjenigen Einrichtung nachgebildet, welche in Cöln diesfalls bestehen.

Das dritte Operat enthält nun die unerläßlichen Bestimmungen eines Statuts für die Bauhütte. Sie haben hauptsächlich den Zweck, den Geist zu charakterisiren, der in dieser Erneuerung der untergegangenen Wiener Bauhütte walten soll und der man daher im Regime entsprechen muß. Es liegt in der Natur solcher Schöpfungen, daß sie, da sie lebendig sind, sich aus sich selbst weiter entwickeln. Diesem eigenen Entwicklungstriebe kann man die Bauhütte unerläßlich überlassen; im Falle aber doch das Gedürfniß mehrerer Anordnungen an den Tag treten sollte, wird späterhin, sobald das Gedürfniß fühlbar geworden, nachgeholten werden können.

Der Anhang über den Personal- und Gehaltungsstatus ergibt sich nicht über diejenigen Personen, deren Aufnahme auf Grundlage eines mit der Genehmigung des Comités versehenen Antrages dem Obermeister überlassen bleiben muß. In dieser Gehörung ist nur eine beiläufige allgemeine Uebersicht gegeben, welche auf den Geobachtungen in Cöln und auf den Gesprechungen mit dem Chef der Bauhütte beruht.

Ausführlicher ist dasjenige, was sich auf die leitenden Persönlichkeiten bezieht, und insbesondere die Frage über das Honorar für den Architekten Ferstel mit Rücksicht auf den bereits zuerkannten Preis, dann über die Art der Besoldung des Obermeisters Cramer, auf dessen Schultern die größte Verantwortlichkeit und die eigentliche schwere Last einer von ihm zu controlirenden tadellosen Ausführung ruht.

In dieser Gehörung ist jedoch hier nichts beizufügen, indem die leitenden Gesichtspunkte in den nachfolgenden Operaten selbst angedeutet worden sind.

1. Der Verwaltungsrath.

Zufolge des am 12. October 1855 gefaßten Geschlusses ist die Leitung des Baues dem hier ernannten Specialcomité übertragen.

Seine Wirksamkeit wird eine doppelte Richtung haben: einmal in Folge des erwähnten Mandates gegenüber dem Coopervereine; dann gegenüber dem leitenden Comité bezüglich der Angelegenheiten, welche der höheren Berathung und Entscheidung vorbehalten bleiben.

Als Gegenstände, welche dem leitenden Comité vorbehalten bleiben, erscheinen:

1. Die Genehmigung des von der Bauführung alljährlich vorzulegenden Präliminares.

2. Die Erledigung des am Ende jedes Baujahres über die Fortschritte des Baues und über den Kostenaufwand von der Bauleitung zu erstattenden Geschäftes.

3. Die Entscheidung über Anträge auf Aenderungen in den von Seiner kaiserlichen Hoheit dem Durchlauchtigsten Erzherzog Ferdinand Max zur Ausführung gewählten Plane.

4. Bestimmungen, durch welche in der Organisation des Baues weitere Modificationen bezweckt werden.

5. Alle anderen Gegenstände, welche der Verwaltungsrath selbst der Entscheidung des leitenden Comités unterzogen zu sollen erachtet.

Bezüglich dieser Angelegenheiten hat der Verwaltungsrath die Aufgabe, die einlangenden Fragen in Vorberathung zu ziehen, Anträge zu formuliren und auf diese Weise die Geschäftssaltung des leitenden Comités vorzubereiten.

Zur unmittelbaren Erledigung des Verwaltungsrathes gehören dagegen die übrigen, auf die Leitung des Baues bezüglichen Geschäfte als Genehmigung der von der Bauführung abzuschließenden Verträge und Ratifikation der Ausführungen; Rechnungsprüfung und Erledigung

Geldanweisung; Einholung des Gutachtens von Sachverständigen in vorkommenden Fällen; Erledigung aller sonstigen Eingaben und Ausführung der Maßregeln, welche erforderlich erachtet werden.

Als Richtschnur für die Ordnung von Seite des Verwaltungsrathes haben die Bestimmungen über die Organisation des Bauwesens zu dienen; dagegen ist die Feststellung der Geschäftsordnung dieses Comités dem Ermessen des Vorsitzenden desselben anheimgestellt.

II. Organisation des Bauwesens bei der Votivkirche in Wien.

Das ganze Bauwesen an der Votivkirche umfaßt drei Sectionen:

1. Die Section der Zeichnungen, 2. die Bauhütte und 3. die Section des Rechnungs- und sonstigen Verwaltungsgeschäftes.

Die Entwickelung der erforderlichen Ausführungs- und Detailpläne aus dem von Seiner Kaiserlichen Hoheit dem Durchlauchtigsten Erzherzog Ferdinand Max gewählten Projecte, und zwar im Geiste desselben, wird dem Architekten Ferstel übertragen, der die Anfertigung aller Zeichnungen auf sich nimmt. Da er für die Herstellung derselben in der mit ihm zu contrahirenden Art im Ganzen honorirt wird, so ist es ihm anheimgestellt, sie auf die ihm beliebige Weise zu Stande zu bringen und insbesondere jene Hilfsarbeiter zu beschäftigen, die ihm geeignet erscheinen und es hiezu honorirt. Seine Sorge wird jedoch darauf gerichtet sein, und ist er auch dafür verantwortlich, daß die Zeichnungen tadellos ausgeführt werden; und damit der Bau niemals eine Stemmung oder Störung erleide, wird er die Detailpläne in solchen Partien, wie es die Natur des Baues und der Fortschritt der Arbeit erfordert, bis zur gehörigen Zeit fertig machen. Sobald eine Partie fertig ist, wird sie von ihm mittelst eines Berichtes, der von Herrn Cranner mitzufertigen ist, dem Verwaltungsrathe vorgelegt, von welchem diese Eingabe zur ordnungsmäßigen Erledigung gebracht wird.

Die erledigten Pläne werden von Herrn Cranner als Chef der Bauhütte und Obermeister zur wirklichen Ausführung, für deren Vollkommenheit er verantwortlich ist, übernommen.

Die sogenannten Bestungen sind in der Bauhütte und somit unter Leitung des Herrn Cranner anzufertigen.

Als Obermeister der Bauhütte hat er nach seinem Ermessen zu den einzelnen Arbeiten diejenigen Arbeiter zu bestimmen, welche er hiezu für geeignet hält; ihm ist die Aufrechthaltung der Bauhütten-Ordnung, welche in jedem Steinmetzlocale angestellt sein wird, übertragen.

Damit das Comité über den Umfang der in jedem Jahre vorzunehmenden Arbeiten in Kenntniß erhalten und in die Lage gesetzt werde, darüber seine Anordnungen zu treffen, haben die beiden Chefs der technischen Sectionen vor dem Beginne eines jeden Baujahres ein Präliminare vorzulegen, welches mit einem Kostenüberschlage der präliminirten Arbeiten versehen sein muß. Wenn die Ueberschreitung des genehmigten Präliminares sich nachträglich erforderlich zeigen sollte, so ist hierin von ihnen die Genehmigung in gleicher Art zu erwirken.

Am Schlusse eines jeden Baujahres haben sie einen umständlichen Bericht über die Fortschritte des Baues und über die im abgelaufenen Jahre aufgewendeten Kosten vorzulegen.

Alle diese Berichte und Eingaben sind von ihnen gemeinschaftlich zu erstatten und daher von beiden zu unterzeichnen. Für den Fall, daß sie in ihren Ansichten und Anträgen von einander abweichen sollten, werden beide Meinungen angeführt und hat dann jeder seine abgesonderte Motivirung beizulegen.

Wenn sich die Nothwendigkeit oder Zweckmäßigkeit darbietet, daß ein Vertrag über Lieferungen oder specielle Arbeiten abzuschließen

werde, z. B. für Lieferung von Materialien, als: Stahl, Eisen, Blei, Kalk, Sand, Ziegel, oder für Erdaushebung, Zimmermanns-, Schlosser-, Tischler-, Kupferschmied-, Schieferdecker- und andere dergleichen Arbeiten, welche in Accord gegeben werden können, liegt den beiden technischen Leitern ob, dem Verwaltungsrathe ihre Anträge vorzulegen und denselben die bezüglichen Vertragsentwürfe beizufügen.

Sind die Anträge genehmigt, so sind die Verträge auszuschließen, von den beiden technischen Leitern und dem Rechnungsführer im Namen des Verwaltungsrathes zu unterfertigen und die Ausfertigungen zur Ratification vorzulegen.

Da sich Fälle ergeben werden, in welchen die beiden technischen Leiter eine Aenderung in dem ursprünglichen Bauplane wünschenswerth erachten, so haben sie in solchen Fällen ihre Anträge zu stellen und zu motiviren.

Sobald die zu den genehmigten Detailplänen vorgezeichneten Arbeiten ausgeführt sind, sollen die Zeichnungen hinterlegt und sorgfältig aufbewahrt werden.

In denjenigen Fällen, in welchen die technischen Leiter in ihren Ansichten von einander abweichen und daher ihre Separatanträge vorlegen, wird der Verwaltungsrath das Gutachten bewährter Techniker einholen und nach Umständen die Entscheidung des leitenden Comités in Anspruch nehmen.

Das Cassewesen des Kirchenbaues bleibt wie bisher bei der Landeshauptcasse, und seine Buchhaltung bei der n. ö. Staatsbuchhaltung centralisirt.

Die Landeshauptcasse wird diejenigen Zahlungen, welche bei denselben entweder als fixe Bezüge ein- für allemal zur monatlichen Gebührung oder speciell von Fall zu Fall angewiesen werden, an die betreffenden Empfänger unmittelbar gegen vorschriftsmäßige Quittungen leisten.

Nur die Auszahlungen, welche auf dem Bauplatze stattfinden, geschehen durch die Vermittlung des Rechnungsführers, welcher zu diesem Behufe die wöchentlich erforderlichen Gelder von der Landeshauptcasse empfängt.

Der zu diesen wöchentlichen Auszahlungen erforderliche Geldbetrag wird an jedem Samstage bei der Landeshauptcasse erhoben, und an demselben Tage wird auch noch die Auszahlung am Bauplatze vollzogen.

Damit der erforderliche Geldbetrag am Samstage bei der Landeshauptcasse in Bereitschaft gehalten werden könne, hat der Rechnungsführer am Freitage vorher ein von Herrn Cranner mitgefertigtes Verzeichniß der Zahlungen, die er am Samstag zu leisten hat, bei dem Verwaltungsrathe zu überreichen, wo es in der von dem Vorsitzenden zu bestimmenden Ordnung zur Anweisung gelangt.

Diesen Zahlungsverzeichnissen sind die Wochenlisten der Poliere über die Arbeitstage der Steinmetze und die Lieferungs-, sowie sonstigen Rechnungen beizulegen. Jede von diesen Listen und Rechnungen, zu deren Auszahlung der Rechnungsführer mittelst der Wochenverzeichnisse das Geld requirirt, muß von Herrn Cranner visirt sein, so daß keine Auszahlung vorkommen kann, von welcher er keine Kenntniß hätte.

Da er, sowie der Rechnungsführer dafür haftet, daß ein bereits gezahlter Gegenstand nicht noch einmal in Rechnung gestellt wird, ist es seine Sache, für sich eine abgesonderte Aufschreibung über die von ihm visirten Rechnungen zu führen.

Die Wochenlisten der Poliere sind nach dem hierzu vorgeschriebenen Formulare in der Art zu führen, daß daraus das Ergebniß der täglichen Gelangen genau ersichtlich ist. Bei der Verlesung muß der Rechnungsführer oder ein Ersatzmann zugegen sein, damit er die Eintragung in die Liste controllire.

Zum Zeichen der geschehenen Prüfung der Wochenlisten wird er sie unterunterfertigen.

Nachdem der Rechnungsführer am Samstag den Wochenzahlungs-
betrag erhoben hat, gibt er jedem Poliere seine Liste mit dem darauf
verzeichneten Gelöbbetrage. Dieser zahlt noch an demselben Tage die
Löhne an die einzelnen Arbeiter aus und läßt sich den Empfang
durch Beisetzung der Unterschrift in der hierzu bestimmten Rubrik
bestätigen.

Die mit den Unterschriften versehene Liste wird sohin von dem
Poliere nach Beisetzung der Clausel: „ausgezahlt am . . . .“
unterfertigt und dem Rechnungsführer zurückgestellt.

Die übrigen Auszahlungen, welche nicht in den Wochenlisten der
Arbeiter verzeichnet sind, sollen vom Rechnungsführer selbst an die
Empfänger ausgezahlt werden. Nachdem alle Auszahlungen geleistet
und die mit den Empfangsbestätigungen versehenen Listen der Poliere
an den Rechnungsführer zurückgelangt sind, hat dieser die Rechnung für
die abgelaufene Woche auszufertigen, sämmtliche Gestaltungen beizulegen
und die am Montage der nächsten Woche bei dem Verwaltungsrathe zu
überreichen, von wo sie zur Prüfung an die Buchhaltung, und mit der
Rechnungserledigung wieder an den Rechnungsführer zurückgeleitet
werden.

Am Ende des Jahres wird aus den 52 Wochenrechnungen des
Rechnungsführers die Jahresrechnung gebildet, und diese ist sammt
den Zusammenstellungen in längstens 14 Tage nach Ablauf des
Baujahres bei dem Verwaltungsrathe zu überreichen.

Hierüber wird, sobald die Rechnung richtig befunden worden ist,
eine Jahresrechnung, rücksichtlich ein Absolutorium ertheilt.

Zur Aufrechterhaltung der Ordnung in den Geschäften sind in
der Baukanzlei folgende Bücher zu führen:

1. Ein Grundbuch der Arbeiter. Es enthält die Namen,
den Geburtsort und den Tag des Eintrittes; eine Rubrik ist für den
Abgang offen zu lassen.

2. Das Arbeitsbuch der Steinmetze. Es dient zur Eintragung der von jedem einzelnen Steinmetz geleisteten Arbeitstage und
wird aus dem Wochenlisten der Poliere copirt, in welchem das Ergebniß
der täglich zu bestimmten Stunden vorgenommenen Namensverlesung
notirt ist.

3. Das Inventarium der Werkzeuge und der Einrichtungsstücke der Bau- und der Arbeitshütten.

4. Das Inventarium der Baumateriale, welche auf den
Bauplatz geliefert worden sind, mit einer Rubrik, wohin und wozu sie
verwendet werden.

5. Ein Gestellbuch bezüglich der an den Unternehmer des
Steinbruchs ergangenen Gestellungen. Es wird hierbei aus dem Ver-
anschlagung vorgegangen, daß der Steinbruch für den Kirchenbau als
Eigenthum requirirt, das Herausbrechen der Steine und das rohe
Behauen derselben jedoch in Accord gegeben werde; daß der Stein-
bruchunternehmer dieses Material und den Bauplatz zu stellen und
rücksichtlich der erforderlichen Dimensionen der Steine sich an die
allgemeinen Anweisungen oder besondern Gestellungen des Obermeisters
zu halten habe. Für diese besondern Gestellungen ist das oben bezeichnete
Buch bestimmt.

6. Ein Gestellbuch für andere Gegenstände, mit Angaben,
die an Denjenigen hinzugegeben werden, der mit der Gestellung
beauftragt wird, und auf welchen die geschehene Ablieferung vom
Rechnungsführer nach dem Einlangen des Gegenstandes bemerkt wird.

7. Ein Hauptbuch, worin sämmtliche Auslagen nach den
Wochenrechnungen nach Kategorien zusammengestellt eingetragen
werden, in der Art, daß für jede Kategorie ein abgesondertes Folium
besteht.

8. Ein Rechnungs-Tagebuch.

9. Ein Cassabuch.

10. Ein Einreichungs-Protokoll.

III. Ordnung der Wiener Bauhütte bei dem Bau der Votivkirche.

Die Bauhütte steht unter der Leitung des Obermeisters, und
dieser hat darüber zu wachen, daß diese Ordnung ihrem Wortlaute
und Geiste nach in allem und jedem erfüllt werde.

Der Obermeister hat es zunächst nur mit den Polieren zu thun
und wird, obgleich er zu directem und unmittelbarem Eingreifen
berechtigt ist, nicht ohne Noth die Poliere umgehen, welche als Meister
der Gesellen vorstehen und daher ihre nächsten Vorgesetzten sind.

Den Polieren wird es zur Pflicht gemacht, Gesellen und Lehrlinge
gut zu behandeln und ihnen mit gutem Beispiele durch ehrenhaftes
Benehmen voranzugehen. In der Bauhütte ist vor allem auf ein
anständiges und gesittetes Benehmen zu sehen und jede Abweichung
mit Strenge zu ahnden. Das erste Mal erfolgt in der Regel ein
Verweis des Obermeisters in Gegenwart des Poliers; das zweite Mal
ein solcher in Gegenwart aller Gesellen; auf die dritte Uebertretung
ist Entlassung gesetzt. Nach Beschaffenheit des Falles kann jedoch auf
die erste Uebertretung die Entlassung verhängt werden.

Ein Geselle, der entlassen wurde oder freiwillig austritt, kann
nie wieder bei diesem Kirchenbaue Dienste erlangen.

Die Arbeitszeit ist genau nach der nachfolgenden stunden-
weise festgesetzten Eintheilung zu beobachten:

Jänner. Von ½ 8 Uhr Morgens bis 12 Uhr Mittags, dann von
1 bis 4 Uhr Abends; zusammen 7 Stunden.

Februar. Von 7½ Uhr Morgens bis 12 Uhr Mittags, dann
von 1 bis 4½ Uhr Abends; zusammen 8 Stunden.

März. Von 6½ Uhr Morgens bis 12 Uhr Mittags, dann
von 1 bis 5½ Uhr Abends; zusammen 10 Stunden.

April. Von 5½ 7½ Uhr und von 8 Uhr Morgens bis
12 Uhr Mittags, dann von 1 bis 6 Uhr Abends; zusammen
11 Stunden.

Mai. Von 5 7½ Uhr und von 8 Uhr Morgens bis 12 Uhr
Mittags, dann von 1 bis 4½ Uhr und von 5 bis 7 Uhr Abends;
zusammen 12 Stunden.

Juni. Von 5 7½ Uhr und von 8 Uhr Morgens bis 12 Uhr
Mittags, dann von 1½ bis 4½ Uhr und von 5 bis 7½ Uhr
Abends; zusammen 12 Stunden.

Juli. Von 5 7½ Uhr und von 8 Uhr Morgens bis 12 Uhr
Mittags, dann von 1½ bis 4½ Uhr und von 5 bis 7½ Uhr
Abends; zusammen 12 Stunden.

August. Von 5½ 7½ Uhr und von 8 Uhr Morgens bis
12 Uhr Mittags, dann von 1 bis 4½ Uhr und von 5 bis 7 Uhr
Abends; zusammen 11½ Stunden.

September. Von 6 7½ Uhr und von 8 Uhr Morgens
bis 12 Uhr Mittags, dann von 1 bis 5½ Uhr Abends; zusammen
10 Stunden.

October. Von 7 Uhr Morgens bis 12 Uhr Mittags, dann
von 1 bis 5 Uhr Abends; zusammen 9 Stunden.

November. Von 7½ Uhr Morgens bis 12 Uhr Mittags,
dann von 1 bis 4 Uhr Abends; zusammen 7½ Stunden.

December. Von 8 Uhr Morgens bis 12 Uhr Mittags, dann
von 1 bis 4 Uhr Abends; zusammen 7 Stunden.

Zu den bestimmten Stunden wird das Zeichen zum Beginne und
zum Ende der Arbeit mittelst Hammerschlages gegeben. An jeder
Werkhütte werden die Namen aufgerufen; wer fehlt, verliert den für
die Zeit bis zum zweiten Namensaufruf entfallenden Taglohn.

Der Arbeitslohn der Steinmetze wird in drei Classen getheilt;
die erste Classe erhält 1 fl. 54 kr., die zweite Classe 1 fl. 45 kr., und
die dritte Classe 1 fl. 16 kr. C. M. als ganzen Taglohn, und zwar

ohne Unterschied der Monate, indem jede Ausmittelung des Lohnes auf der mittleren Arbeitszeit beruht. Die Eintheilung in die Classen ist dem Obermeister übertragen, welcher hierbei auf Fleiß, Geschicklichkeit und gutes Betragen sehen wird. Er hat auf die Anträge der Poliere, vorzüglich aber auf seine eigene Beobachtung Rücksicht zu nehmen.

Wenn ein in höherer Classe eingereihter Steinmetz sich Mangel an Fleiß oder sonst ein Gebrechen zu Schulden kommen läßt, so wird er in eine niedrigere Classe versetzt, bis er wieder durch Fleiß und Aufmerksamkeit die Zurückversetzung in die höhere Classe verdient.

Ein durch Mangel an Fleiß oder durch Nachlässigkeit verursachter Schade kann durch einen Verweis oder durch eine Geldstrafe, die jedoch den dritten Theil des Wochenlohnes nicht übersteigen darf, geahndet werden.

Das Maß der Strafe wird vom Obermeister nach Anhörung der Poliere und des Artikels aus jeder Classe der Steinmetze bestimmt.

Der Strafbetrag fällt der Kranken- und Unterstützungscasse der Confraternität anheim.

In die Bauhütte eine Pflanzschule für tüchtige Steinmetze werden soll, so werden Lehrlinge aufgenommen, welche wenigstens das sechzehnte Jahr zurückgelegt haben, gesund und stark, und als geübte Jungen bekannt sind. Die Lehrzeit dauert in der Regel fünf Jahre. Eine Abkürzung kann als Belohnung für besonderen Fleiß und vorzügliche Geschicklichkeit stattfinden.

Die Lehrjungen sollen zunächst unter der Obhut der Poliere, müssen lieberlich behandelt, und in Fleiß und Ordnung, sowie zu einem gesitteten Wandel angehalten werden. Sie sind beständig zur Arbeit zu verwenden. Das Herumschicken derselben durch die Steinmetze darf durchaus nicht geduldet werden.

Drei Monate dauert die Probezeit zur definitiven Aufnahme, doch wird diese Zeit in die Lehrzeit eingerechnet.

Die Lehrjungen können nach der Probezeit schon vom ersten Jahre angefangen einen Lohn erhalten und werden ebenfalls in Classen abgetheilt.

Am ersten Jahre erhält	im dritten Jahre
die erste Classe täglich 20 kr.,	die erste Classe täglich 30 kr.,
„ zweite „ „ 18 „	„ zweite „ „ 28 „
„ dritte „ „ 16 „	„ dritte „ „ 25 „
im zweiten Jahre	im vierten Jahre
die erste Classe täglich 30 kr.,	die erste Classe täglich 50 kr.,
„ zweite „ „ 28 „	„ zweite „ „ 42 „
„ dritte „ „ 22 „	„ dritte „ „ 35 „
	im fünften Jahre
	die erste Classe täglich 1 fl.
	„ zweite „ „ 50 kr.,
	„ dritte „ „ 36 „ C. M.

Die Lehrjungen sind an Sonn- und Feiertagen zum Schul- und Religionsunterrichte anzuhalten und haben sich darüber mit Zeugnissen auszuweisen.

Bei der Bauhütte ist eine Kranken- und Unterstützungscasse zu bilden, aus welcher bei vorkommenden Erkrankungs- oder anderen Unglücksfällen Unterstützungen verabfolgt werden.

In diese Casse hat jeder bei dem Baue beschäftigte Arbeiter ohne Unterschied der Steinmetze oder anderer Classen von seinem Verdienste einen Kreuzer per Gulden einzulegen. Dieser Betrag wird vom Lohne abgezogen und in die Casse gelegt.

Die Verwaltung dieser Casse wird vom Rechnungsführer übernommen, welchem ein Ausschuß — aus den Polieren und den hierzu gewählten Altgesellen gebildet — zur Seite steht.

Die Größe des in jedem einzelnen Falle aus der Casse zu verabfolgenden Unterstützungsbetrages wird von dem erwähnten Ausschusse bestimmt.

IV. Personal- und Besoldungs-Status.

1. Section für architektonische Zeichnungen.

Bezüglich des Personales und der Honorirung der Section für die architektonischen Zeichnungen ist bereits in der Organisation des Cameralen der Grundsatz ausgesprochen, daß der Architekt Zettel für die Zeichnungen im Ganzen honorirt werden soll, so daß die Zahl und Wahl der Zeichner ihm überlassen bleibt. Seine Beschäftigung ist eine solche, daß sie im Beginne des Baues bedeutender ist, als bei dem weiteren Fortschreiten der Arbeiten, wo Wiederholungen vorkommen, und die eigene Thätigkeit des Architekten weniger in Anspruch genommen wird. Aus diesem Grunde, und ferner zu dem Zwecke, daß der Architekt ein Motiv habe, den Bau vorwärts zu treiben, wäre seine Honorirung in folgende Abstufungen zu bringen:

a) In dem ersten Jahre dürfte ihm ein in Monatsraten fällig zu machender Jahresgehalt von . . . . 4,000 fl.,
im zweiten Jahre von . . . . 3,000 „
im dritten Jahre von . . . . 2,500 „
zusammen mit . 9,500 fl.;

b) in den drei nächsten Jahren mit jährlichen 2000 fl.,
zusammen . . . . 6,000 fl.;

c) in den drei folgenden mit 1500 fl., zusammen . 4,500 „
d. i. bis zum Ablaufe des neunten Jahres . 20,000 fl.
genehmigt werden;

als vom zehnten Jahre angefangen nur 1000 fl.

In der Voraussetzung zehnjähriger Dauer des Baues würde er demnach erhalten obige . . . . 20,000 fl.,
für das zehnte Jahr . . . . 1,000 „
und außerdem ist ihm bereits für das Project der Preis von 1000 Stück Ducaten in Geld im Werthe von circa 6,000 „
zugesichert, so daß er für seine Mühewaltung im Ganzen mit einem Betrage von . . . . 27,000 fl.
honorirt würde, was als den Umständen angemessen erachtet werden dürfte.

2. Die Bauhütte und die übrigen Handwerkscassen.

Die Honorirung des Chefs der Bauhütte, Joseph Stummer, dürfte aus folgenden Grundlagen zu ermitteln sein:

In Cöln besteht der bedeutendste Theil der Einnahme des Werkmeisters in den Gesellengroschen der Steinmetze.

Es arbeiten im Durchschnitte 220 Steinmetze, deren jeder von seinem Tagesverdienste zwei Groschen für den Werkmeister abgibt. Dies macht täglich ungefähr 26 fl. C. M. Hiervon hat er das Werkzeug beizuschaffen und in Stand zu erhalten, worauf mindestens 6 fl., und höchstens 10 fl. verausgabt werden müssen.

Es bleiben daher als Meisterverdienst wenigstens 16, und höchstens 17 fl., was in 300 Arbeitstagen des Jahres wenigstens 4800 fl., und höchstens 5100 fl. ausmacht. Hierzu kommt noch der Jahresgehalt von 500 Thalern oder 1200 fl., so daß sich das Gesammteinkommen bei dem Stande von 220 Steinmetzen auf 5400 bis 6300 fl. C. M. beläuft, oder im Durchschnitte auf 5700 fl.

Vor allem ist die Frage zu entscheiden, ob das System der Gesellengroschen adoptirt werden soll. Es ist ohne Zweifel ein theures System und erhält sich in Cöln, weil es dort vom kleinen Anfange an sich fort entwickelt hat. Es gibt dem Obermeister den Schein eines Abhängigkeitsverhältnisses bezüglich seines materiellen Interesses, da z. B. ein massenhafter Austritt der Gesellen sein Einkommen auf viele Tage hin schmälern kann. Es verstellt sich von selbst, daß es im letzten Grunde nicht von den Gesellen gezahlt wird, denn die Löhne sind mit Rücksicht darauf festgestellt. Dieses Einkommen ist ein schwankendes, und darum auch ein kostspieliges.

Demnach dürfte es gerathener sein, darauf nicht einzugehen. Ein Aequivalent, welches, weil es so ist, bedeutend geringere sein kann, und zwar unmaßgeblich im Betrage von . . . . . 2.500 fl. dann hierzu ein Jahresgehalt von . . . . 1.200 „ würde zusammen . . . . 3.700 fl. Ö. W. anwenden und ihren strauner zufriedenstellen.

Eine andere Cassa ließe sich nach einer Erklärung desselben dadurch gewinnen, wenn ihr Honorar nach demjenigen bemessen würde, was er von den Einheitspreisen, die durch die niederösterreichische Landesbaudirektion ermittelt und gedruckt den Concurrenten mitgetheilt worden, in Ersparung zu bringen vermag. Er behauptet, daß seine Ersparungen ½ bedeutend sein werden, daß, wenn ihm als Honorar nur die Hälfte hievon bewilligt würde, er jedenfalls eine, 4 00 fl. jährlich bedeutend übersteigende Summe beziehen würde. Falls ihm die Wahl anheimgestellt werden sollte, würde er den letzteren Modus wählen.

Von der Betrachtung ausgehend, daß die Höhe der letzten Honorierungsart einer verläßlichen Berechnung nicht unterzogen werden kann und daß die schwankenden Rechnungen gewöhnlich die theuer'ten sind, dürfte man der ersteren Honorierungsart den Vorzug geben.

———

Nebst dem Obermeister sind erforderlich:

Zwei Steinmetzpoliere, Steinmetzgesellen in unbestimmter Anzahl, je nach dem Umfange, in welchem der Bau betrieben werden soll: ein Maurerpolier, ein Gerüstpolier, zwei Zimmerleute, ein Schlosser, zwei Schmiede, zwei Wächter; Handlanger in unbestimmter Zahl.

Rücksichtlich aller dieser Personen wäre ein Verschlag dem Obermeister abzufordern, sowie es seine Pflicht hieße, nach den sich ändernden Verhältnissen die erforderlichen Modificationen während des Baues zu beantragen.

Diese Anträge werden namentlich in Bezug auf die Zahl der Steinmetzgesellen mit denjenigen Anträgen zusammenhängen, welche jährlich in Betreff des Präliminares vorzulegen sein werden.

2. Section der Rechnungs- und Verwaltungsgeschäfte.

Die Rechnungs- und Verwaltungskanzlei wird einem Rechnungsführer oder Concurrenten übertragen. Da besondere technische Kenntnisse hierzu nicht erforderlich sind, so dürfte es möglich sein, mit einem Gehalte, der 1200 fl. nicht, oder nicht weit übersteigt, ein geeignetes Individuum zu gewinnen.

Nebst diesem wäre noch ein Individuum mit der Verpflichtung anzustellen, in allen Rechnungen des Dienstes dem Rechnungsführer zur Seite zu stehen, seine Stelle bei manchen Geschäften zu vertreten, Copirungen zu übernehmen, das Requisiten- und Materialienwesen zu gewöhnlich mit jenem zu übernehmen, kurz, als Gehilfe zu fungiren.

Seine Honorirung dürfte in der Art geregelt werden, daß seine Bezüge denen eines Steinmetzpoliers gleichkommen.

Außerdem wäre noch ein Diener für die Kanzlei zu bestellen.

———

In Betreff der drei Chefs wären Verträge nach vorläufiger Unterhandlung abzuschließen, in welchen insbesondere vorzusehen sein muß, auf welche Weise die Auflösung des Contractsverhältnisses stattfinden könne, wenn dies im Interesse des Unternehmens erforderlich sein sollte.

Der wirkliche Abschluß der Verträge soll Sache des Verwaltungsrathes sein, nachdem diese Grundsätze, wornach sich hierbei zu halten ist, durch das leitende Comité unter Sanction Seiner kaiserlichen Hoheit des Durchlauchtigsten Erzherzogs Ferdinand Max festgestellt sein

XII.

Allerhöchstes Handschreiben

an Seine kaiserliche Hoheit den Durchlauchtigsten Herrn Erzherzog Carl Ludwig.

Lieber Herr Bruder Erzherzog Carl Ludwig! Ich übertrage Euerer Liebden nach Ihrem Wunsche das Protectorat über den Bau der Heilandskirche in Wien mit dem Vorsitze im leitenden Comité, welches in Ihrer Verhinderung der Fürsterzbischof von Wien, Cardinal Ritter von Rauscher wie bisher führen wird.

Außerdem bleibt es Ihnen vorbehalten, überhaupt von allen diesen Bau betreffenden Angelegenheiten Einsicht, und darauf die Ihnen als Protector geeignet erscheinende Anträge zu nehmen.

Der für die Ueberwachung und Leitung des Baues bestehende Organismus bleibt im Uebrigen unverändert.

Hievon setze Ich zugleich Meinen Minister des Innern mit der Aufforderung in die Kenntniß, von dieser Verfügung sowohl den Cardinal-Fürsterzbischof von Wien, als auch die übrigen Comitémitglieder, denen, wie ursprünglich bestimmt werden war, in Zukunft auch Mein Minister für Cultus und Unterricht beizuwählen sein wird, zu verständigen.

Ofen, 15. März 1872.

Franz Joseph m. p.

———

XIII.

Allerhöchstes Handschreiben

an Seine kaiserliche Hoheit den Durchlauchtigsten Herrn Erzherzog Carl Ludwig.

Lieber Herr Bruder Erzherzog Carl Ludwig! Der seinerzeit von Gutdig für die Heilandskirche angefertigte Hauptaltar ist nach dem Urtheile der Fachmänner für diese Kirche nicht geeignet.

Nachdem sich dieser Altar jedoch für die Pfarr- und Stadtpfarrkirche zum heiligen Augustin, welche eines neuen Altares bedarf, vollkommen eignet, so bestimme Ich, daß derselbe in dieser Kirche aufgestellt werde.

Außer den bereits vom Baufonde der Heilandskirche bestrittenen Auslagen für diesen Altar dürfen jedoch jeden dieser Baufond oder den Stadterweiterungsfond, welcher den Baufonds der Votivkirche übernommen hat, keine weiteren Auslagen treffen.

Es hat sich sonach Mein Minister des Innern, an den Ich gleichzeitig die Weisung ergehen lasse, mit Meinem Minister für Cultus und Unterricht wegen der erforderlichen Vereinbarung über die Bestreitung des, für diesen Altar noch aushaftenden Restbetrages und der Aufstellungskosten in das Einvernehmen zu setzen und die weiteren Anträge Meiner Genehmigung zu unterziehen.

Hievon haben Euer Liebden das Comité für die Heilandskirche in die Kenntniß zu setzen.

Wien, 25. April 1872.

Franz Joseph m. p.

XIV

Ueberſicht

der Geſammtempfänge und der Geſammtkoſten für den Bau, die innere Ausſtattung und die Einrichtung der Votivkirche.

Einnahmen.

		fl.	kr.
A	Freiwillige Geſchenke, Subſkriptionen und für beſtimmte Zwecke gewidmete Geldbeiträge	1,676,554	95½
B	Subvention aus dem Etat des k. k. Cultusminiſteriums	600,000	—
C	„ „ „ Religionsfonde	150,000	—
D	„ „ „ Schulweiterungsfonde	300,000	—
E	An Intereſſen von der Hauptcentralcaſſe und der geliehene Effecten	47,157	95½
F	Beitrag der Commune Wien zum Ausbau der Thürme	140,000	—
G	Beitrag derſelben für Conſervatorien	100,000	—
H	Erlös für veräußerte Gemälden, Requiſiten, Materialien, an Cours und Agiogewinn und ſonſtige verſchiedene Empfänge	82,949	24
	Geſammt-Einnahmen . . .	**1,050,020**	**77**

Geſammtkoſten

für den Bau, die innere Ausſtattung und die Einrichtung.

			Einzeln		Zuſammen	
			fl.	kr.	fl.	kr.
	A. Bau-Vorauslagen					
1	Allgemeine Vorauslagen	a) Koſten der Concurrensſchreibung	14,194	15		
		b) Commiſſions- und Verſuchkoſten	5,193	29½		
2	Herſtellung des Bauplatzes	a) Einrichtung des Bauplatzes	4,031	47½		
		b) Bau des Canales, der Wächterhütte, der Schmiedewerkſtatte, der drei Steinmetzhütten, der Zeuggütte und Herſtellung der Kalk- und Sandgruben	29,471	17½		
		c) Einrichtung ſämmtlicher Bauhütten	7,148	21½		
3	Feuerliche Bauaſſecuranzen		1,906	—		
4	Kirchenmodell	a) Koſten der Anfertigung	41,475	70		
		b) „ „ öffentlichen Ausſtellung	8,996	15	102,416	52½

B. Koſten des Baues.

5	Fundament und Canalbau bis zum Straßenniveau	a) Erdaushebung	9,965	60½		
		b) Schuttführen	4,276	27½		
		c) Candſteine	35,147	61½		
		d) Kalk	7,967	22½		
		e) Sand	1,954	50½		
		f) Mörtel-Salzer und Verlaug	6,515	43½		
		g) Gerüſte und Pflaſter	2,575	82½		
		h) Cohnungen	42,597	41		
		i) Werkzeuge und Requiſiten	5,967	43½		
		k) Diverſe Materialien und Auslagen	748	—	115,942	24½
		Fürtrag . .			115,942	24½

	Einzeln		Zusammen	
	fl.	kr.	fl.	kr.
Uebertrag ..			115.649	24½
6 Oberbau und Einwölbung a) Steinmaterialien, Werkstücke und Quadern	250,226	87½		
b) Grudkalime	4,8??	??		
c) Ziegel	7,9??	4?		
d) hydraulischer Kalk .	18,1?1	2?½		
e) Weißkalk	21?	7?		
f) Gyps	141	4?		
g) Sand	4,32?	5??		
h) Gerüstungen und Gerüstbau	73,???	??		
i) Löhnungen der Steinmetze	1,?0?,??0	??		
k) Löhnungen der Maurer und Taglöhner	??,1??	4?½		
l) Construction-Auslagen, Requisiten, Werkzeuge, Gerüstbau, Litt. Arbeiterproben, Seilzeilen und diverse Materialien .	??,???	4?½		
m) Wasserbeitrag	2,84?	??	2,520,756	??½
7 Figurale Bildhauerarbeiten am Aeußeren a) Modellkosten ...	4?,??0	?		
b) Steinkosten	??,0??	?0		
c) Ausführung in Stein	??,8??	2?	110,248	?5
8 Figurale Bildhauerarbeiten im Inneren* a) Modellkosten	10,2?0	?		
b) Steinkosten	42?	??		
c) Ausführung in Stein	12,?2?	??	2?,??1	5?
9 Terrassen-Herstellung a) Fundamente sammt Aufschüttung	6,30?	??		
b) Handsteine, Säulen und Pflasterung .	44,?5?	??	50,????	24
10 Dachstühle, Eindachung und Dachreiter a) Eisenconstruction für die Dachstühle der Hochschiffe und für den Coupelthurm	71,?17	71		
b) Dachstühle für die Seitenschiffe und Capellen sammt Constructionen der Werkführer, beide ausgeführt durch E. Engler .	47,?4?	??		
c) Spenglerarbeit in Blei ausgeführt von Wenzel	47,?41	2?		
d) Dachreiterarbeit von Schmed	11,?21	??		
e) Zimmermannsarbeit von Hofbauer	2,???	??		
f) Tischlerarbeit durch Hofele	7,???	??		
g) Gußarbeit von Gildeli	1,1??	??		
h) Schlosserarbeit von Wildam	8,?1?	??		
i) Cementarbeit von Heidnbach	2,?0?	??		
k) Vergoldung von Schlmauer	1,3??	64		
l) Aschenarbeiten von Metzner	12?	??		
m) Regie und Dacherhaltung	??1	??	2?8,4??	4?
11 Estricharbeiten von Chamotte und Leder sammt Gesammtherstellung			2,9??	?4
12 Thore und Thüren a) Tischlerarbeiten von Hofele	2,?5?	??		
b) Schlosserarbeiten von C. Wilhelm und A.S. Meise ...	2,70?	??	12,45?	11
13 Pflasterung des Kirchen-inneren a) Lager-Cementunterlage sammt Aufschüttung und Abpu- tzung	2,?9?	24		
b) Kirchenplatten aus Thonfliesen von der Thonwaaren- fabrik der Wienerberger Ziegelfabrik und Compagnieschaft	17,?0?	??		
c) Modellherstellung von Cellin	6?0	?		
d) Plattencolierung aus Altwienerthein sammt Gussen von der Societät Nel operai evangelici	7,???	??	??,???	??
Summa ..			2,9?1,?2?	?0½

			Einzeln		Zusammen	
		Uebertrag . .			4,071,524	14
14	Provisorische Vergoldung	. . . .			2,204	40
15	Gas- und Wasserleitung und Canalbau				4,250	42
16	Thurm-Einrichtung	a) Thurmuhr von Mich	1,560	22		
		b) Zifferblätter und Zeiger aus vergoldetem Crone von Gros & Anders	4,620			
		c) 7 Glocken und 2 Uhrschellen von Ignaz Hilzer in Wiener-Neustadt	21,167	6		
		d) Glockenstühle und eiserne Stiegen von Ag. Seidl . . .	12,062	23	39,419	55
		Kosten des Caues . .			3,116,500	51

C. Innere Ausstattung und Einrichtung.

			Einzeln		Zusammen	
17	Polychromirung und Vergoldung	a) Gemalung sämmtlicher Gewölbe des Hochschiffes, Querschiffes und Chores al fresco von den Gebrüdern Jobst	24,300			
		Desgleichen al fresco-Malereien von Coulberger . . .	5,000			
		b) Gemalung sämmtlicher Gewölbe der Seitenschiffe, der Capellen und des Chorumganges, sowie der Thurmhallengewölbe von den Gebrüdern Jobst	21,300			
		c) Die Wände des hohen Chores, al fresco-Malereien von v. Wörndle nach Führich und von den Gebrüdern Jobst	6,455			
		d) Friese und Wappen im Langhause und Querschiffe, Colorirung der Apostelhainen im Chore von den Gebrüdern Jobst	3,150			
		e) Die Malereien am Musikchore, in der Sacristei und im Oratorium von denselben	2,750			
		f) Vergoldung — insoferne solche nicht in der Malerei inbegriffen ist — von Güttinger	6,500	27		
		g) Geräthe und kleine Materialanschaffungen	7,220	48	76,529	25
18	Glasmalerei	a) 25 ornamentale Fenster im Hochschiffe	20,000	80		
		b) Das große Rundenster	2,240			
		c) 7 Fenster im hohen Chore	12,340	73		
		d) 2 große Fenster in der Querschiff-Façade	35,500	50		
		e) 16 Seitenschiff-Fenster	46,450			
		f) 14 Fenster in den Capellen am Querschiffe . .	44,450			
		g) 15 Fenster in den 7 Chorcapellen	35,100			
		h) Fenster in den Thürmen, in dem Oratorium, der Sacristei etc.	4,770	54	220,471	41
19	Altäre	a) Hochaltar Gülbige	55,026	20		
		b) Celebrirender Hochaltar:				
		α. Cashaubinbau . . . . 50,674 fl. 24 kr.				
		β. Gewölbemalerei . . . . 720 „ — „				
		γ. Figuren von Caller, Guss und Steindruck . . . . 5,500 „ — „				
		δ. Mosaiken, Malerei und Vergoldung . . . . 2,545 „ 40 „				
		ε. Altartisch aus Marmor, ägyptischem Alabaster und Malachen 4,205 „ 45 „				
		Fürtrag . . 45,645 fl. 40 kr.	55,326	20	550,820	56

				Einzeln		Zusammen	
		Uebertrag . . 45,000 fl. 40 kr.		55,525	25	100,225	50
		2. Relable in vergoldeter Bronze von Geiß & Anders	34,505 „ — „				
		x. Emaille von Cladt	5,224 „ — „				
		3. Tabernakelvorhang	400 „ — „				
		4. Crucifix und Leuchter von C. Haas	1,520 „ — „				
		x. 2 Candelaber von Hanusch . .	1,850 „ — „	97,501	40		
		c) 2 Seitenaltäre:					
		x. Steinarbeit	7,102 fl. 40 kr.				
		β. Mosaik	140 „ — „				
		γ. Figurale Arbeit von Geiß und Schuh	5,572 „ — „				
		δ. Candelaber, Leuchter aus Bronze und Tabernakelthüre	2,640 „ — „				
		ε. Malerei und Vergoldung . . .	1,200 „ — „	10,050	15		
		d) der Marienaltar:					
		x. Steinarbeit und Mosaiken	4,602 fl. 05 kr.				
		β. Figurale Arbeiten	2,012 „ — „				
		γ. Leuchter, Tabernakelthüre aus Bronze	680 „ — „				
		δ. Malerei und Vergoldung . . .	400 „ — „	7,696	00	175,050	25
20	Kanzel	a) Steinarbeit		11,574	70		
		b) Figurale Giebhauerarbeit von Streschnek		1,500			
		c) Mosaiken		1,450			
		d) Schalldeckel		405			
		e) Schmiedeiserne Gitter an der Treppe		200	50		
		f) Malerei und Vergoldung		500		16,175	20
21	Orgel	a) Das große Orgelwerk mit 61 klingenden Stimmen von C. F. Walcker & Co. in Ludwigsburg		26,140	45		
		b) Das Orgelgehäuse sammt Malerei und Vergoldung . . .		6,200		32,340	45
22	Taufstein	a) Steinarbeit aus ägyptischem Alabaster, geschliffen und polirt		1,545	11		
		b) Deckel aus Messing mit Niellirung		1,000		2,545	11
23	Weihwasserbecken	2 große und 4 kleine aus geschliffenem und polirtem ägyptischen Alabaster hergestellte Becken				600	
24	Opferstöcke	. . . .				250	
25	Chorschrankenfassung	aus geschliffenem und polirtem ägyptischen Alabaster . . .				2,524	50
26	Schmiedearbeiten	a) Die Chorschranken 111 Felder, eines mit Thüre von C. Wilhelm		6,095			
		b) Das Communiongitter von demselben		1,450			
		c) Abschlußgitter in den 2 Seitenaltären von Wilhelm und Milde		2,510			
		d) Abschlußgitter zum Marienaltar von Milde		800			
		e) Abschlußgitter bei den Seitenschiffcapellen von demselben		1,540			
		f) Gitter an der Sacristeianlage von Milde		200			
		g) Emaillung und Vergoldung der Gitter		700		16,195	
27	Beichtstühle	4 aus Eichenholz von Hefele ausgeführte				4,024	
		Fürtrag . .				340,000	00

			Einzeln		Zusammen	
			fl.	kr.	fl.	kr.
		Uebertrag ..				
22	Kirchenstühle	von Gerste				
23	Einrichtung des Ora-toriums	a. Gebälkdecke	1,441			
		b. Gestühle	1,510			
		c. Verschluß an den Galerien	1,142		4,...	
24	Einrichtung der Sacristei				2,...	
25	Beleuchtungs-geräthe	a.				
		b.				
		c.				
		d. . . . Ampeln				
		e.			17,...	
26	Orgel	a. Eiserne				
		b.				
		Kosten der inneren Ausstattung und Einrichtung ..			626,...	

D. Kosten für die Bautheilung, Rechnungs-führung und Controle.

		a. Honorar für den Baumeister Heinrich v. Ferstel	51,500			
27		b. Honorar für den Bau- und				
28		c.				
29		d.			201,...	

Hauptsummen.

A. Bau-Vorauslagen		102,...	
B. Kosten des Baues		3,11...	
C. Kosten der inneren Ausstattung und Einrichtung		626,...	
D. Kosten für die Bautheilung, Rechnungsführung und Baucontrole		201,...	
	Gesammtkosten . .	4,...	

XV

Verzeichnisse

namhafter Widmungen zur Vollendung und Ausstattung
der Votivkirche.

I. Verzeichniß der Subscriptions-Beiträge zur Vollendung
des Votiv-Kirchenbaues.

Post-Nr.	Name der Subscribenten	Gezeichnete Beträge fl.	kr.
	A. Subscribenten für den Votiv-Kirchenbau im Allgemeinen.		
1	Ihre Majestät Kaiserin Caroline Auguste	10,500	
2	Erzherzog Ferdinand Max	10,500	
3	Erzherzog Carl Ludwig	2,100	
4	Erzherzogin Sophie	12,600	
5	Erzherzog Ludwig	2,100	
6	Erzherzog Ludwig Victor	525	
7	Herzog Franz von Modena	6,300	
8	Erzherzog Maximilian	6,300	
9	Erzherzog Wilhelm	1,050	
10	Erzherzog Leopold	1,050	
11	Erzherzog Rainer sammt Gemahlin	2,100	
12	Commune Wien	42,500	
13	Stadtgemeinde Graz	5,250	
14	Stände Steiermarks	10,500	
15	Stände Oberösterreichs	10,500	
16	Fürst Alois Liechtenstein	15,400	
17	Primas von Ungarn Cardinal Scitowsky	4,200	
18	Fürst Joseph Dietrichstein	4,200	
19	Fürst Ferdinand Lobkowitz	2,100	
20	Cardinal Rauscher	2,100	
21	Marchese Alf. Pallavicini	2,100	
22	Nuntius Viale Prelà	1,050	
23	Fürst Clemens Metternich	1,050	
24	Fürst Alfred Windischgrätz	1,050	
25	Fürst Carl Liechtenstein	1,050	
26	Fürst Trauttmansdorff	1,050	
27	Graf Hugo Salm	1,050	
28	Fürst Johann Lobkowitz	1,050	
29	Fürst Edmund Clary	1,050	
30	Domherr Franz Chavorzi	1,050	
31	Hofjuwelier Biedermann	1,050	
32	Fürstin Franziska Liechtenstein	630	
33	Fürstin Marie Liechtenstein	525	
34	Gräfin Sophie Esterházy	525	
35	Fürst Franz Liechtenstein	525	
36	Graf Edmund Schönburg	525	
37	Baron Sieberk	525	
38	Dr. Pretterler	525	
39	Fürst Carl Liechtenstein	420	
40	Fürst Anton Liechtenstein	262	30

Post-Nr.	Name der Subscribenten	Gezeichnete Beträge fl.	kr.
	Uebertrag . .	172,737	30
41	Fürst Paul Esterházy	5,250	
42	Graf Nugent	1,050	
43	Graf Ernst Harrach	1,050	
44	Graf Cermin	1,050	
45	Fürst Esterházy-Toris	525	
46	Graf Rudolph Chotek	420	
47	Fürst Edmund Schönburg	525	
48	Fürst Ferdinand Chotek	4,200	
49	Graf Joseph Chotek	525	
50	Fürst Paar	525	
51	Fürst Louis Lobkowitz	525	
52	Fürstin Paar	210	
53	Graf Colloredo-Mellsinsky	1,050	
54	Graf Heinrich Hoyos-Sprinzenstein	1,050	
55	Gräfin Therese Hoyos-Sprinzenstein	525	
56	Graf Coloman Nako	1,050	
57	Graf Nikolaus Esterházy sammt Gemahlin	1,050	
58	Marquise Pallavicini	105	
59	Alexander Nako	1,050	
60	Joseph Lonovik, Erzbischof von Calocsa	5,100	
61	Georg Smicik, Erzbischof von Agram	5,100	
62	Graf Crenek	1,050	
63	Fürst Anton Pálffy	1,050	
64	Graf Franz Drascovich	1,050	
65	Gräfin Marie Gombettos	210	
66	Ranolder, Bischof von Vesprim	5,100	
67	Alex. Csajaghy, Bischof von Csanad	1,050	
68	Graf Georg Erdödy	12,600	
69	Anton Karner, Bischof von Raab	1,050	
70	Graf Anton Schaafgotsche, Bischof von Brünn	2,100	
71	Carmeliten in St. Michael in Wien	630	
72	Schlosser-Innung Wien	735	
73	Baron Bergen v. d. Preise	1,250	
74	Judl, Schule- und Conferenz-Rath	1,250	
75	Akademie der bildenden Künste	504	
76	Gremium des bürgerlichen Handelsstandes Wien	1,162	30
77	Innev von Jenkvs, Geistrecht in Stuhlweissenburg	1,050	
78	Baron Alino, Präsident des Landesgerichtes	315	
79	Tabak-Fabriks-Direction	146	24
80	General-Quartiermeisterstab	1,787	30
81	Ag. Feigerle, Bischof von St. Polten	2,100	
82	Privil. österr. Nationalbank	10,500	
83	Administrator Heiner k. k. Majestät	420	
84	Johann Gottleber, Gorgolverer	210	
85	Fürst Georg Adam Starhemberg	1,050	
86	Graf Ziegenmont, General der Cavallerie	615	20
87	Baron Rie sammt Gemahlin	105	

Rechnung.

(11) Erzherzog Ludwig Victor, ..., Papierrente, Coupons ......, ... abzüglich für die Glasmalerei ......

Fürtrag ......

B. Subscriptions-Beträge zu bestimmten Zwecken.

1	Commune Wien, Thurnbau	
2	Erzherzog Carl Ludwig, Altar	
	Summa ..	

3. Verzeichniß der Widmungen für die Ausstattung der Votivkirche.

Post-Nr.	Widmer	Gegenstand	Betrag fl.	kr.
	A. Stiftungen von Glasmalereien.			
1	Seine Majestät Kaiser Franz Joseph I.	1 großes Ehrenschiff-Fenster		
2	Commune Wien	1 großes Kreuzschiff-Fenster, 2 Chorfenster, 20 Hochschiff-Fenster, das große Rund-Fenster, 11 Senlorien-Fenster und sämmtliche Fenster der Osterkanna		
	Anmerkung: Der Rest der gewidmeten ......, ... wurde für Glasmalerei verwendet.			
3	Weiland Seine Majestät Kaiser Ferdinand	1 Thurmhallen-Fenster		
4	Weiland Erzherzog Franz Carl	1		
5	Weiland Cardinal Rauscher ...	1 Seitenschiff-Fenster		
6	Cardinal Rauscher und Erzischof Ober ...	1		
		Fürtrag ..		

Post-Nr.	Widmer	Gegenstand	Betrag fl.	kr.
		Uebertrag		
7	Erzherzog Albrecht	1 Seitenschiff-Fenster		
8	Fürst Johann von und zu Liechtenstein	„ „		
9	Erzbischof Ginnald	„ „		
10	Freiherr und Freiin von Sina	„ „		
11	Fürst Adolph zu Schwarzenberg	„ „		
12	Zwölf adelige Damen Böhmens, und zwar:			
	Fürstin Ernestine Auersperg-Festetics			
	Fürstin Ida Schwarzenberg-Liechtenstein			
	Fürstin Dietrichstein-Westfalen			
	Fürstin Colloredo-Lobkowitz			
	Fürstin Clinsky-Liechtenstein			
	Fürstin Trauttmansdorff-Pálffy	1 Seitenschiff-Fenster		
	Fürstin Arenberg-Auersperg			
	Gräfin Marie Waldstein-Schwarzenberg			
	Gräfin Schönborn-Zichy			
	Gräfin Clam-Gallas-Dietrichstein			
	Gräfin Clam-Martinitz-Salm			
	Gräfin Trauttmansdorff-Liechtenstein			
13	Ihre Majestät Kaiserin Elisabeth	1 Seitenschiff-Capellen-Fenster		
14	Die kaiserlichen Kinder	„ „		
15	Erzherzog Carl Ludwig	„ „		
16	Erzherzog Ludwig Victor	„ „		
17	Erzbischof Landgraf Fürstenberg von Olmütz . .	„ „		
18	Stift Klagen in Mähren	„ „		
19	Cardinal Rauer	„ „		
20	Bischof Zaitz von Laab	„ „		
21	Erzherzog Wilhelm	„ „		
22	Die Fürsten Ferdinand Clinsky und Franz Auersperg .	„		
23	Familie Albert Freiherr von Klein	„		
24	Heinrich Ritter von Drasche	„		
25	Erzbischof A. Mihalovicz von Agram			
	Erzbischof von Erlau			
	Erzbischof Wierzchlejski von Lemberg			
	Bischof A. Ranolder von Veszprim			
	Bischof S. von Lyonnichy von Grosswardein . .	2 Chor-Fenster .		
	Bischof M. von Fogarassy von Siebenbürgen . . .			
	Bischof A. Strossmayr von Diakovar			
	Bischof D. Zwerger von Seckau			
	Erzbischof H. Forster von Breslau			
26	Stift Klosterneuburg			
	Stift Melk			
	Stift Heiligenkreuz . . .			
	Stift Schotten . . .	2 Chor-Fenster .		
	Stift Seitenstetten			
	Stift Lilienfeld			
	Stift Herzogenburg			
	Stift Zwettl			
27	Amalie Sparbach in Bremen . .	1 Chorcapellen-Fenster		
28	Anna von Lagulius	„ „		
29	Lotte von Feske	„ „		
30	Martin Ott, Juwelier	„ „		
31	Vincenz und Anna Gindlinger	„		
32	Zwanzig adelige Damen Niederösterreichs	„		
33	Die Oberhofmeisterinnen und Hofdamen des kaiserlichen Hauses . . .	„		

		Uebertrag . . .	186,522	81
53	Achtzehn adelige Damen Mährens	1 Charcapellen-Fenster	2,100	
54	Arbeiterinnen der k. k. Cigarrenfabrik unter den Weißgärbern in Wien	1 „ „	1,200	
55	Gesellschaft für vaterländische Kunst	1 „ „	1,200	
56	Herr und Frau Drasche	1 „ „	1,200	
57	Graf und Gräfin Vrazgarad Congazug	1 „ „	1,200	
58	Fürst Carl Paar und Fürstin Ida Paar, Graf Alfred, Wenzel und Ludwig Paar	1 „ „	1,200	
59	Markgraf und Markgräfin Pallavicini	1 „ „	1,200	
60	Ag. Mautner Ritter von Markhof	1 „ „	1,200	
61	Carl Freiherr von Schwarz, Gourath	1 „ „	1,200	
62	Prinz August von Coburg-Gotha	1 „ „	1,200	
63	Achtzehn adelige Damen und Herren Steiermarks und Kärnthens .	1 „ „	2,100	
64	Gräfliche Familie Thun (böhmische Linie)	1 „ „	1,200	
		Summe	222,022	81

II. Widmungen von Einrichtungs-Gegenständen, Paramenten, Geräthen, Instrumenten etc.

46	Ihre Majestät die Kaiserin Elisabeth	1 Festtags-Meßgewand in weißer Farbe mit reicher Stickerei.
47	Erzherzog Carl Ludwig	2 große Candelaber für den Hochaltar, Altarleuchter nebst 6 Leuchter für den Hochaltar, 1 Altarantipendium.
48	Erzherzogin Maria Theresia, Prinzessin von Gagnano	1 Meßkleid von rothem Sammt.
49	Erzherzogin Sophie	1 Meßgewand und 2 Altarpoller.
50	Zur Erinnerung an die Feier der silbernen Hochzeit des Kaiser-paares von elf Erzherzoginnen gewidmet	1 Flügelaltar aus Cedernholz vom Libanon.
51	Aus der von Fürstin Friederike Auersperg im Jahre 1848 veranstalteten Geldsammlung im Betrage von 21,820 fl. wurden von den Schwestern vom armen Kinde Jesu in Döbling hergestellt . .	Paramente in allen kirchlichen Farben nebst Processions-himmel.
52	Von 200 adeligen Damen (bei Gelegenheit des 25jährigen Regierungs-jubiläums Seiner Majestät des Kaisers Franz Joseph I.) gewidmet	1 kirchlicher Festornat von weißer Farbe mit Goldstickerei, ausgeführt von Giesbl in Wien.
53	Ein Verein adeliger Damen in Graz	widmete im Jahre 1848 den Betrag von 345 fl. zur Anschaffung eines Kirchengefäßes.
54	Prinzessin Ernestine Auersperg . . .	1 Alba mit Stickerei.
55	Gräfin Johanna Harbet	1 silbernes Ciborium.
56	K. Rungebauer, Maler in Wien	Gemälde für einen Geschüßaß.
57	Vicekönig von Aegypten	1714 Cubikfuß ägyptischen Marmors.
58	Pascha Mirein	2 Säulenschäfte aus ägyptischem Marmor.
59	Frauen-Wohlthätigkeitsverein in Wien	2 große Teppiche für den Chor, 1 Velum.
60	Stiftsverwärterin Gager	1 Monstranze mit Diamanteneinfassung der Corona.
61	Regierungsrath Carl von Offenheim	1 Crucifix aus Elfenbein.
62	Der Scheikh von Eden durch den Patriarchen der Maroniten am Libanon	42 Platten Cedernholz.
63	Der Provicar-Vorsteher der katholischen Mission in Central-Afrika	2 große Elephantenzähne und 24 Ebenholzstücke.
64	Mehrere Gewohnerinnen Wiens haben seiner Zeit 620 fl. zur Beschaffung eines Andenkens in der Kirche gewidmet	einer der Seitenaltäre wurde dafür beschafft.
65	Ursuliner-Kloster in Salzburg	1 Meßkleid, silberne Tasse und 2 Dauzen.
66	Salesianerinnen-Kloster in Alsaß	1 Stola von rothem Atlas mit Stickerei.
67	Benedictiner-Kloster in Bergamo	1 Stola von weißem Atlas mit Goldstickerei.
68	Benedictiner-Kloster Santa Greta in Bergamo	1 Ciborium-Mantel nebst Stolieukasel.
69	Terziner-Kloster in Cogne	1 Pallaluch und 2 Purificatorien.
70	Kloster Santa Chiara in Lovere, Provinz Bergamo	1 weißseidenes Velum.
71	Mädchen-Unterrichtsanstalt in Pettau	1 Altartuchspitze.
72	Lehranstalt der Leopoldine Gomer in Wien	1 Velum.
73	Caplan Fiegler in St. Georgen in Steiermark	1 Goldschnitzwerk, die heiligen drei Könige darstellend.

Nr.	Widmer	Gegenstand
74	Carth. Campana in Venedig	1 Oelgemälde: St. Salvator.
75	Angelo Toffoli in Venedig	1 großes Oelgemälde, den heiligen Alexander darstellend.
76	Therese Bollern in Hietzing	2 Miniaturbilder.
77	M. P. Chabner	1 Oelgemälde in Rahmen, Christus und Maria darstellend.
78	Cavaliere de Fabris	1 Marmorbüste des Heilands.
79	F. C. Saag, Fabrikant in Wien	1 Marmorrelief (Ecce homo).
80	Car. Einholdt, k. k. Heiligenwarenfabrikant	1 Kelch.
81	Leckert & Sohn, k. k. Hof- und Cammer-Juweliere in Wien . . .	1 Ciborium.
82	Fehleutner, Naturagentin in Wien	2 gestickte Altarpolster.
83	Leopoldine Volta in Golic in Böhmen	1 Altartuch.
84	Josepha Moska in Klosterneuburg	1 Altartuch, 1 Bodete, 12 Corporalien, 12 Pelen, 12 Staubtücher, 2 Altarvelter.
85	Eleonora Straußmüller in Wien	1 Altarspitze.
86	Anna Perennini in Triest	1 Antipendium von blauer Seide mit Stickerei.
87	Domenikloster der Mutter des Herrn und Namen zum heiligen Herrn Jesu in Mailand	2 Altartücher mit Gebet.
88	Convent der Betlanerinen in Mailand	1 Meßgewand.
89	Ernst Leideri in Wien	1 schwarzes Meßgewand.
90	Joseph Reimer	1 silbernes Ciborium.
91	Geschwister Gerda in Bergamo	1 Stola von Goldbrokat.
92	Ludwig Polti in Bergamo	1 Stola mit Goldstickerei.
93	Theresia Scupper	1 gesticktes Gold.
94	Nicolaus Charlton in Venedig	1 kostbares Missale auf Pergament geschrieben mit Elfenbeineinband.
95	Carl Leschner, Buchbinder in Wien	1 Missale in Ledereinband.
96	V. F. Czervený & Söhne in Königgrätz	1 Sacristei-Kirchenaccordion, 2 Altarglocken, 2 Waldhörner, 2 Trompeten und 2 Pauken.
97	Ung. Giefele, k. k. Hoftischler in Wien	die innere und äußere Centenriumhallen-Thüre und ein Thurmportal-Thor.
98	Albert Milde, k. k. Hofschlosser in Wien	Geschläge für die äußere Centenriumhallen-Thüre.
99	Ludwig Wilhelm, k. k. Hofschlosser in Wien	Geschläge für ein Thurmthor und Meßkanontisch für den Hochaltar.
100	Agnes Seidl, k. k. Hofschlosser in Wien	1 Schutzgitter für die Kanzel und Elterleuchter aus Schmiedeeisen.
101	Bernhard Ernst, k. k. Hoftischler in Wien	2 Lachslösen für das Oratorium und die Sacristei.
102	Ch. F. Poutsch, k. k. Hoftischler in Wien	2 Stühle für die Session.
103	M. Salcher & Söhne in Wien	die Stickereien für die Sessionstühle.
104	Baron Wertheim	5 Stück Opferstöcke.
105	Johann Strobel, Buchbinder in Wien	Missale in rothem Ledereinband.
106	Joseph Gerad, Schlosser in Wien	eiserne Geldcasse.
107	Franz Priborsky, Sporer in Wien	1 Creuz von Schmiedeeisen, vergoldet.
108	Jakob Stampfner, Clichograph	5 Canzontafeln.
109	Agnes Maurweiller, Uhrmacher	1 Uhrwerke mit Schlagwerk.
110	Rudolph Lühmel	Reliquien der 12 Apostel.
111	Franz Pengel in Wien	501 Kirchenmusikalien.
112	Wenzel Phuko	52 Kirchenmusikalien und ein Requiem in Partitur.
113	Georg Ohl	Kirchenmusikalien.
114	Ludwig Gegert	Kirchenmusikalien.
115	Matthias Schlachter in Wien	26 Kirchenmusikalien.
116	Carl Haslinger in Wien	29 Kirchenmusikalien.
117	Carl Hoffmann	Partitur einer Messe von Joseph Hoffmann.
118	Professor Hegek	2 Violinen, 1 Viola, 1 Violoncell.
119	Joseph Linder	1 altes Violoncell.
120	Lembök, Geigenmacher in Wien	1 Violine.
121	Ludwig Roll, k. k. Hofbuchbinder in Prag	1 Missale in Ledereinband.

XVI.

Allerhöchstes Cabinetschreiben

an den

Cardinal Fürsterzbischof von Wien.

Lieber Ritter von Rauscher! In Erwägung der erkannten Bedürfnisse einer nach Lage und Raumverhältnissen geeigneten katholischen Garnisonskirche in Meiner Haupt- und Residenzstadt Wien finde Ich für so lange, als vom Militärärar eine eigene Garnisonskirche nicht hergestellt werden wird, die gegenwärtig im Bau befindliche Votivkirche als diejenige zu bestimmen, welche nach ihrer dereinstigen Vollendung und Uebergabe zum gottesdienstlichen Gebrauche, unbeschadet der eventuellen Eigenschaft einer Civil-Pfarrkirche, von dem Feldclerus Wiens bei Vornahme geistlicher Functionen und Abhaltung militärischer Kirchenfeierlichkeiten, einverständlich mit dem bestellten Civilpfarrer, als Garnisonskirche zu benützen sein wird, und gebe Ihnen hievon mit dem Beifügen Kenntniß, daß Ich hierwegen unter Einem an Meinen Kriegsminister Baron Degenfeld das Geeignete erlasse.

Ischl, am 1ᵗᵉⁿ October 1862.

Franz Joseph m. p.

XVII.

Allerhöchste Entschließung

über den

allerunterthänigsten Vortrag Seiner Excellenz des Ministers für Cultus und Unterricht vom 27. September 1878.

Ich genehmige, daß die Votivkirche in Wien den Rang einer Probsteikirche erhalte und diese Probstei der Wiener Metropolitankirche dergestalt einverleibt werde, daß der Probst-Pfarrer der Votivkirche, dessen Ernennung Ich Mir vorbehalte, stets einer der Domherren des genannten Capitels, deren Ernennung Mir ebenfalls zukommt, sein soll, und Ich genehmige weiters, daß der Cardinal Fürsterzbischof Entdecker eingeladen werde, das Erforderliche wegen Erlangung der Zustimmung des heiligen Stuhles zu diesen Einrichtungen zu veranlassen.

Ich gestatte ferner, daß diese neue Pfarrkirche dem Religionsfonds-Patronate unterstellt werde und daß an dieser Pfarre drei Cooperatorstellen mit einem Gehalte von je 600 fl. aus dem niederösterreichischen Religionsfonds systemisirt werden.

Endlich gestatte Ich vorerst im Grundsatze, daß das mit Stiftungen belastete Vermögen der dermaligen Universitätskirche, vorbehaltlich der Ausrichtung dieser Stiftungen, zur Gänze, das unbelastete Vermögen der erstgenannten Kirche aber, insoweit als es für die Bedürfnisse an derselben nicht erfordert wird, an die Votivkirche übertragen werde.

Wien, am 2. October 1878.

Franz Joseph m. p.

Inhaltsangabe.

Anhang.

Urkunden und Belege.